Diriger avec Amour

Diriger avec Amour

Alexander Strauch

Édition originale en anglais sous le titre :
A Christian Leaders Guide To Leading With Love
© 2006 par Alexander Strauch.
Publié par Lewis and Roth Publishers.
Tous droits réservés.

Pour l'édition française :
© 2007 Publications Chrétiennes
230, rue Lupien
Trois Rivières (Québec) Canada G8T 6W4
Site Web : www.publicationschretiennes.com
Tous droits de traduction, de reproduction et d'adaptation réservés.

Publié en Europe par Éditions Clé – www.editionscle.com
Tous droits réservés.

Traduction : Antoine Doriath

Mise en page : Leekfield Prestidigitators — Villeneuve le Bief Godard

ISBN : 978-2-89082-098-2
Dépôt légal – 2e trimestre 2007
Bibliothèque et Archives nationales du Québec
Bibliothèque et Archives Canada

À moins d'indications contraires, toutes les citations bibliques sont tirées de la Nouvelle Édition de Genève (Segond 1979) de la Société Biblique de Genève. Avec permission.

L'éditeur français souhaite vivement remercier : Richard Martel, Hilary Holmlund, Élisabeth Crème, Mireille Ratte et Meinhild Selbach.

Préface

Recherchez l'amour.
1 Corinthiens 14.1

Il n'est pas exagéré d'affirmer que la Bible est un livre qui parle d'amour. Le récit de l'Évangile se résume à : « Dieu a tant aimé le monde qu'il a donné son Fils unique » (Jean 3.16). C'est la plus merveilleuse histoire d'amour jamais entendue. En réponse au grand amour de Dieu pour nous, nous devons aimer le Seigneur notre Dieu, de tout notre cœur, de toute notre âme, de toute notre pensée et de toute notre force, et aimer notre prochain comme nous-mêmes (Marc 12.30-31). Il est vrai que cette exhortation d'aimer Dieu et le prochain incombe à tous les vrais croyants ; j'ai néanmoins porté mon attention sur l'amour dont doivent particulièrement faire preuve les conducteurs et enseignants chrétiens. En voici les raisons.

Premièrement, bien que le christianisme soit unique parmi toutes les religions du monde dans son enseignement sur l'amour de Dieu et sur la nécessité imposée à tous les croyants chrétiens, leurs conducteurs n'insistent généralement pas sur l'amour quand ils traitent du leadership. Il existe de bons ouvrages qui décrivent les qualités de courage, l'ingéniosité, les charismes, la conviction, la persévérance, la pensée visionnaire, l'autodiscipline, l'esprit de décision que doivent posséder les conducteurs. Mais peu de livres consacrés au leadership dans l'Église s'étendent sur le sujet de l'amour. C'est une omission tragique puisque le Nouveau Testament montre clairement que l'amour est indispensable au don de présidence et d'enseignement. D'ailleurs, tous les dons spirituels doivent s'exercer dans l'amour. Comme Paul le déclare, celui qui dirige ou enseigne sans amour ressemble à « un airain qui résonne, ou une cymbale qui retentit » (1 Corinthiens 13.1). Le ministère du responsable qui posséderait toutes les qualités énumérées plus haut, mais serait dénué d'amour aboutirait à un échec (1 Corinthiens 13.1-3).

Deuxièmement, les conducteurs et les enseignants donnent le ton spirituel à l'Église. Ils ont le pouvoir de créer une atmosphère plus empreinte d'amour au sein de l'assemblée locale. S'ils aiment Dieu et leur prochain, ceux qui les suivent aimeront à leur tour Dieu et leur prochain. En revanche, si les conducteurs sont égocentriques, prompts à critiquer, orgueilleux, irascibles et impersonnels, les membres de leur assemblée adopteront ces mêmes dispositions laides.

Au fil des ans, je me suis entretenu avec beaucoup de personnes qui étaient insatisfaites de leur Église locale, mais en ignoraient la raison exacte. Dans de nombreux cas, je soupçonne que ce qui leur manquait était le type d'amour envisagé dans le Nouveau Testament. Les manquements à l'amour sont trop courants et sont à l'origine d'une vaste palette de problèmes, comme le montre l'Église de Corinthe avec ses querelles internes. C'est pourquoi l'Écriture insiste sur la nécessité pour les conducteurs et les enseignants d'être des exemples d'amour : « Que personne ne méprise ta jeunesse ; mais sois un modèle pour les fidèles, en parole, en conduite, en amour, en foi, en pureté » (1 Timothée 4.12). L'amour est vital pour l'Église locale, parce que l'amour « est le souffle de vie de l'Église »[1], un souffle essentiel pour son témoignage évangélique et pour sa croissance spirituelle (Éphésiens 4.16).

Troisièmement, dans la famille ecclésiale, les membres doivent travailler en étroite collaboration comme frères et sœurs en Christ lorsqu'ils prennent des décisions ou accomplissent leurs tâches, ce qui est parfois difficile. Une grande partie du travail au sein de l'Église locale (et entre des Églises locales) s'accomplit en groupe : rencontres d'anciens et de diacres, réunions du comité, conseil d'administration, réunions de commissions, et assemblée générale des membres. Plus nous travaillons longtemps ensemble, plus nous apprenons à connaître les défauts les uns des autres, ainsi que les traits de caractère qui irritent ; ces choses peuvent rendre la vie communautaire décevante. Une bonne compréhension des principes néo-testamentaires de l'amour améliorera de façon significative une saine direction collégiale, les réunions de groupes, et la vie communautaire dans son ensemble. Sans amour, nous ne pouvons vivre et agir en harmonie.

Quatrièmement, de nombreuses idées fausses sur l'amour méritent d'être corrigées. On sait que des chrétiens, au nom de l'amour, ont abandonné leur famille, commis toutes sortes de péchés sexuels, refusé de pratiquer la discipline ecclésiastique, et redéfini Dieu et le salut conformément aux notions modernes d'amour et de tolérance. Au lieu d'être « l'accomplissement de la loi », l'amour est devenu l'ennemi de la loi (Romains 13.8-10). Au lieu d'avoir « le mal en horreur », on a utilisé l'amour pour justifier le mal (Romains 12.9). Dans son ouvrage classique *Testaments of Love* [Testaments d'amour], Leon Morris déclare : « La liste des horreurs commises au nom de l'amour est illimitée »[2].

Compte tenu de ces travers, je crois fermement qu'une vraie compréhension de ce que la Bible dit concernant l'amour améliorerait grandement les capacités relationnelles de nos conducteurs et enseignants dans l'Église et augmenterait leur efficacité dans le ministère. Elle diminuerait également les querelles et les divisions insensées, favoriserait l'évangélisation et produirait des Églises spirituellement saines. Mais surtout, cette compréhension plairait au Seigneur.

Ce livre est donc écrit à l'intention des conducteurs et enseignants à tous les niveaux du leadership dans l'Église. Si vous guidez ou enseignez des gens – comme moniteur d'école du dimanche, responsable de jeunes, responsable dans un ministère auprès des femmes ou des hommes, animateur d'études bibliques, administrateur, directeur de la musique, ancien, diacre, pasteur, évangéliste ou missionnaire —, l'amour est une vertu indispensable aussi bien pour vous-même que pour votre ministère. Comme le rappelle si joliment Michael Green, « l'amour est la vertu la plus attrayante au monde. Il est au cœur du christianisme »[3]. C'est pourquoi Dieu exige que vous et moi, nous conduisions l'Église et l'instruisions avec amour et que nous croissions continuellement dans notre amour pour lui et pour tout le monde.

Notes

1. William Kelly, *Notes on the First Epistle to the Corinthians*, Londres, Morrish, 1878, p. 220.*
2. Leon Morris, *Testaments of Love*, Grand Rapids, Michigan, Eerdmans, 1981, p. 3.
3. Michael Green, *Evangelism through the Local Church*, Nashville, Thomas Nelson, 1992, p. 97.

* Reportez-vous à la page 287 pour la version française de l'ouvrage.

I | L'amour est indispensable au leadership chrétien

1 | Cinq moins un égale zéro
===

Et je vais encore vous montrer une voie par excellence.
1 Corinthiens 12.31

Dwight L. Moody, le Billy Graham du XIXe siècle raconte comment sa découverte de la doctrine de l'amour a changé sa vie. Tout commença lorsque Henry Moorhouse, un évangéliste britannique de vingt-sept ans, prêcha dans l'Église de Moody pendant une semaine. À la surprise générale, Moorhouse prêcha sept sermons d'affilée sur Jean 3.16. Et pour bien montrer que « Dieu a tant aimé le monde », il s'appuya sur l'amour de Dieu de la Genèse à l'Apocalypse. Le fils de Moody rapporta la description que son père donna de l'impact de la prédication de Moorhouse :

> Pendant six soirs, il prêcha sur ce seul texte. Le septième soir arriva, et il monta en chaire. Tous les regards étaient braqués sur lui.

Il dit : « Mes chers amis, j'ai passé toute la journée à chercher un texte nouveau, mais je n'en ai trouvé aucun qui soit meilleur que cet ancien ; nous allons donc ouvrir l'Évangile selon Jean au chapitre trois et au verset seize ». Et il prêcha le septième sermon en commentant ces paroles admirables : « Dieu a tant aimé le monde ». Je me souviens de la fin du sermon : « Mes amis, dit-il, pendant toute une semaine, je me suis efforcé de vous faire comprendre combien Dieu vous aime, mais je ne peux le faire avec cette pauvre langue qui balbutie. Si seulement je pouvais emprunter l'échelle de Jacob, grimper jusqu'au ciel et demander à Gabriel, qui se tient devant la face du Tout-Puissant, de me dire combien d'amour le Père a pour le monde, tout ce qu'il pourrait répondre serait : 'Dieu a tant aimé le monde qu'il a donné son Fils unique, afin que quiconque croit en lui ne périsse point, mais qu'il ait la vie éternelle' »[1].

Incapable de retenir ses larmes en écoutant Moorhouse parler de l'amour de Dieu qui envoya son Fils mourir pour des pécheurs, Moody confessa :

Jusqu'à ce moment-là, j'ignorais que Dieu nous aimait tellement. Mon cœur commença à se dégeler ; je ne pus retenir mes larmes. C'était comme si je venais de recevoir des nouvelles d'un pays lointain. Je bus le message à grandes gorgées. La nombreuse assemblée fit de même. Je vous le dis sincèrement : il n'y a qu'une chose qui attire plus que toute autre chose au monde, c'est l'amour[2].

À la suite de l'influence de Moorhouse, Moody entreprit l'étude de la doctrine de l'amour, ce qui changea sa vie et sa prédication. Il déclara plus tard :

Je pris le mot « amour » et ne sais combien de semaines je passai à l'étude des passages qui le contiennent, jusqu'à ce que je ne puisse faire autrement qu'aimer les gens ! Je m'étais si longtemps nourri d'amour que j'étais pressé de faire du bien à tous ceux que je côtoyais. J'étais rempli d'amour. Il s'exprimait par mes doigts. Étudiez le sujet de l'amour dans la Bible ! Vous en serez tellement remplis qu'il vous suffira ensuite simplement d'ouvrir vos lèvres qui déverseront sur la réunion un torrent d'amour divin. Il est inutile de vouloir travailler dans l'Église sans amour. Le médecin et le juriste peuvent accomplir un bon travail sans amour, mais il est impossible d'accomplir l'œuvre de Dieu sans amour[3].

D.L. Moody ne pouvait bibliquement mieux dire en affirmant : « L'œuvre de Dieu ne peut se faire sans amour ». Tel est le message du chapitre le plus célèbre de la Bible concernant l'amour, à savoir 1 Corinthiens 13.

Une voie par excellence

On reconnaît universellement en Paul le plus grand missionnaire pionnier, érudit, docteur, évangéliste et héros de la foi. L'apôtre reconnaît cependant que son intelligence, ses nombreux dons et son engagement sacrificiel ne valaient rien s'ils n'étaient pas pleinement immergés dans l'amour. *Aucun autre auteur néo-testamentaire ne parle davantage de l'amour et ne donne autant de preuves pratiques de l'amour dans le leadership. Par le ministère et les lettres de Paul, Dieu a donné à l'Église, ainsi qu'à tous ses conducteurs et enseignants un modèle de leadership rempli d'amour.* Nulle part mieux que dans 1 Corinthiens 13, il n'est affirmé avec autant de clarté et de force que l'amour est indispensable pour diriger et enseigner.

Paul écrit ce passage en réponse aux mésententes survenues dans l'Église de Corinthe au sujet des dons spirituels. Pour corriger les vues erronées de l'Église concernant les dons spirituels et son attitude globalement destructrice, Paul promet aux Corinthiens de leur montrer une façon de vivre « par excellence » (1 Corinthiens 12.31). Il désire leur faire comprendre qu'il existe quelque chose de bien plus important, qui surpasse les dons et les performances les plus remarquables, quelque chose dont l'absence rend tous les dons sans aucune valeur. C'est l'amour.

L'amour dont Paul parle est l'amour pour les frères dans la foi. Jésus-Christ l'a défini lorsqu'il donna à ses disciples le commandement nouveau de s'aimer les uns les autres « comme » il les a aimés (Jean 13.34-35). L'amour se donne entièrement en sacrifice pour le bien des autres. Jésus a donné l'exemple de cet amour en lavant humblement les pieds de ses disciples (Jean 13.4-17) et en sacrifiant généreusement sa vie pour les autres sur la croix. Jean témoigne ainsi : « Nous avons connu l'amour, en ce qu'il a donné sa vie pour nous ; nous aussi, nous devons donner notre vie pour les frères » (1 Jean 3.16).

Pour réduire au silence toute objection quant à la supériorité de l'amour et mettre à mal la pensée fausse des Corinthiens au sujet des dons spirituels, Paul se sert de toute son habileté rhétorique pour faire comprendre avec éloquence et force que l'amour est « la voie par excellence ». Il écrit :

> *Aspirez aux dons les meilleurs. Et je vais encore vous montrer une voie par excellence. Quand je parlerais les langues des hommes et des anges, si je n'ai pas l'amour, je suis un airain qui résonne, ou une cymbale qui retentit. Et quand j'aurais le don de prophétie, la science de tous les mystères et toute la connaissance, quand j'aurais même toute la foi jusqu'à transporter des montagnes, si je n'ai pas l'amour, je ne suis rien. Et quand je distribuerais tous mes biens pour la nourriture des pauvres, quand je livrerais même mon corps*

pour être brûlé, si je n'ai pas l'amour, cela ne me sert à rien.
1 Corinthiens 12.31-13.3

Jetons un regard attentif sur ce passage pour acquérir une meilleure compréhension de son contenu.

Sans amour, même le langage céleste est agaçant

Les dons spirituels ont pour but l'édification et l'unité du corps. Mais l'engouement des Corinthiens pour les dons spirituels avait entraîné de l'orgueil et du désordre dans l'Église. Ces chrétiens à l'esprit indépendant se servaient de leurs dons à des fins personnelles, ce qui provoquait des divisions au sein de l'assemblée.

Pour corriger cette conception erronée, Paul attire leur attention en leur demandant d'imaginer qu'il est « l'homme le plus capable au monde de parler en langues »[4], capable même de parler « les langues des hommes et des anges ». Un tel don aurait fortement impressionné les Corinthiens. L'apôtre ajoute pourtant que même s'il avait fait une expérience aussi exaltante à cause de ses dons célestes, il aurait simplement été « un airain qui résonne, ou une cymbale qui retentit » – un vacarme bruyant, énervant et creux – s'il n'avait pas agi avec amour, comme il le décrit dans les versets 4 à 7. La beauté de ce parler miraculeux aurait été défigurée sans la grâce de l'amour.

Paul ne dit pas que son discours aurait été une clameur bruyante ; c'est lui-même qui aurait été un son creux et agaçant. Il n'aurait pas été ce qu'il devait être. Sa vie chrétienne aurait présenté une grave lacune et il n'aurait pas vécu selon « la voie par excellence ». Il aurait été un bruit vide pour avoir parlé en langues sans amour. Il aurait utilisé le don des langues pour sa gloire personnelle et pour son propre intérêt au lieu de le mettre au service de l'Église et de l'édifier, ce qui est précisément le but de l'amour (1 Corinthiens 8.1).

Quand je prêche sur ce passage, je me sers généralement d'une illustration. Je tire de derrière le pupitre un pot en fer et un marteau, et je me mets à donner des coups de marteau sur le récipient métallique tout en parlant des dons spirituels et de la nécessité de l'amour. Au début, les auditeurs rient, et admettent que c'est une belle image. Je continue de prêcher sur les dons spirituels tout en continuant d'asséner des coups de marteau sur le pot. Bientôt les gens cessent de rire et même de sourire. Ils en ont assez ; ils sont agacés et sont de plus en plus agités. Pourtant, je continue de frapper sans relâche. Quand je sens que l'auditoire ne peut plus supporter le bruit, j'arrête de taper et demande : « Êtes-vous agacés ? Avez-vous apprécié ? Cela vous a-t-il plu ? Trouvez-vous que c'était édifiant ? Souhaitez-vous que je continue de frapper sur le pot jusqu'à la fin du message ? » Mais personne n'y tient ! Je saisis alors l'occasion de dire aux auditeurs que telle est l'impression qu'ils laissent sur les autres et sur Dieu s'ils exercent leurs dons sans amour. Ils ne sont rien sinon « un airain qui résonne, ou une cymbale qui retentit ».

Sans amour, toutes les connaissances réunies ne servent à rien

Paul demande ensuite à ses destinataires d'imaginer qu'il possède le don de prophétie dans une mesure telle qu'il connaîtrait « tous » les mystères et posséderait « toute » la connaissance. Il aurait ainsi la réponse à tous les mystères de Dieu que les êtres humains s'efforcent de percer. Il serait une encyclopédie vivante.

Certaines personnes aiment étaler leur supériorité intellectuelle et théologique. Elles sont fières de leur savoir et de leur éloquence. Cet orgueil posait d'ailleurs un sérieux problème dans l'Église de Corinthe. Certains membres se vantaient de leur érudition et se donnaient beaucoup d'importance. Ils tenaient à être reconnus pour leur perspicacité prophétique et leur sagesse supérieure ; ils regardaient de haut les chrétiens qui possédaient moins de connaissance et moins de dons. Par leur usage arrogant de leur savoir, ils avaient causé du tort au corps local de Christ (1 Corinthiens 8).

La connaissance dénuée d'amour enfle l'ego et trompe l'esprit. Elle peut conduire au snobisme intellectuel, à une attitude de raillerie, à la moquerie des idées d'autrui, au mépris de ceux qui ont une connaissance moindre, et à une attitude humiliante envers ceux qui sont d'un autre avis. Je connais un pasteur qui avait une connaissance phénoménale de la Bible mais qui a blessé de nombreuses personnes par le côté pointilleux de sa doctrine et qui fut à l'origine de divisions successives de son Église au point qu'il resta tout seul ! Il avait un cerveau hypertrophié, mais un cœur atrophié. Sa théologie était aussi limpide que la glace, mais deux fois plus froide. Tel est le sentier de celui qui possède la connaissance, mais manque d'amour.

C'est pourquoi Paul déclare que même s'il avait toute la connaissance, mais était dénué d'amour, il ne serait « rien », un zéro spirituel. Il insiste sur le fait qu'un prophète dénué d'amour, un savant dénué d'amour ou un enseignant dénué d'amour est sans aucune valeur pour la formation du peuple de Dieu. L'Histoire confirme ce jugement, comme le fait remarquer John Short :

> La foi et la prophétie privées d'amour sont responsables de certaines des pages les plus tragiques de l'Histoire chrétienne. Elles ont livré aux flammes de soi-disant hérétiques, étouffé la quête sincère de la vérité, été querelleuses et amères, et ont refusé de reconnaître comme frères en Christ d'autres croyants[5].

Dans la même veine, George Sweeting, ancien président du Moody Bible Institute, livre cette remarque : « J'ai été vraiment déçu de rencontrer des gens plus intéressés par les mystères cachés que par les gens nécessiteux [...]. Les chrétiens se préoccupent trop souvent de la vérité cachée et sont indifférents aux gens difficiles qu'il faut aimer »[6].

C'est seulement si elle est associée à l'amour que la connaissance peut servir selon « la voie par excellence » dans la protection et l'édification de l'Église (Éphésiens 4.11-16).

Sans amour, il ne sert strictement à rien de prendre des risques

La foi est le troisième don spirituel que Paul présente (1 Corinthiens 12.9). Il imagine posséder le plus excellent don de foi possible, « jusqu'à transporter des montagnes ». Comme Abraham, il croirait Dieu capable de l'impossible et compterait le voir accomplir des œuvres miraculeuses. Il serait un moteur de la prière, un homme spirituel capable de courir de grands risques, un autre George Muller[7], bref un homme grandement admiré et recherché par tous. Il serait aussi courageux que David courant à la rencontre de Goliath, le géant philistin, pour le tuer (1 Samuel 17.32). Mais dépourvu d'amour, ce don spirituel si puissant devient un moyen de glorifier celui qui le possède au lieu de servir les autres.

Certains faiseurs de miracles affirment sur les écrans de télévision accomplir l'impossible par la foi, mais ils parlent plus d'argent, de succès et d'eux-mêmes que des personnes qu'ils sont censés aider. Comme les Pharisiens qui étalaient leur piété « pour être vus des hommes » (Matthieu 6.5), ils aiment la louange des hommes et désirent être vénérés comme des géants spirituels qui font de grandes choses pour Dieu. Ils se servent de leurs dons merveilleux pour faire leur propre promotion, et non pour édifier le corps de Christ.

Je me rappelle un prédicateur à la radio ; il parlait souvent des choses merveilleuses que Dieu accomplissait par son entremise et de la manière providentielle avec laquelle Dieu lui donnait de l'argent sans qu'il sollicite ses auditeurs (ce qui est une manière subtile de faire appel à leurs dons). Mais ceux qui le connaissaient et qui travaillaient avec lui voyaient les choses d'une manière toute différente. Ils voyaient en lui un homme obsédé par l'argent et son image publique. Il utilisait son don de foi pour assurer sa propre sécurité financière. Pour eux, c'était un homme qui ne se souciait pas du tout des autres, mais surtout de lui-même.

Il n'est pas étonnant que l'apôtre juge qu'un don si puissant dénué d'amour ne vaut « rien ». Et il pense vraiment ce qu'il dit. Il sait que sans amour, il serait spirituellement stérile au lieu d'être un moteur spirituel.

Sans amour, le leader chrétien se trouve sur un mauvais chemin de vie chrétienne. En revanche, lorsque la foi se combine à l'amour, elle édifie le corps de Christ et le fait progresser sur la voie royale, la « voie par excellence » de l'amour.

Sans amour, le don de tout son argent aux pauvres n'est d'aucun profit

Paul imagine ensuite qu'il donne toutes ses possessions terrestres, sa maison, ses terres, ses meubles, ses économies, tout ce qu'il aime le plus, pour soulager la misère des pauvres. Il distribue tout et se réduit à la plus extrême pauvreté. C'est certainement l'action altruiste suprême. Un tel don ne serait-il pas *amour*, par définition ? Pas forcément. Paul montre clairement que l'action la plus extraordinaire, le plus grand sacrifice de soi, peut être fait sans amour.

On peut se sacrifier dans son propre intérêt comme le rappelle l'histoire d'Ananias et Saphira, dans le livre des Actes. Ce couple avait vendu un champ et avait rapporté l'argent aux apôtres pour qu'ils le distribuent aux pauvres (Actes 5.1-11). Mais ils avaient donné cet argent sans amour. Ils se souciaient moins des besoins des malheureux que des leurs. Ils n'aimaient ni Dieu ni leur prochain. Comme les Pharisiens qui aimaient claironner devant eux, et que Jésus condamne dans le Sermon sur la montagne (Matthieu 6.1-5), Ananias et Saphira donnèrent pour rehausser leur prestige personnel aux yeux de l'Église. Ils donnèrent pour recevoir les louanges des gens en retour. Leur amour était hypocrite (Romains 12.9). Ils donnèrent aux pauvres, mais sans l'amour authentique qui motive, si bien que leur don ne leur fut d'aucune utilité. Bien qu'ayant donné de l'argent aux nécessiteux, ils étaient eux-mêmes en faillite, et Dieu rejeta leur don.

C'est pourquoi Paul affirme que s'il donnait aux pauvres tout ce qu'il possède, mais en le faisant sans amour, ce don serait stérile, inutile, sans valeur et sans portée éternelle. Même après un tel sacrifice, il serait un homme en faillite spirituelle. Il ne serait pas humblement mis au service des autres. Il se serait servi lui-même.

À l'opposé, celui que l'amour pousse à répondre aux besoins des malheureux et qui donne tout ce qu'il possède, celui-là est utile à tous. C'est l'amour qui a poussé le Seigneur Jésus-Christ à renoncer aux richesses célestes et à se faire pauvre pour nous. Pour cette raison, « Dieu l'a souverainement élevé, et lui a donné le nom qui est au-dessus de tout nom » (Philippiens 2.9). Jésus a donné selon « la voie par excellence ».

Sans amour, le sacrifice suprême de sa propre vie est sans aucun intérêt

Finalement, Paul envisage le cas où il serait le plus grand héros de la foi. Dans un acte de sacrifice suprême, il livrerait son corps aux flammes dans le martyre pour la cause de Christ. Un tel sacrifice pousserait certainement d'autres à la fidélité et à une consécration plus profonde, et serait source d'encouragement pour beaucoup. Il serait un témoignage éloquent rendu à l'Évangile devant les incroyants. Mais Paul met en garde : de mauvaises raisons peuvent sous-tendre les souffrances endurées et le martyre subi pour Christ.

Certains individus tirent gloire des souffrances qu'ils supportent pour leur foi. D'autres sont prêts à mourir pour qu'on se souvienne d'eux comme des martyrs de la foi. Dans les premiers temps du christianisme, le martyre devenait parfois un moyen d'accéder à la renommée. Un historien déclare : « Il devint bientôt manifeste pour tous les chrétiens que le martyre procurait une renommée et un honneur extraordinaires »[8]. Certains martyrs, tel Ignace, furent adulés avant leur martyre. Ce n'est pas qu'Ignace ait lui-même recherché le martyre pour sa gloire personnelle, mais son cas illustre le fait que la tentation était bien réelle pour certains qui cherchaient à se rendre immortels dans les annales de l'Histoire ecclésiastique en tant que martyrs de Christ. De Polycarpe, qui fut brûlé vivant, il fut dit que « ses ossements [étaient] plus précieux que des perles de grand prix et plus précieux que l'or ». Son tombeau devint un lieu sacré de rassemblement[9]. Reconnaissant d'avance les risques d'une telle adulation, Paul juge utile de dire que l'offrande de sa propre vie sans amour ne serait qu'un sacrifice inutile, un spectacle religieux futile, une prouesse sans valeur.

Mais quand il est inspiré par le bien-être d'autrui et la gloire de Christ, le martyre devient le sacrifice suprême de l'amour.

Dans son livre *Charity and Its Fruit* [La charité et son fruit], Jonathan Edwards résume ainsi la perspective divine sur l'amour et le sacrifice de soi :

> [Dieu] se délecte de petites choses quand elles émanent d'un amour sincère pour lui. Un verre d'eau fraîche donné avec un amour sincère à un disciple revêt aux yeux de Dieu plus de valeur que tous les biens qu'une personne pourrait donner pour nourrir les pauvres, que toute la richesse d'un royaume, ou qu'un corps livré aux flammes, si c'est accompli sans amour[10].

Le martyre est « la voie par excellence » seulement s'il procède de l'amour pour Dieu et pour les autres.

Mathématiques divines

Imaginez un instant ce que les Corinthiens ont pensé en écoutant pour la première fois cette lettre de l'apôtre Paul lue lors d'une assemblée. Ils n'en ont certainement pas cru leurs oreilles ! Le message de Paul était contraire à toutes leurs façons de penser et de se conduire. Ils étaient dépourvus d'amour et ne s'en rendaient même pas compte ! L'orgueil qu'ils tiraient de leur connaissance et de leurs dons miraculeux les avait séduits.

D.A. Carson, commentateur de la Bible et professeur de Nouveau Testament au Trinity Evangelical Divinity School, décrit le raisonnement de Paul dans ce passage en termes de « mathématiques divines ». Dans ce système, « cinq moins un égale zéro »[11]. Ou, comme le fait remarquer George Sweeting, « dons moins amour égale zéro »[12].

L'auteur Jerry Bridges, qui propose une illustration parlante des mathématiques divines, demande à ses lecteurs de faire la chose suivante :

Écrivez une rangée de zéros, soit dans votre imagination soit sur une feuille de papier. Continuez de remplir la ligne puis la page de zéros. Quel est leur somme ? Exactement zéro ! Même si vous ajoutiez un millier de zéros à la suite les uns des autres, vous obtiendriez un total nul. En revanche, placez un chiffre positif devant ces zéros, et vous obtenez un certain montant. C'est ce qui se passe avec nos dons, notre foi et notre zèle. Ils correspondent aux zéros figurant sur la page. Sans l'amour, ils ne valent rien. Placez l'amour en tête des zéros, et ceux-ci prennent immédiatement de la valeur. Et de même que le nombre deux donne plus de valeur à une suite de zéros que le nombre un, plus il y a d'amour, plus les dons prennent de la valeur[13].

Sans amour, nos dons les plus extraordinaires et nos performances les plus remarquables sont stériles pour l'Église et devant Dieu. Selon la façon de penser de Paul, rien n'a de valeur spirituelle durable s'il ne découle pas de l'amour.

Une paraphrase moderne

En se décrivant comme le prédicateur ou le leader le plus exceptionnel qui n'ait jamais vécu, Paul dirait :

Si, en matière de communication, j'étais le plus doué qui n'ait jamais prêché,
Au point d'émouvoir des millions d'auditeurs par mon éloquence,
Mais que je manque d'amour, je ne serais qu'un moulin à paroles énervant et creux devant Dieu et devant les hommes.
Si j'étais le personnage le plus charismatique,
Au point d'attirer les gens à moi comme un aimant puissant,
Mais que je ne possède pas l'amour de Christ,

je ne serais qu'un imposteur et un hypocrite.
Si j'étais le plus grand visionnaire que l'Église n'ait jamais connu,
Mais que je manque d'amour, je serais mal inspiré et perdu.
Si j'étais l'auteur le plus vendu en matière de théologie et de croissance de l'Église,
Mais que je manque d'amour, je serais un raté et un écervelé.
Si je consacrais toutes mes heures à la formation de futurs responsables,
Mais que je manque d'amour, je serais un faux guide et un mauvais modèle.

Notes

1. William R. Moody, *The Life of Dwight L. Moody*, Chicago, Revell, 1900, p. 140.
2. Ibid., p. 139.
3. Richard Ellsworth Day, *Bush Aglow: The Life Story of Dwight Lyman Moody*, Commoner of Nothfield, Philadelphie, The Judson Press, 1936, p. 146; cf. aussi D.L. Moody, Pleasure and Profit in Bible Study, Chicago, The Bible Institute Colportage Association, 1895, p. 87.
4. Gregory J. Lockwood, 1 Corinthians, Concordia Commentary, St. Louis, Concordia, 2000, p. 458.
5. John Short, « The First Epistle to the Corinthians » dans The Interpreter's Bible, édité par Arthur C. Buttrick, New York, Abingdon-Cokesbury, 1953, 10 : 170.
6. George Sweeting, *Love Is The Greatest*, Chicago, Moody Press, 1974, p. 40.
7. George Muller fut le fondateur et le directeur de l'orphelinat Ashley Down, à Bristol, en Angleterre; ces orphelinats accueillirent 122 683 enfants. Plusieurs biographies ont été écrites sur la vie de foi et de prière de Muller.
8. Rodney Stark, The Rise of Christianity, San Francisco, Harper Collins, 1996, p. 182.
9. Le martyr de Polycarpe, *Lettre de l'Église de Smyrne, XVIII.2*, « Lettres aux Églises », Coll. Foi Vivante, Éditions du Cerf, 1975, p. 110.
10. Jonathan Edwards, *Charity and Its Fruit*, 1852, réimpression, Banner of Truth, Edimbourg, 1978, p. 61-62.

11. D.A. Carson, *Showing the Spirit: A Theological Exposition of 1 Corinthians 12-14*, Grand Rapids, Michigan, Baker, 1987, p. 60.
12. George Sweeting, *Love Is The Greatest*, p. 117.
13. Jerry Bridges, *Growing Your Faith*, Colorado Springs, NavPress, 2004, p. 164-165.

2 | Aime ou meurs !

Mais ce que j'ai contre toi, c'est que tu as abandonné ton premier amour.
Apocalypse 2.4

L'expérience de l'amour qui changea ma vie se fit lorsqu'un ami me donna un exemplaire du livre *Brother Indeed* [Vraiment frère], la biographie de Robert C. Chapman, de Barnstaple, en Angleterre[1]. À part la Bible personne n'a autant influencé ma pensée concernant l'amour et le leadership que Chapman.

De son temps, certains le surnommaient « l'apôtre de l'amour », et Charles Haddon Spurgeon disait de lui qu'il était « l'homme le plus saint que je n'aie jamais connu ».

Robert Chapman renonça à sa profession de juriste à Londres pour devenir pasteur d'une petite Église baptiste particulière à Barnstaple. Cette petite assemblée querelleuse avait vu défiler trois pasteurs différents au cours des dix-huit mois qui précédèrent l'arrivée de Chapman. La manière dont ce serviteur de Dieu transforma radicalement cette Église sujette aux disputes, grâce à son amour, à sa patience et à son enseignement de la Bible est un puissant exemple de ce qu'un leadership empreint d'amour peut opérer. Avec le temps, l'assemblée se développa numériquement et harmonieusement. Elle fut connue dans toute l'Angleterre pour son amour, son engagement missionnaire et ses œuvres de charité en faveur des pauvres.

À la fin de sa vie, vers 99 ans, Chapman était tellement connu pour ses dispositions d'amour et de sagesse qu'une lettre venue de loin et portant simplement l'adresse : « R.C. Chapman, Université de l'Amour, Angleterre », arriva chez son bon destinataire.

Avant la venue de Chapman, l'Église de Barnstaple était fière de ses doctrines distinctives et de sa politique, mais elle mourait faute d'amour. À son arrivée, il lui insuffla l'amour. Très vite, les membres de l'assemblée débordèrent d'amour pour Christ, les uns pour les autres, pour la vérité de l'Évangile, et pour les perdus.

Dans Apocalypse 2, il est question d'une autre Église qui était fière de son orthodoxie et de sa fidélité, et qui était cependant sur le point de mourir par manque d'amour. Le Seigneur exhorta l'Église et ses conducteurs à se repentir et à laisser le souffle vivifiant de l'amour pénétrer à nouveau dans le corps ecclésial. Lisons attentivement les paroles et la mise en garde solennelle de Jésus-Christ à l'Église d'Éphèse :

> *Je connais tes œuvres, ton travail, et ta persévérance. Je sais que tu ne peux supporter les méchants ; que tu as éprouvé ceux qui se disent apôtres et qui ne le sont pas, et que tu les as trouvés menteurs [...] Mais ce que j'ai contre toi, c'est que tu as abandonné ton premier amour. Souviens-toi donc d'où tu es tombé, repens-toi, et pratique tes premières œuvres ; sinon, je*

viendrai à toi, et j'ôterai ton chandelier de sa place, à moins que tu ne te repentes.
Apocalypse 2.2, 4-5

Félicitations et condamnation

Le Seigneur commence par féliciter l'Église pour ses bonnes œuvres, son travail ardu, sa persévérance dans la foi, son rejet de l'hérésie, son zèle en faveur de la pureté doctrinale, et son endurance patiente sous la persécution. Cette Église se caractérise par de nombreux points positifs, et nous avons de quoi faire l'éloge de ses qualités exemplaires. Il semble que tout allait bien. Les Éphésiens auraient pu écrire un livre sur le ministère réussi dans l'assemblée. En réalité, tout n'était pas rose ! Quelque chose allait même franchement de travers. Avec son regard divin et perspicace qui discerne le véritable état spirituel de l'Église, Jésus passe des félicitations à la condamnation. Il déclare en effet : « Mais ce que j'ai contre toi, c'est que tu as abandonné ton premier amour ».

À la lumière de tous les éloges que Christ avait adressés à cette Église, sa condamnation pourrait paraître bénigne. Mais à ses yeux, le pouls de l'assemblée était en train de s'arrêter.

La perte du premier amour

À un certain moment, l'Église d'Éphèse débordait d'amour authentique. Mais depuis, les choses avaient bien changé. Elle possédait encore une certaine mesure d'amour puisqu'elle combattait pour la vérité de l'Évangile et accomplissait de bonnes œuvres (Apocalypse 2.2-3, 6). Mais son amour n'était plus ce qu'il était autrefois. Au lieu de se développer, de s'affermir et de s'approfondir, comme il aurait dû, cet amour avait décliné. Les chrétiens faisaient encore des œuvres bonnes, mais la joie, la créativité, la spontanéité et l'énergie que procure l'amour avaient disparu. La qualité de leur amour avait changé, et c'était visible jusque dans leurs œuvres. Jésus reprend l'Église et l'invite à pratiquer ses « premières œuvres ». Il lui rappelle de se souvenir d'où elle est tombée (Apocalypse 2.5).

Le texte ne précise pas l'objet de cet amour. Il ne dit pas s'il s'agit de l'amour pour Christ ou de l'amour pour les frères dans la foi. On peut donc penser que Christ parle de l'amour en général (l'amour pour Christ, pour les chrétiens et pour les perdus).

Dieu exige de son peuple un amour total et sans partage (Deutéronome 6.4-6). Nous devons aimer Dieu de *tout* notre cœur, de *toute* notre âme et de *toute* notre pensée (Matthieu 22.37). De plus, le livre de l'Apocalypse présente la relation entre Christ et son Église comme une relation conjugale : Christ est l'époux, l'Église l'épouse[2]. La réponse de l'Église, l'épouse, doit être celle d'un don joyeux et sans partage à Christ, l'époux. À Éphèse, l'amour de l'épouse avait perdu d'importantes qualités. La joie de l'adoration, la faim de mieux connaître l'époux grâce à sa Parole, le désir de mieux comprendre son amour, la soif de croître spirituellement, l'élan de chanter ses louanges et de prier, tout avait disparu.

Jésus attend de ses disciples qu'ils s'aiment de l'amour dont il les a aimés. C'est un amour sincère (1 Pierre 1.22) qui nous rend capables de donner notre vie les uns pour les autres (1 Jean 3.16). À Éphèse, le Seigneur espérait des disciples prêts à se sacrifier pour répondre aux besoins les uns des autres, à s'ouvrir mutuellement leurs maisons, à vivre comme une grande famille, à se mettre joyeusement au service les uns des autres, à prier avec ferveur les uns pour les autres, à faire fi des barrières raciales, à jouir de la vie communautaire à l'Église et à la maison. Mais cet amour-là s'était évanoui.

Amy Carmichael, qui sauva des enfants abusés et les accueillit dans sa communauté Dohnavur, en Inde, était très consciente du risque mortel que constituait la perte de l'amour parmi ses collaboratrices. Elle établit des règles à l'intention des Sœurs de la Vie Commune, ces femmes qui travaillaient avec elle à l'orphelinat :

> Le manque d'amour est mortel. C'est un cancer. Il se peut qu'il tue lentement, mais il finit toujours par tuer. Redoutons-le, craignons de l'entretenir autant que nous craindrions de nourrir un cobra. Car il est plus mortel que n'importe quel cobra. Et de même qu'une goutte du venin presque invisible du cobra se répand rapidement dans tout le corps de la personne mordue, une seule goutte de « non-amour » distillée dans mon cœur ou dans le vôtre, bien qu'invisible, a le pouvoir terrible de se répandre dans toute notre Famille, car nous formons un seul corps, nous sommes membres les uns des autres.
>
> Nous nous devons de dire aux plus jeunes la vérité qu'il est impossible de prier dans l'unité s'il n'y a pas de véritable amour. Si vous constatiez un manque d'amour quelque part, cessez toute activité et mettez-vous en règle, immédiatement si possible[3].

L'amour que Christ réclame englobe tout le monde (1 Thessaloniciens 3.12). Il s'efforce de répondre aux besoins physiques et spirituels des gens. C'est l'amour dont le bon Samaritain a fait preuve envers l'inconnu agonisant sur la route (Luc 10.30-37). C'est l'amour qui inspire l'évangélisation et la recherche des perdus. Paul éprouvait cet amour pour Israël : « J'éprouve une grande tristesse, et j'ai dans le cœur un chagrin continuel. Car je voudrais moi-même être anathème et séparé de Christ pour mes frères, mes parents selon la chair » (Romains 9.2-3). Cet amour pour les perdus et les nécessiteux s'était réduit comme une peau de chagrin à Éphèse.

L'Église d'Éphèse avait tragiquement changé. Elle avait abandonné son premier amour ; il fallait donc absolument qu'elle réagisse avant que le Seigneur ne la juge. « Il n'est pas surprenant, écrit l'auteur puritain Nathaniel Vincent, que Satan qui s'efforce de détruire les Églises, s'évertue à tuer l'amour »[4].

Le remède de Christ pour combattre un amour diminué

Jésus invite l'Église à entreprendre immédiatement trois choses, sinon, dit-il, « j'ôterai ton chandelier de sa place. » Même si le sens exact de ce jugement est controversé, la gravité de la situation est claire de façon alarmante. À moins d'un changement, Christ viendra et agira en jugeant cette Église locale.

La perte de l'amour est un péché. Dans Apocalypse 2.4-5, Jésus réprimande l'assemblée et lui propose un remède :

1. Souviens-toi donc d'où tu es tombée
2. Repens-toi
3. Pratique tes premières œuvres

La situation n'est pas désespérée, mais l'Église doit prendre immédiatement les mesures pour ranimer la flamme de son amour original. Le refus de réagir plongerait l'Église dans le désastre. Le Seigneur avertit solennellement : « sinon, je viendrai à toi, et j'ôterai ton chandelier de sa place, à moins que tu ne te repentes ». Cet avertissement prouve avec quel sérieux Jésus traite le manque d'amour. Il menace les chrétiens d'Éphèse qui refuseraient de se repentir, d'ôter leur chandelier de sa place, autrement dit de mettre fin à l'existence de cette Église.

Un appel à toutes les Églises et à tous les conducteurs à se réveiller

Les lettres aux sept Églises sonnent l'appel de Christ à se réveiller, adressé à toutes les Églises et à tous les responsables chrétiens (Apocalypse 2-3). Jésus avertit l'assemblée locale d'Éphèse et ses dirigeants que travailler d'arrache-pied, combattre l'hérésie, exercer des dons spirituels, enseigner une saine doctrine, cela ne les empêchera pas d'être exposés à la sanction disciplinaire divine s'ils manquent d'amour. Comme l'amour est absolument essentiel à la survie de l'Église locale, ses responsables doivent veiller à entretenir leur amour pour Christ, et à guider et encourager l'amour de l'Église pour son Seigneur.

Veiller à entretenir son amour personnel pour Christ

Si les leaders perdent leur amour, les membres ne tarderont pas à le perdre aussi. C'est pourquoi les guides du troupeau doivent veiller sur leur propre relation d'amour avec le Seigneur Jésus-Christ pour protéger l'Église contre toute perte de son amour. Rien ne remplace un amour sincère, ardent et croissant pour le Seigneur Jésus-Christ. C'est le devoir prioritaire et le plus fondamental. Les croyants d'Éphèse estimaient que leur orthodoxie doctrinale suffisait. Ce n'était pas le cas. Si nous ne protégeons pas activement et ne cultivons pas notre amour pour Dieu et pour Christ, tous les autres amours s'évanouiront : l'amour pour nos frères en Christ, pour les malheureux, pour les perdus et pour la vérité.

Francis Schaeffer, l'apologiste chrétien qui, avec sa femme Édith, a donné un remarquable exemple d'amour chrétien en ouvrant sa maison en Suisse, a bien compris l'importance de l'amour :

> Demandons-nous : *est-ce que je me bats simplement pour la fidélité doctrinale ?* C'est comme une épouse qui ne coucherait jamais avec aucun autre homme, mais ne témoignerait pas non plus son amour à son mari. Serait-ce une relation conjugale suffisante ? Non, mille fois non. Or, si je suis un chrétien qui prêche la fidélité doctrinale et la met en pratique, sans manifester d'amour à mon céleste époux, je ressemble à cette femme. Ce que Dieu attend de nous n'est pas seulement la fidélité doctrinale, mais aussi notre amour jour après jour. Et, bien sûr, pas en théorie, mais en pratique[5].

C.H. Mackintosh, dont les livres sur le Pentateuque sont considérés comme une référence en matière de commentaires d'édification, donne un sage conseil en considérant l'amour pour Christ comme l'exigence essentielle :

> Si je permets à mon travail de s'interposer entre mon cœur et mon Maître, il sera de peu de valeur. Nous ne pouvons efficacement servir Christ que si nous faisons de lui nos délices. Les mains s'affairent utilement à son service que si le Seigneur exerce un puissant attrait sur le cœur […]. On peut prêcher un sermon, faire une conférence, prononcer des prières, accomplir tous les gestes d'une routine extérieure, et ne pas servir Christ. L'homme qui veut présenter Christ aux autres doit d'abord lui-même se préoccuper de Christ[6].

L'amour que l'on porte à Dieu et à Christ est fondamental pour pouvoir aimer autrui ou autre chose. L'amour pour Dieu est « le premier et le plus grand commandement » (Matthieu 22.38).

Se garder de la piété de façade

Nous devons protéger l'Église contre la tendance à se contenter de formes extérieures, de rites religieux, de traditions et de règles, et à négliger les éléments vitaux de l'amour pour Christ et de l'amour mutuel.

Soyons certains que les croyants d'Éphèse allaient à l'Église, connaissaient la doctrine, rejetaient les faux docteurs, pratiquaient de bonnes œuvres, menaient une vie droite, priaient et chantaient, mais leur zèle pour le Seigneur et leur attachement à sa personne s'étaient considérablement affaiblis. Des manifestations extérieures avaient remplacé la foi et l'amour authentiques, intérieurs, du cœur. L'amour qu'ils avaient eu autrefois pour Christ et pour le prochain s'était envolé. Leur religion était davantage une piété de façade que réelle. Elle était plus machinale que sincère :

> Ils proclamaient encore la vérité, mais n'aimaient plus passionnément celui qui est la vérité. Ils accomplissaient de bonnes œuvres, mais plus sous l'inspiration de l'amour, de la fraternité et de la compassion. Ils défendaient la vérité et témoignaient courageusement, mais ils oubliaient que l'amour est le grand témoignage rendu à la vérité. Leur péché n'était pas que leurs qualités authentiques avaient réduit la part de l'amour ; il faut savoir qu'aucune quantité de bonnes œuvres, aucun niveau de sagesse, et de discernement en matière de discipline d'Église, de persévérance dans l'épreuve, de haine du péché, ou de saine doctrine ne peut remplacer l'absence d'amour[7].

Conduire l'Église dans la repentance et le renouveau

Dans un monde saturé de péché, la repentance et la revitalisation spirituelle restent des tâches sans fin. Que les conducteurs et les enseignants se préparent donc à guider l'assemblée dans la repentance pour son manque d'amour et son amour hypocrite (Romains 12.9). L'amour peut être rallumé et croître de nouveau (Apocalypse 2.5). La flamme peut se ranimer. Le chrétien peut se consacrer tout à nouveau à Christ et à ses frères dans la foi. Ce nouveau souffle d'amour imprégnera la prière, l'étude biblique, l'évangélisation, l'adoration et la communion fraternelle. Prions et agissons sans cesse dans ce but. Le prédicateur puritain Nathaniel Vincent pria ainsi :

> Amour ! Combien tu manques à l'Église de Christ ! Et combien l'Église ressent ce manque ! Elle gémit, elle languit, elle meurt journellement à cause de ton absence. Reviens, amour, oui, reviens ! Répare les brèches de l'Église, restaure les sentiers qui y mènent, reconstruis les anciennes pratiques et les anciens lieux, pose des fondations pour de nombreuses générations[8].

Notes

1. Frank Holmes, *Brother Indeed: The Life of Robert Cleaver Chapman*, Londres, Victory Press, 1956. Cette biographie est épuisée. Pour une nouvelle biographie, voir Robert L. Peterson, Robert Chapman, Littleton, Colorado, Lewis & Roth, 1995. Pour un résumé de la vie de Chapman et de quelques-unes de ses façons d'aborder les gens, cf. Robert L. Peterson et Alexander Strauch, *Agape Leadership: Lessons in Spiritual Leadership from the Life of R.C. Chapman*, Littleton, Colorado, Lewis & Roth, 1991.
2. Apocalypse 19.7, 9 ; 21.9 ; 22.17.
3. Frank L. Houghton, *Amy Carmichael of Dohnavur: The Story of a Lover and Her Beloved*, 1979 ; réimpression, Fort Washinton, Pennsylvania, Christian Literature Crusade, 1992, p. 219.
4. Nathaniel Vincent, *A Discourse Concerning Love*, 1684 ; réimpression, Morgan, Pennsylvania, Soli Deo Gloria, 1998, p. 94.
5. Francis Schaeffer, *The Church before the Watching World*, Downers Grove, Illinois, InterVarsity, 1971, p. 60.
6. C.H. Mackintosh, *Genesis to Deuteronomy: Notes on the Pentateuch*, Neptune, New Jersey, Loizeaux, 1972, p. 155.*
7. D.A. Carson, « A Church that Does All the Right Things, but… », Christianity Today, 29 juin 1979, p. 30.
8. Vincent, *A Discourse Concerning Love*, p. 88.

* Reportez-vous à la page 288 pour la version française de l'ouvrage.

3 | La puissance motivante de l'amour

Car l'amour de Christ nous presse.
2 Corinthiens 5.14

Qu'est-ce qui vous motive pour conduire et enseigner les gens ? Le désir de les aider, le sentiment du devoir, le plaisir du leadership, l'argent, le bonheur d'enseigner, la pression des pairs ? Pour les conducteurs chrétiens, la première réponse devrait être l'amour. L'amour est la puissance la plus motivante de l'univers. Il est au cœur de l'Évangile. L'amour a poussé Dieu à offrir son Fils pour notre salut. Il est la force motivante indispensable à tout service chrétien. Le leadership doit être motivé par un amour triple : l'amour de Christ pour nous, notre amour pour Christ, et notre amour pour les autres.

Motivés par l'amour de Christ

Dans un passage biblique très révélateur, l'apôtre Paul dévoile quelle est la force unique, contraignante et motivante de sa vie :

> *Car l'amour de Christ nous presse, parce que nous estimons que si un seul est mort pour tous, tous donc sont morts ; et qu'il est mort pour tous, afin que ceux qui vivent ne vivent plus pour eux-mêmes, mais pour celui qui est mort et ressuscité pour eux.*
> 2 Corinthiens 5.14-15

Remarquons que Paul ne parle pas de son amour pour Christ, mais bien de l'amour de Christ pour lui. L'apôtre n'a jamais cessé d'être fasciné par l'amour de Christ pour les pécheurs, démontré par sa mort sur la croix. L'amour de Christ commandait toute sa vie. Il était la raison de tout ce que l'apôtre accomplissait.

Un missionnaire qui avait saisi l'emprise que l'amour de Christ exerçait sur Paul, écrit : « Si Jésus-Christ est bien Dieu, et qu'il est mort pour moi, alors il n'existe aucun sacrifice trop grand que je ne puisse faire pour lui »[1]. Dans son cantique *Quand je contemple cette croix*, le compositeur Isaac Watts montre qu'il a bien saisi l'idée que Paul se faisait de l'amour de Dieu. Son cantique, traduit en français, se termine par ces mots : « Mais voici ma vie et mon cœur : c'est ce qu'un tel amour demande ».

Une saine compréhension de l'amour de Christ est tellement essentielle à la vie chrétienne que, dans l'une des prières les plus sublimes de la Bible, Paul demande à Dieu de rendre les croyants capables de comprendre la nature vaste et incompréhensible de l'amour de Christ :

> *Afin qu'étant enracinés et fondés dans l'amour, vous puissiez comprendre avec tous les saints quelle est la largeur, la longueur, la profondeur et la hauteur, et connaître l'amour de Christ, qui surpasse toute connaissance.*
> Éphésiens 3.17-19

Bien qu'il « surpasse toute connaissance », l'amour de Christ est une réalité que nous devons saisir non seulement par l'intelligence, mais également dans notre expérience, personnelle et intime. Harold Hoehner, un commentateur de la Bible, souligne ce paradoxe :

> Le fait même que l'amour de Christ se soit exprimé dans son désir de mourir pour des pécheurs dépasse en soi toute compréhension. La réalité de l'amour de Christ subjugue tous les croyants [...]. Peu importe le degré de connaissance que nous avons de Christ et de son œuvre, son amour surpasse cette connaissance. Plus nous le connaissons, plus nous sommes abasourdis[2].

L'Histoire fournit de nombreux exemples de conducteurs et d'enseignants qui relatent le pouvoir motivant de l'amour de Christ. William Alfred Quayle, un prédicateur et pasteur méthodiste, rapporte par exemple une conversation avec un prédicateur frontalier qui parcourait la région à cheval et s'adressait aux pionniers nord-américains dans les années 1800. Le missionnaire itinérant dit à Quayle :

> Je sens les malheurs qui attendent les païens ; je connais la stérilité amère de leur vie. Mais cela ne suffit pas pour que je reste parmi eux. On s'habitue au paganisme et on devient insensible à son sort tragique et désespéré. Ce n'est pas l'amour pour les

hommes qui m'a tenu éloigné de ma femme et de mes enfants pendant toutes ces années. Seul l'amour de Christ le peut[3].

Iain Murray rapporte que c'est la prise de conscience de l'amour de Christ qui a incité le célèbre prédicateur D. Martyn Lloyd-Jones à renoncer à une brillante carrière médicale pour prêcher la Parole de Dieu :

> Il finit par percevoir l'amour de Dieu exprimé dans la mort de Christ d'une manière qui le subjugua. Tout ce qui survenait dans sa nouvelle vie spirituelle était d'abord survenu à Christ[4].

Hope MacDonald, missionnaire au Brésil, décrit sa découverte de l'amour de Dieu :

> Je compris pour la première fois cette vérité ancienne : « Nous l'aimons, parce qu'il nous a aimés le premier » (1 Jean 4.19). Comment avais-je pu glisser sur ce verset ? Je l'avais appris par cœur avant même d'aller à l'école ! Au moment où la réalité de son amour pour moi me submergea pour la première fois, j'eus envie de sauter de mon lit et de crier de joie, de monter sur le toit et de hurler au monde : « Réveillez-vous ! Dieu m'aime ! » Ce fut un moment que je n'oublierai jamais. Depuis, je n'ai plus jamais douté de son amour pour moi[5].

Hudson Taylor, le fondateur de la Mission à l'Intérieur de la Chine (actuellement la Société Missionnaire d'Outre-Mer), estimait que si l'argent était capable de motiver les marchands anglais à traverser des océans menaçants et à pénétrer à l'intérieur de la Chine au risque de leur vie, l'amour de Christ pouvait bien motiver les missionnaires à faire de même pour la cause de l'Évangile[6].

La grande vérité que nous devons nous marteler tout au long de la vie est celle-ci : Ce n'est pas nous qui avons aimé Dieu, mais c'est lui qui nous a aimés le premier et a démontré son amour en envoyant « son Fils unique dans le monde [...] comme victime expiatoire pour nos péchés » (1 Jean 4.9-10). Voilà ce qui doit faire vibrer notre cœur et nous pousser à servir autrui.

Motivés par l'amour pour Christ

Le fait de connaître Christ et de comprendre son grand amour nous incite à le servir, mais, plus encore, il nous pousse à l'aimer. « Nous l'aimons, parce qu'il nous a aimés le premier » (1 Jean 4.19), et il nous donne la capacité d'aimer les autres. L'amour doit être la motivation primordiale dans notre service d'autrui. Il est la force qui nous soutient et nous rend capables de supporter les nombreuses difficultés du ministère.

Le Seigneur a affirmé que « le premier et le plus grand commandement » est d'aimer Dieu « de tout ton cœur, de toute ton âme, et de toute ta pensée » (Matthieu 22.35-40). Jésus-Christ doit être l'objet suprême de notre affection. Il doit faire l'objet de notre amour, de notre estime et de nos délices plus que qui que ce soit ou quoi que ce soit d'autre au monde. Nous l'aimons par-dessus tout le monde, même les membres les plus précieux de notre famille : « Celui qui aime son père ou sa mère plus que moi n'est pas digne de moi, et celui qui aime son fils ou sa fille plus que moi n'est pas digne de moi » (Matthieu 10.37).

Si notre façon de diriger l'assemblée est motivée par l'amour pour Dieu et pour Christ, nous sommes le plus agréables à Dieu et le plus efficaces dans notre ministère auprès des gens. Vous avez beau être un orateur éloquent et un leader dynamique, si vous n'aimez pas Dieu avant tout et par-dessus tout, vous ne lui êtes pas agréable. Votre leadership ne sera pas selon Dieu ni revêtu de la force de l'Esprit. L'exercice du ministère pour le ministère ne plaît pas à Dieu. Seul lui est agréable et acceptable un service né de l'amour pour lui (1 Corinthiens 13.1-3). « Il faut pratiquer tous les commandements par amour pour lui, aussi bien le service du prochain que le service d'adoration », déclare David Jones[7].

Nous devrions évidemment toujours chercher à améliorer nos aptitudes en matière de leadership, de discipline personnelle, de gestion de notre temps, de relations interpersonnelles et d'enseignement. Mais efforçons-nous par-dessus tout d'accroître notre connaissance, notre plaisir en lui et d'approfondir notre amour pour lui (Philippiens 3.8-14). Après tout, plus notre amour pour lui sera profond, plus nous lui ressemblerons en amour et serons capables d'enseigner aux autres à aimer.

Il n'y a donc pas grand-chose de mieux à faire en faveur de ceux que nous dirigeons que d'aimer le Seigneur Jésus-Christ par dessus tout et de maintenir journellement vive et croissante notre relation d'amour avec lui. Cette relation d'amour bénie et sainte entraînera une plus grande manifestation de l'amour de Dieu en nous, qui rayonnera de nous vers les autres et les attirera à Christ.

Amy Carmichael a mené une telle vie d'amour :

> L'amour de Dieu en elle était un aimant si puissant que par sa simple façon de vivre, elle attirait les gens. Il n'est pas étonnant que les hindous commencèrent à l'appeler « Missie Ammal qui ramasse les enfants » ; ils croyaient vraiment qu'elle utilisait une poudre mystérieuse pour droguer leurs enfants et leur instiller le désir d'être près d'elle[8].

Prendre soin du peuple de Dieu n'est pas toujours une expérience agréable. Les gens au service desquels nous consacrons notre vie sont imparfaits et pécheurs. Ils peuvent se retourner contre nous et nous attaquer méchamment. Ils sont parfois déraisonnables, exigeants et ingrats.

Moïse et David furent deux des conducteurs les plus pieux que le monde a eu le bonheur d'avoir ; cela n'empêcha pas les gens de se plaindre amèrement d'eux et même de vouloir les tuer ! Il n'en est pas autrement des conducteurs du peuple de Dieu d'aujourd'hui. Un ancien me fit part des nombreux abus que son Église locale lui fit subir pendant les années où il l'avait servie : il avait été bousculé, frappé, il eut la mâchoire brisée, essuya des crachats, fut maudit, faussement accusé et menacé de poursuites judiciaires.

Ce genre de traitement inamical que les gens infligent aux pasteurs et autres serviteurs de l'Église explique pourquoi tant d'entre eux deviennent amers et déçus du peuple de Dieu, et abandonnent l'œuvre du Seigneur. Si notre service est motivé par l'amour, nous serons mieux capables de persévérer et de trouver de la satisfaction dans nos labeurs. Oswald Chambers, l'auteur des méditations *Tout pour qu'Il règne*, l'exprime bien :

> L'œuvre qui consiste à nourrir et à paître le troupeau est pénible, ardue, et l'amour pour les brebis ne suffit pas ; il faut avoir un amour dévorant pour le Grand Berger, le Seigneur Jésus-Christ. Il vous inondera alors d'un amour passionné et attirera les hommes à lui[9].

Voici donc une clé pour persévérer dans le leadership : nous devons nous mettre au service des gens par amour pour Christ. Si nous le faisons, nous trouverons de la joie dans notre travail et, ce qui est encore plus important, notre service sera acceptable pour Dieu et fera sa joie. Être motivé par l'amour de Christ et par l'amour pour Christ est donc essentiel au leadership chrétien. C'est le point de départ de tout service chrétien.

Motivés par l'amour pour les gens

Quelques heures avant sa mort, après leur avoir lavé les pieds, Jésus donna à ses disciples « un commandement nouveau » :

> *Je vous donne un commandement nouveau : Aimez-vous les uns les autres ; comme je vous ai aimés, vous aussi, aimez-vous les uns les autres. À ceci tous connaîtront que vous êtes mes disciples, si vous avez de l'amour les uns pour les autres.*
> Jean 13.34-35

Il est tout simplement impossible de comprendre la manière chrétienne de vivre, d'évangéliser et de diriger l'Église sans saisir la portée du commandement nouveau. Notons bien que Jésus ne dit pas seulement que nous devons nous aimer « les uns les autres ». Il ajoute une recommandation plus exigeante : aimez-vous mutuellement, dit-il « comme je vous ai aimés ». Il propose ainsi son propre exemple d'amour. Son amour s'étend sur ceux qui ne sont pas aimables, comme sur ceux qui le sont. C'est un amour qui prend soin, qui se met au service. Il se donne de façon désintéressée pour le bien d'autrui. C'est pourquoi il nous a laissé l'exemple du lavement de pieds de ses disciples et de sa vie sacrifiée sur la croix. Il a ainsi donné un nouveau modèle d'amour.

Jean explique ce que signifie imiter l'amour de Jésus quand il écrit : « Nous avons connu l'amour, en ce qu'il a donné sa vie pour nous ; nous aussi, nous devons donner notre vie pour les frères » (1 Jean 3.16). Pour Benjamin B. Warfield, « l'amour qui se sacrifie est ainsi présenté comme l'essence de la vie chrétienne »[10].

Le commandement nouveau s'applique à tout chrétien, mais tout spécialement aux conducteurs et aux enseignants. Toute notre œuvre qui consiste à guider, enseigner, corriger, protéger, parler, servir, motiver, organiser, planifier, visiter, prier, conseiller ou évangéliser, doit être façonnée par ce commandement nouveau. Nous devons aimer les autres comme Jésus les a aimés. Notre amour doit s'inspirer de celui du Bon Berger qui a donné sa vie pour ses brebis (Jean 10.11).

Mieux que tout autre conducteur du Nouveau Testament, Paul a manifesté l'amour sacrificiel de Jésus à l'égard de ceux qu'il instruisait et dirigeait. Sa façon d'aborder l'Église turbulente de Corinthe illustre son leadership inspiré par l'amour. L'Église de Corinthe lui avait causé beaucoup de soucis ; la plupart d'entre nous auraient renoncé et abandonné l'Église à son sort. Mais malgré le chagrin qu'elle lui occasionnait, l'apôtre n'a pas cessé de lui répéter son amour.

Le commentateur Paul Barnett déclare : « Dans l'Histoire, peu de serviteurs de Dieu ont souffert de leurs assemblées autant que Paul à cause du comportement des Corinthiens »[11].

Dans 2 Corinthiens, l'apôtre rend ce témoignage : « Car j'ai déjà dit que vous êtes dans nos cœurs à la vie et à la mort » (2 Corinthiens 7.3). Plus loin dans la même lettre, il ajoute : « Ce ne sont pas vos biens que je cherche, c'est vous-mêmes [...] je ferai très volontiers des dépenses et je me dépenserai moi-même pour vos âmes » (2 Corinthiens 12.14-15). James Denney considère que c'est là « l'un des passages les plus émouvants de toute la Bible »[12]. L'auteur ajoute : « La devise de tout serviteur de Dieu qui a été à l'école de Christ se résume à cet engagement : 'pas vos biens, mais vous' »[13].

À la suite de son étude poussée de 2 Corinthiens, qui révèle le cœur et la vie de Paul, Philip Hughes écrit : « Aucun homme sur terre n'a eu un cœur aussi brûlant et aussi consacré que l'apôtre Paul. L'amour était le moteur de toute sa vie et de tout son ministère d'apôtre de Christ »[14].

Paul possédait des dons remarquables, mais c'est l'amour qui lui permettait de « tout » supporter (1 Corinthiens 13.7) et de faire face efficacement aux gens troublés. Il n'en va pas autrement des leaders et enseignants chrétiens de nos jours. Mentionnons à titre d'exemple Anthony Norris Groves, qui fut missionnaire en Irak et en Inde. Il a été surnommé le « père des missions par la foi ». Comme Paul, il souffrit beaucoup pour Christ. Mais sa vie reflétait une qualité lumineuse : un amour désintéressé pour les gens. Cet amour s'ancrait dans son amour pour Christ.

Le biographe Robert Dann explique en quoi l'amour de Groves pour les gens a fait de lui un grand missionnaire, malgré sa faiblesse :

> Il n'avait pas le don d'évangéliste et ne possédait pas d'éloquence naturelle. Il n'était pas particulièrement sociable, et il avait souvent du mal à nouer des relations. Il n'a jamais été un grand organisateur ni administrateur ; il n'était pas de constitution physique robuste et ne possédait pas une intelligence exceptionnelle […]. On aurait pu penser qu'il n'était pas fait pour l'œuvre missionnaire. Mais il avait une qualité qui compensait largement ses insuffisances : il savait comment aimer. L'amour était la clé de toutes choses : « Je trouve qu'il y a dans l'amour quelque chose de très sanctifiant : il tue l'égoïsme détestable qui enveloppe tout ce qui est humain ». C'est l'amour qui attirait les foules vers Christ, pas les cérémonies, les règles, les coutumes, ni même les doctrines. C'est également l'amour qui poussait les gens vers Norris Groves[15].

John Christian Arulappan, évangéliste et pionnier indien, fut témoin de milliers de conversions et de la fondation de nombreuses Églises. Lui aussi reconnaît l'influence décisive de l'amour de Groves. Il écrit : « Il m'aima sincèrement comme son enfant en Jésus-Christ. Je ne connais personne qui m'ait tant aimé à cause de Jésus-Christ »[16].

Un leadership motivé par l'amour aura un impact certain, car les gens ont soif d'amour. Ce sont deux amis qui implantèrent une Église qui m'apprirent cette leçon. Après avoir fondé l'Église, ils organisèrent une réunion de questions-réponses pour la nouvelle assemblée. Au cours de la rencontre, une jeune femme récemment convertie, leur demanda : « Seriez-vous prêts à mourir pour moi ? »

Sa question les prit complètement au dépourvu. Ne voulant pas réagir à la légère, ils lui donnèrent une réponse sage. Ils lui dirent qu'ils devaient d'abord honnêtement examiner leur cœur devant Dieu pour savoir s'ils l'aimaient vraiment à ce point. Ils ne lui répondraient qu'après cet examen. La question de cette chrétienne de fraîche date était foncièrement biblique. Qu'auriez-vous répondu ?

Notes

1. Norman Grubb, C.T. Studd, *Champion de Dieu*, Émile Dalière, 1950, p. 134.
2. Harold W. Hoehner, *Ephesians: An Exegetical Commentary*, Grand Rapids, Michigan, Baker, 2002, p. 489-490.*
3. William Quayle, *The Pastor-Preacher*, éd. Warren W. Wiersbe, Grand Rapids, Michigan, Baker, 1979, p. 39.
4. Iain H. Murray, *David Martyn Lloyd-Jones: The First Forty Years*, 1899-1939, Edimbourg, Banner of Truth, 1982, p. 85.
5. Hope MacDonald, *Discovering the Joy of Obedience*, Grand Rapids, Michigan, Zondervan, 1971, p. 45.
6. A.J. Broomhall, *Hudson Taylor and China's Open Century, vol 3: If I Had a Thousand Lives*, Londres, Hodder and Stoughton, 1982, p. 442.
7. David Jones, « Love: The Impelling Motive of the Christian Life », Presbyterion 12, automne 1986, p. 65.
8. Frank L. Houghton, *Amy Carmichael of Dohnavur*, 1979, réimpression, Fort Washinton, Pennsylvania, Christian Literature Crusade, 1992, p. 105.
9. Oswald Chambers, *The Complete Works of Oswald Chambers*, Grand Rapids, Michigan, Discovery 2000, p. 1361.
10. Benjamin Breckinridge Warfield, « The Emotional Life of Our Lord », dans The Person and Work of Christ, Philadelphia, Presbyterian and Reformed, 1950, p. 64.
11. Paul Barnett, *The Second Epistle to the Corinthians*, NICNT, Grand Rapids, Michigan, Eerdmans, 1997, p. 361.

12. James Denney, *The Second Epistle to the Corinthians*, The Expositor's Bible, New York, Funk & Wagnalls, 1900, p. 363.
13. Ibid., p. 365.
14. Philip Edgcumbe Hughes, *Paul's Second Epistle to the Corinthians*, NICNT, Grand Rapids, Michigan, Eerdmans, 1962, p. 390.
15. Robert Bernard Dann, *Father of Faith Missions: The Life and Times of Anthony Norris Groves*, Waynesboro, Georgia, Authentic Media, 2004, p. 372.
16. Ibid., p. 372.

* Reportez-vous à la page 286 pour la version française de l'ouvrage.

II Le caractère et le comportement d'un leader aimant

4 | Patient et plein de bonté

L'amour est patient, il est plein de bonté.
1 Corinthiens 13.4

Imaginez plus de trois cents chrétiens d'une quarantaine de nationalités différentes, issus de diverses dénominations évangéliques, vivant ensemble vingt-quatre heures sur vingt-quatre. Imaginez-les travaillant ensemble dans des espaces extrêmement resserrés, la plupart d'entre eux pendant deux ans, certains plus longtemps encore. Imaginez-les supporter tout cela en tant que volontaires bénévoles ! C'est ainsi que se déroule la vie à bord du *Doulos*.

Au cours des vingt-sept années écoulées, le *Doulos* a sillonné toutes les mers du monde et a jeté l'ancre dans les ports de plus d'une centaine de pays. Il a fait fonction de lieu d'exposition de livres et de centre de conférences ; dix-huit millions de personnes l'ont visité. Le *Doulos* et deux autres bateaux semblables sont le résultat de la vision de George Verwer, fondateur d'Opération Mobilisation (connue sous le sigle OM)[1]. OM est l'une des premières organisations missionnaires offrant des possibilités de travail missionnaire à court terme ; elle a formé plus de 150 000 personnes pour la mission.

Les volontaires qui servent sur le navire sont des gens ordinaires. Ils ont les mêmes faiblesses et les mêmes défauts de caractère que les autres êtres humains. À bord du *Doulos*, ils font face aux mêmes difficultés que les gens à terre. La seule différence de taille est que sur le bateau, ils ne peuvent pas fuir les conflits. Comment peuvent-ils vivre et travailler ensemble dans des conditions aussi extrêmes sans se détruire mutuellement ? Il n'y a qu'une réponse : l'amour.

Dès les débuts d'OM, George Verwer déclara que sans une « révolution d'amour »[2], la vision des bateaux et des milliers d'équipiers pour distribuer de la littérature aurait été un rêve impossible. L'amour nécessaire pour pouvoir travailler ensemble sur ces navires n'est pas un sentiment vague et vaporeux. C'est l'amour qui a été manifesté au calvaire, l'amour qui se sacrifie. C'est l'amour décrit dans 1 Corinthiens 13.4-7 : l'amour qui est patient et plein de bonté, n'est point envieux et ne se vante pas, ne s'enfle pas d'orgueil et ne fait rien de malhonnête, ne cherche point son intérêt, ne s'irrite point et ne soupçonne point le mal. C'est l'amour manifesté par Christ.

Des instructions, pas de la poésie

1 Corinthiens 13 n'est pas un discours théorique sur l'amour ni un hymne sublime à la gloire du sentiment amoureux. Paul n'était pas un poète romantique. Il était apôtre de Jésus-Christ – missionnaire complet, fondateur d'Églises, pasteur et enseignant. Ces paroles constituent un élément crucial de ses ins-

tructions et avertissements à l'Église de Corinthe, déchirée par des comportements dénués d'amour.

Pour aider les Corinthiens à comprendre leurs manquements et la « voie par excellence », Paul donne quinze descriptions de ce que l'amour est et de ce qu'il n'est pas. Dans le texte original grec, ce sont quinze verbes qui précisent ce que l'amour fait et ce qu'il ne fait pas. En français, ces actions verbales sont parfois remplacées par des adjectifs.

Ce que l'amour est :
1. patient
2. plein de bonté

Ce que l'amour n'est pas :
3. envieux
4. vantard
5. orgueilleux
6. malhonnête
7. égoïste
8. irritable
9. soupçonneux
10. heureux de l'injustice

L'amour :
11. se réjouit de la vérité
12. excuse tout
13. croit tout
14. espère tout
15. supporte tout

Ces quinze traits de caractère correspondent admirablement à la nature et au comportement du Seigneur Jésus-Christ. Il doit servir de modèle à notre amour et à notre façon de diriger (1 Jean 2.6).

Si Christ vit et agit en nous par le Saint-Esprit, ces mêmes attitudes devraient se voir en nous – que nous soyons ancien, pasteur, diacre, responsable de jeunesse, moniteur d'école du dimanche, directeur de chorale, missionnaire, évangéliste, animateur d'études bibliques, ou membre du conseil d'administration de l'Église.

Dans notre ministère auprès des gens, nous devrions toujours avoir ces qualités présentes à l'esprit. 1 Corinthiens 13 est l'un des chapitres les plus importants de la Bible pour la vie de l'assemblée locale et pour le leadership chrétien. Il indique comment nous devons nous conduire dans le mariage, dans les amitiés, dans l'Église et dans la société. Il décrit ce à quoi notre caractère devrait ressembler – et *dans le ministère chrétien, le caractère est tout.*

Paul n'a pas simplement couché sur le papier des mots agréables à propos de l'amour ; il les a vécus, et les Corinthiens avaient pu les voir traduits dans sa vie.

L'amour est patient

Si nous demandions au Seigneur : « Comment doit se caractériser un leader chrétien aimant ? », il nous répondrait : « il doit être patient et plein de bonté ». C'est pourquoi Paul débute et clôt son catalogue sur l'amour en insistant sur sa nature patiente et persévérante (1 Corinthiens 13.4, 7). Dans un monde imparfait, le leader doit se démarquer par sa patience.

Le mot grec traduit par « patient » implique aussi la constance et la persévérance, notamment en face des blessures reçues ou des torts subis. L'amour chrétien ne cherche pas à rendre le mal pour le mal ; il n'est pas prompt à s'irriter.

Dieu est lui-même l'exemple suprême de la patience[3]. Quand nous sommes tentés de manifester de l'impatience à l'égard des autres, arrêtons-nous un instant et réfléchissons à l'immense patience dont Dieu a fait preuve envers nous malgré tout le mal que nous lui avons fait. Compte tenu de sa patience, qui sommes-nous pour estimer ne pas devoir supporter les faiblesses et les manquements d'autrui, ou leurs offenses contre nous ?

Le manque de patience est un sérieux défaut chez un leader chrétien. Notre travail auprès des gens est avant tout un travail spirituel ; nous devons donc le faire selon Dieu, avec beaucoup de patience et de soins. Un conducteur impatient cause autant de dégâts parmi les gens qu'un père impatient parmi ses enfants ou un berger impatient au sein de son troupeau.

La patience est indispensable à cause des frustrations, des blessures et des injustices dont la vie est remplie. Il est même impossible de guider des hommes sans finir par être attaqué. Les gens s'en prennent au caractère de leurs leaders, critiquent leurs décisions, les calomnient par derrière et exploitent leur amour.

En réponse à ces attaques, l'amour souffre en patience. C'est pourquoi l'apôtre Paul recommande au serviteur de Dieu d'être patient quand il subit des torts :

> *Or, il ne faut pas qu'un serviteur du Seigneur ait des querelles ; il doit, au contraire, être affable pour tous, propre à enseigner, doué de patience ; il doit redresser avec douceur les adversaires, dans l'espérance que Dieu leur donnera la repentance pour arriver à la connaissance de la vérité, et que, revenus à leur bon sens, ils se dégageront des pièges du diable, qui s'est emparé d'eux pour les soumettre à sa volonté.*
> 2 Timothée 2.24-26

Il faut également de la patience pour faire face aux multiples faiblesses et manquements des êtres humains. Il faut faire preuve de patience envers celui qui est lent à apprendre, qui résiste au changement, qui a une foi chancelante, qui est prompt à se plaindre, qui oublie ses responsabilités, qui est instable sur le plan émotionnel, qui est craintif ou qui s'égare. En s'adressant aux conducteurs spirituels, Paul dit : « avertissez ceux qui vivent dans le désordre, consolez ceux qui sont abattus, supportez les faibles, *usez de patience envers tous* » (1 Thessaloniciens 5.14, italiques ajoutées). Ailleurs, il exhorte ainsi Timothée : « Prêche la Parole, insiste en toute occasion, favorable ou non, reprends, censure, exhorte, *avec toute douceur* et en instruisant » (2 Timothée 4.2, italiques ajoutées).

Les leaders patients dans l'action

Être patient, ce n'est pas rester passif, refuser de dénoncer les péchés des gens ou mettre leurs difficultés en lumière. Si Paul n'avait pas exercé un leadership pastoral patient, lui-même et les Corinthiens auraient suivi des voies divergentes. Grâce à sa façon ferme et patiente d'aborder leurs difficultés, l'apôtre préserva leurs relations fraternelles. Quand les Corinthiens le critiquèrent, Paul n'abandonna pas la partie, ne se sépara pas d'eux, ne se vexa pas, ne rendit pas le mal pour le mal et ne réagit pas par une colère coupable. Il répondit à leurs critiques, mit le doigt sur leurs péchés et les menaça de sanctions disciplinaires. Il fit tout cela avec une patience authentique et un amour sincère.

C'est pourquoi l'apôtre put dire aux Corinthiens que son leadership se caractérisait par la patience, la bonté et l'amour :

> *Nous ne voulons scandaliser personne en quoi que ce soit, afin que le ministère ne soit pas un objet de blâme. Mais nous nous rendons recommandables à tous égards. [...] par beaucoup de*

patience [...] par la longanimité, par la bonté, par l'Esprit saint, par un amour sincère.
2 Corinthiens 6.3-4, 6

La patience dans la direction de l'Église est aussi importante aujourd'hui qu'au temps de Paul. La patience des conducteurs est très souvent mise à rude épreuve. Ainsi, Robert Chapman est connu pour son grand amour. Comme tous les conducteurs remplis d'amour, il fit preuve d'une patience remarquable en face de personnes et de problèmes difficiles.

Sa patience et son amour furent particulièrement manifestes lors d'une altercation survenue dans une importante assemblée de Plymouth, en Angleterre, entre deux fortes personnalités : John Nelson Darby, le père de la théologie dispensationnaliste, et Benjamin W. Newton, le principal enseignant de l'assemblée. Devant l'impossibilité de régler leur différend, Darby annonça qu'il allait fonder une nouvelle assemblée rivale à Plymouth. L'intention de Darby inquiéta beaucoup de membres de l'Église, ainsi que des personnes qui fréquentaient des assemblées sœurs. Comme Robert Chapman aimait les deux hommes, il éprouva le besoin de les réconcilier. Il conseilla d'abord à Darby de ne pas donner suite à son projet, mais Darby refusa de suivre le conseil de Chapman.

À la suite de l'initiative de Darby, il y eut à Plymouth deux assemblées d'importance sensiblement égale qui continuèrent de s'opposer, ce qui incita d'autres assemblées de la même dénomination à prendre position pour l'une ou pour l'autre. Un an plus tard, Darby porta de graves accusations contre la doctrine de B.W. Newton. Avec le temps, celui-ci reconnut ses erreurs doctrinales et confessa publiquement ses torts. Mais Darby et ses collègues prétendirent que le changement d'attitude de Newton n'était pas sincère. Ils finirent même par influencer assez d'assemblées pour que Newton soit exclu de leur milieu. Newton reconnut sa défaite et quitta définitivement l'assemblée de Plymouth. La bataille était cependant loin d'être terminée. Le conflit prit des proportions déraisonnables, comme c'est souvent le cas lors de querelles entre Églises, et provoqua des souffrances inouïes. Des deux côtés, des chrétiens avaient le cœur brisé par cette division amère et entreprirent des démarches en vue de la réconciliation, mais en vain. Douze responsables d'envergure, lors d'une rencontre, décidèrent d'intervenir pour mettre fin à cette scission croissante. Pendant cette réunion, Robert Chapman fit l'une de ses déclarations les plus mémorables. Il s'adressa à Darby en ces termes : « Vous auriez dû attendre plus longtemps avant de causer cette séparation », à propos de l'incapacité de Darby à régler son différend avec Newton.

« J'ai attendu six mois », répliqua Darby.

La réponse de Chapman fut inhabituelle et cinglante : « Si cela s'était produit à Barnstaple, nous aurions dû attendre six ans ».

L'Histoire révéla que Darby s'était montré impatient et dur – non seulement à l'égard de B.W. Newton, mais également à l'égard d'autres personnes[4]. Même si certains commencèrent à parler de Darby en termes moins élogieux et refusèrent de le fréquenter, ce ne fut pas le cas de Robert Chapman. Son amour pour John Darby demeura intact. Au lieu de dénigrer les frères et les sœurs qui avaient pris le parti de Darby, il continua de les considérer comme « des frères bien-aimés et précieux ». Le souci de Chapman était authentique parce qu'il vivait selon « la voie par excellence ».

L'amour est plein de bonté

Les deux premières qualités que Paul attribue à l'amour vont de pair et se complètent parfaitement : l'amour patiente (qualité passive) et il est plein de bonté (qualité active). Patience et bonté sont les deux faces de la même réalité qu'est l'amour. « L'amour n'existe pas davantage sans bonté que le printemps sans fleurs », écrit W. Graham Scroggie[5].

La bonté caractérise le penchant à faire le bien, à secourir, à soulager les fardeaux, à être utile, à servir, à être tendre et compatissant à l'égard des autres. On a dit à juste titre que « la bonté est l'amour en vêtements de travail ».

Dieu est bon envers tous[6], et le Seigneur Jésus-Christ a démontré une bonté abondante et compatissante dans son œuvre sur la terre. Les Évangiles regorgent de récits de sa bonté envers des hommes et des femmes dans le besoin : Jésus toucha un homme que le médecin Luc décrit comme « couvert de lèpre » (Luc 5.12-13). William Lane décrit ce geste comme « un acte de compassion inouï »[7]. Lorsqu'il se trouva devant une femme qui ne pouvait se redresser à cause de son infirmité et d'un démon, Jésus « lui imposa les mains » (Luc 13.13). Il toucha les yeux d'un aveugle et nourrit la multitude. Il prit le temps de s'arrêter et de bénir les petits enfants. Il mangea et s'entretint avec les collecteurs d'impôts, les gens les plus détestés de son temps. Une femme notoirement immorale trouva de la bonté et de la compassion à ses pieds (Luc 7.37-39). Actes 10.38 résume l'œuvre de Jésus ainsi : « [Il] allait de lieu en lieu faisant du bien ».

Le pouvoir de la bonté

L'Écriture insiste sur le fait que tous ceux qui dirigent le peuple de Dieu et l'instruisent sont des serviteurs qui doivent témoigner de la bonté envers tous (2 Timothée 2.24). « Nous nous rendons recommandables à tous égards, comme serviteurs de Dieu, par beaucoup de patience [...] par la bonté », écrit Paul (2 Corinthiens 6.4, 6).

Dans ses *Confessions*, Augustin raconte que la bonté d'Ambroise, le grand prédicateur et évêque, toucha son cœur encore inconverti davantage que sa prédication :

> L'accueil de cet homme de Dieu fut pour moi celui d'un père et il eut pour ma qualité d'étranger les égards que l'on peut attendre d'un évêque. Je me mis à l'aimer, non pas d'abord, il est vrai, comme un docteur de vérité (il ne me restait plus le moindre espoir qu'il s'en rencontrât dans ton Église), mais comme quelqu'un de bien disposé à mon endroit[8].

Les leaders remplis d'amour font preuve de bonté même envers ceux qui les critiquent, leur résistent ou s'opposent à eux. Il fut dit de Thomas Cranmer, un évêque de l'Église anglicane : « Il paie de bonté le mal qu'on lui fait »[9].

Un leadership sans amour est désastreux. L'histoire vétérotestamentaire du roi Roboam, le fils de Salomon, montre bien comment l'absence de bonté a ruiné son règne. Avant son couronnement, le peuple d'Israël lui avait envoyé une délégation pour savoir dans quel esprit il comptait régner, car son père avait fini par durement opprimer le peuple. Avant de répondre, le jeune roi demanda sagement l'avis des anciens, des hommes expérimentés qui avaient été au service de son père et connaissaient les bons et les mauvais principes du leadership. Ils conseillèrent à Roboam de diriger le peuple avec des dispositions de bonté. Ils lui dirent : « Si tu es bon envers ce peuple, si tu les reçois favorablement, et si tu leur parles avec bienveillance, ils seront pour toujours tes serviteurs » (2 Chroniques 10.7).

Dédaignant la sagesse et l'expérience de ces hommes âgés, Roboam rejeta leur conseil. Il préféra suivre stupidement l'avis de ses amis jeunes et inexpérimentés qui l'incitèrent à traiter le peuple durement et d'une main lourde (2 Chroniques 10.10-11). Il en résulta le schisme du royaume et la guerre civile. Le peuple voulait un roi bon, pas un monarque dur. Les gens ne sont pas différents aujourd'hui. La bonté est un bon ingrédient pour conduire un peuple efficacement.

Si nous voulons atteindre nos contemporains et les conduire à Jésus-Christ, cultivons des dispositions de bonté. Les actes de bonté laissent un impact profond sur les gens et captent leur attention : une carte postale envoyée à un malade, un coup de téléphone opportun, une invitation à un repas, le désir de soulager le fardeau d'une personne, un geste d'attention, le fait de s'intéresser sincèrement aux soucis d'autrui, une visite à bon escient. Le chemin de la bonté est « la voie par excellence ».

Notes

1. Les autres bateaux sont le *Logos* (1970-1988) qui a coulé au large des côtes du Chili, et le *Logos II* (qui navigue depuis 1990). Un nouveau navire acquis récemment, le *Logos Hope*, remplacera le *Logos II*. Pour connaître les aventures passionnantes de deux de ces navires, voir Elaine Rhoton, *The Doulos Story*, Carlisle, OM Publications, 1998, et *The Logos Story*, Waynesboro, Georgia, OM Lit., 1988.*
2. George Verwer, *The Revolution of Love*, Waynesboro, Georgia, OM Lit., 1993.**
3. Exode 34.6 ; Esaïe 7.13 ; Jérémie 15.15 ; Romains 2.4 ; 9.22 ; Galates 5.22 ; 1 Timothée 1.16 ; 2 Pierre 3.9, 15.
4. Jonathan D. Burnham, *A Story of Conflict : The Controversial Relationship between Benjamin Wills Newton and John Nelson Darby*, Waynesboro, Georgia, Paternoster Press/Authentic Media, 2004.
5. W. Graham Scroggie, *The Love Life : A Study of 1 Corinthians 13*, Londres, Pickering & Inglis, s.d., p. 39.
6. Ruth 2.20 ; 2 Samuel 9.3 ; Psaumes 106.1 ; 145.17 ; Luc 6.35 ; Romains 2.4 ; 11.22 ; Ephésiens 2.7 ; Tite 3.4 ; 1 Pierre 2.3.
7. William L. Lane, *The Gospel According to Mark*, NICNT, Grand Rapids, Michigan, Eerdmans, 1974, p. 87.
8. Saint Augustin, *Confessions*, Éditions du Seuil, 1982, p. 131-132.
9. Alfred Tennyson, *Queen Mary*, Boston, James R. Osgood, 1975, p. 194.***

* Reportez-vous à la page 290 pour la version française de l'ouvrage.
** Reportez-vous à la page 292 pour la version française de l'ouvrage.
*** Reportez-vous à la page 292 pour la version française de l'ouvrage.

5 | Ni envieux, ni vantard

L'amour n'est point envieux ; l'amour ne se vante point.
1 Corinthiens 13.4

Lors de son deuxième voyage missionnaire, Paul arriva à Corinthe où il séjourna dix-huit mois (Actes 18.11). À cette époque, Corinthe était une colonie romaine prospère, et Paul estima que c'était une cité stratégique pour les progrès de l'Évangile. C'était Rome en miniature, un centre commercial riche et en pleine expansion. Corinthe offrait alors à ses habitants et aux voyageurs qui s'y rendaient tous les plaisirs d'une ville cosmopolite et large d'esprit. Dans cette culture, les gens mesuraient la réussite à la richesse, au statut social, à la compétition individuelle, à la sagesse et à la connaissance. Ce système de valeurs imprégnait non seulement la culture, mais influençait également l'Église. Pour reprendre la formule d'un commentateur, « le problème n'était pas la présence de l'Église à Corinthe, mais la trop grande présence de Corinthe dans l'Église »[1].

Quand Paul écrivit 1 Corinthiens environ trois ans et demi après avoir quitté cette ville, il dut faire face à de graves problèmes au sein de l'assemblée. À leurs racines, il y avait les attitudes et les croyances mondaines qui étaient intrinsèquement hostiles à l'Évangile de la croix de Christ et à sa sagesse.

À cause des nombreux péchés dans l'Église, Paul se sent obligé de contre-attaquer en décrivant huit traits de caractère qui sont incompatibles avec l'amour. Ces huit caractéristiques, qui reflètent toutes un coupable manque d'amour, étaient à l'origine des divisions au sein de l'Église de Corinthe, comme elles le sont encore dans les Églises d'aujourd'hui.

Paul affirme donc de la façon la plus nette que l'amour *n'est pas* :

1. envieux
2. vantard
3. orgueilleux
4. malhonnête
5. égoïste
6. irritable
7. soupçonneux
8. heureux de l'injustice

Ces huit vices sont incompatibles avec l'amour. Ils dépeignent une vie centrée sur soi, une façon de vivre qui détruit les relations fraternelles et nuit à l'harmonie qui devrait caractériser toute assemblée locale. La liste de Paul sert de référence objective pour corriger nos comportements égoïstes et nous guider dans « la voie par excellence ».

L'amour n'est point envieux

En tête de liste, Paul dénonce un vice qui a causé le naufrage d'innombrables relations personnelles et scindé de nombreuses Églises : l'envie ou la jalousie. Elle avait divisé l'Église de Corinthe et allait à l'encontre de la gloire que les Corinthiens s'attribuaient (à tort) d'être des gens spirituels : « En effet, puisqu'il y a parmi vous de la jalousie et des disputes, n'êtes-vous pas charnels, et ne marchez-vous pas selon l'homme ? » (1 Corinthiens 3.3).

L'envie nourrit le ressentiment envers celui à qui tout réussit dans la vie. Elle est jalouse des dons que possèdent les autres, leurs richesses, leur position influente. Elle se montre soupçonneuse et critique à l'égard de la popularité d'autrui. Nathaniel Vincent décrit de façon fort juste les tourments et l'égoïsme de l'envie :

> Quelle part d'enfer est déjà présente dans le tempérament d'un homme envieux ! Le bonheur des autres le rend malheureux, le bien de l'autre l'afflige. Il considère les qualités d'autrui d'un regard mauvais ; il s'attriste des louanges adressées aux autres, comme s'il en était privé d'autant. L'envie nourrit sa haine du prochain ; l'envieux est son propre bourreau[2].

L'envie est totalement incompatible avec l'amour. Elle le détruit et nuit au caractère du leader par la même occasion.

L'envie est destructrice

Le récit des relations entre le roi Saül et David illustre fort bien le pouvoir destructeur de l'envie dans la vie d'un chef. Au départ,

Saül aimait David, mais peu après l'extraordinaire victoire du jeune berger sur le géant Goliath, le roi se mit à lui porter envie.

Il avait de quoi être envieux de David. Celui-ci était jeune, beau, fort, brillant, talentueux et populaire. C'était un vaillant guerrier que Dieu bénissait dans tout ce qu'il entreprenait, si bien que « son nom devint très célèbre » (1 Samuel 18.30). Il était tellement populaire et admiré que les femmes chantaient : « Saül a frappé ses mille, et David ses dix mille » (1 Samuel 18.7).

Cette comparaison entre ses victoires et les prouesses supérieures de David mit Saül dans une grande rage et fit naître les plus abjectes pensées de jalousie. Il se mit à haïr David et à s'opposer systématiquement à lui. Il le calomniait à chaque occasion et ne ruminait que sa chute. Au lieu de se repentir de sa jalousie et d'implorer l'aide de Dieu en reconnaissant en David un don de Dieu à la nation, Saül donna libre cours à son péché. Son envie déboucha sur le mécontentement, la paranoïa, un état personnel misérable, et des idées meurtrières. En fin de compte, Saül provoqua sa propre ruine et perdit son royaume. Sa vie montre que là où il y a envie et jalousie, il n'y a pas d'amour.

Aucun de nous n'est à l'abri de l'envie mesquine et égoïste. Même les missionnaires et les serviteurs de Dieu les plus consacrés ont lutté contre ce péché. George Muller, le fondateur de l'orphelinat *Ashley Down* à Bristol, en Angleterre, partageait le ministère pastoral avec Henry Craik dans une Église de Bristol. Il se rendit compte que les gens appréciaient davantage l'enseignement de son collègue. Henry Craik n'était pas seulement un excellent maître dans sa façon d'exposer la Bible, c'était aussi un savant et un hébraïsant hors pair. Contrairement au roi Saül, Muller était un homme de foi et de prière. Il confessa ses sentiments envieux à l'égard de son collaborateur et lutta contre son péché :

Quand, dans l'année 1832, je vis que certains préféraient le ministère de mon ami bien-aimé au mien, je pris la résolution avec la force de Dieu, de m'en réjouir au lieu de lui porter envie. Je dis, avec Jean-Baptiste : « Un homme ne peut recevoir que ce qui lui a été donné du ciel » (Jean 3.27). Cette résistance opposée au diable empêcha une séparation affective[3].

L'amitié entre George Muller et Henry Craik dura trente-six ans, jusqu'à la mort de ce dernier[4]. Ces deux hommes avaient de fortes personnalités et possédaient de nombreux dons, mais leur longue amitié fut un beau témoignage rendu publiquement à la puissance de l'amour chrétien. Muller est connu pour avoir entretenu une amitié durable avec des hommes comme Hudson Taylor, Charles Spurgeon, D.L. Moody, Robert Chapman et d'autres. Les gens envieux, eux, n'ont que peu d'amis et beaucoup de conflits.

Soyons conscients que l'envie est un péché très répandu au sein du peuple de Dieu et parmi les leaders chrétiens. Des pasteurs sont capables d'utiliser des moyens extrêmes pour éliminer des gens doués qui constituent une menace pour eux. Des Églises envient d'autres Églises qui sont plus nombreuses ou qui se développent plus rapidement. Des missionnaires envient ceux qui ont un ministère plus fécond ou qui bénéficient d'un soutien plus important. Des animateurs d'études bibliques envient ceux qui sont plus populaires. Des chanteurs peuvent envier ceux qui sont invités plus souvent à se produire ou qui sont davantage applaudis. Des anciens sont capables d'envier d'autres anciens qui ont une plus grande capacité à diriger ou possèdent une connaissance plus vaste. Des diacres risquent de nourrir des sentiments envieux envers ceux des leurs qui exercent un ministère plus efficace ou dont l'aide est recherchée plus souvent.

L'amour se réjouit des autres

L'amour « ne brûle pas d'envie »[5]. L'amour a un cœur grand ouvert, il est tourné vers autrui, il est content et rempli de bonne volonté envers les autres. « Quand l'amour voit quelqu'un qui est populaire, efficace, beau ou talentueux, il est heureux pour lui et ne ressent ni envie ni jalousie »[6]. « Par amour fraternel, soyez pleins d'affection les uns pour les autres ; par honneur, usez de prévenances réciproques » (Romains 12.10).

Barnabas, le collaborateur de Paul, était un homme rempli d'amour qui sut se réjouir de ce que Paul possédait des dons supérieurs aux siens ; c'est pourquoi il l'invita à exercer un ministère important au sein de l'Église d'Antioche (Actes 11.19-26). Jonathan, le fils de Saül, est un autre exemple d'homme rempli d'amour. Il était très différent de son père envieux. Il admirait et estimait à leur juste valeur les capacités de David à exercer le leadership. Il accepta de sacrifier son propre avenir de roi (1 Samuel 23.16-17) pour protéger David et prendre sa défense.

En tant que conducteurs chrétiens, notre engagement à aimer devrait nous inciter à nous réjouir consciemment des succès et des aptitudes des autres. Favorisons les occasions de service offertes aux autres et réjouissons-nous de leurs points forts et de leurs dons comme si c'étaient les nôtres (1 Corinthiens 12.25-26). Si des sentiments envieux se développent, confessons-les pour ce qu'ils sont, c'est-à-dire du péché et de l'égoïsme. Comme George Muller, soyons décidés à nous réjouir de la réussite des autres, grâce à la force de Dieu. En pensant et en agissant conformément à « la voie par excellence », nous serons plus heureux, plus satisfaits et Dieu se réjouira.

L'amour ne se vante pas

Comme l'envie, la glorification de soi ou la vantardise est une préoccupation coupable de soi. Les vantards polarisent l'attention des autres. Ils veulent que les autres louent leurs aptitudes, leurs connaissances, leurs succès et même leurs souffrances pour Dieu. Comme ils désirent être reconnus, ils parlent trop fort et trop souvent d'eux-mêmes, même s'ils n'ont rien d'important à communiquer.

La vantardise a de tout temps été un sérieux défaut des gens religieux. Les pharisiens moralisateurs, qui claironnaient devant eux, attiraient l'attention des gens. C'était des frimeurs religieux. Jésus dénonça leur désir d'occuper les premiers sièges dans les synagogues, d'être respectueusement salués dans la rue et loués pour leurs actes publics de piété. Dans l'Église de Corinthe aussi des chrétiens se glorifiaient de leur sagesse supérieure, de l'art oratoire de leurs maîtres préférés et de leurs expériences spirituelles extraordinaires. Ils étaient remplis d'eux-mêmes, et non remplis d'amour.

Cette vantardise est aussi un problème de nos jours. Je me souviens très bien d'un évangéliste-missionnaire qui vint un jour prendre un repas chez nous, en compagnie d'autres personnes. Pendant trois longues heures, il n'arrêta pas de parler de lui-même, de son ministère et de ses succès. Il nous raconta combien il avait travaillé dur, les distances qu'il avait parcourues, et à quel point Dieu l'avait béni. À aucun moment de la soirée il ne prêta l'oreille aux autres à table. C'était un vantard.

Une autre fois, j'assistai à une conférence d'Églises qui exposait des centaines d'ouvrages et présentait de nombreux ministères. Notre table de littérature se trouvait juste à côté du stand d'un pasteur et auteur de réputation internationale. Il passa tout son temps de présence au stand à parler de lui-même. Pendant deux jours, nous n'avons pas pu ne pas entendre les louanges qu'il s'adressait. À tous les visiteurs rencontrés, il parlait de l'importance de son Église et de son équipe, du budget impressionnant de l'assemblée. Il n'eut même pas la délicatesse de ne pas mentionner les gens célèbres qu'il connaissait et les lieux où il avait prêché. C'était un vantard.

En fait, la vantardise n'est d'aucun secours. On parle de « vaine gloriole ». Elle est toujours vaine ; il n'y en a pas d'autre, comme le dit Scroggie : « Il n'existe pas d'autre forme de vantardise. La nature et l'essence de la vantardise, c'est son néant. La vantardise est toujours la marque de la pauvreté »[7]. Elle n'édifie pas et ne sert pas la communauté ecclésiale. Elle n'honore pas Christ. Elle complexe et divise les gens, suscite la jalousie. La vantardise est particulièrement odieuse chez un responsable. Elle défigure sa nature. Dans l'Église, nous ne voudrions pas que les membres suivent un tel exemple. Les vantards dédaignent visiblement l'interdiction que Dieu a faite concernant la glorification de soi-même : « Qu'un autre te loue, et non ta bouche, un étranger, et non tes lèvres » (Proverbes 27.2).

Les vantards s'élèvent au-dessus des autres, les envieux rabaissent les autres, mais les gens remplis d'amour élèvent les autres.

L'amour met les autres en avant et les loue

L'amour s'efface et évite de parler de lui-même. Ceux donc qui sont possédés par l'amour de Christ se plaisent à attirer l'attention sur les autres, en les poussant au centre de la scène en les mettant sous les feux de la rampe.

Dans le contexte des dons spirituels, Paul écrit : « Par la grâce qui m'a été donnée, je dis à chacun de vous de n'avoir pas de lui-même une trop haute opinion, mais de revêtir des sentiments modestes » (Romains 12.3). N'en déduisons pas que nous ne devons jamais parler de nous-mêmes ou que nous devons interdire aux autres de nous interroger à propos de nos centres d'intérêt ou de notre ministère. Mais la ligne de démarcation entre parler de nous-mêmes de façon vantarde et le faire sans vantardise ni égoïsme est très ténue. Comme Paul et Barnabas, les missionnaires doivent rendre compte de leurs travaux à ceux qui les soutiennent (Actes 14.27 ; 15.3). Les enseignants sages s'appuient souvent sur des illustrations tirées de leurs expériences personnelles pour communiquer efficacement leur message sans se vanter (Galates 2.1-14). Les vantards, eux, se servent des gens pour satisfaire leur besoin d'attention et de louange.

Un ami missionnaire qui retournait en Afrique se trouvait sur le même navire que le jeune Billy Graham et lui témoigna un amour qui ne se vante pas. Graham se rendait à Londres pour sa grande campagne d'évangélisation. Tandis que les deux hommes se retrouvaient souvent ensemble pour discuter pendant la traversée, un détail toucha profondément mon ami à propos de Billy Graham. Celui-ci posa beaucoup de questions sur la vie et le ministère de mon ami en Afrique. Il s'intéressait sincèrement à son travail. Mon ami remarqua que Graham parlait rarement de lui-même et de son extraordinaire expérience d'évangéliste. À la fin du voyage, le missionnaire demanda au jeune évangéliste dans quel sens il pourrait prier pour lui. « Demandez à Dieu que je reste un homme humble », répondit Graham. Cette requête émanait d'un cœur rempli de sagesse et d'amour. Des décennies plus tard, il est notoire qu'on ne peut pas reprocher à Billy Graham de s'être vanté de son don ou de ses succès.

Cet exemple nous sert de leçon. *Les gens humbles ne sont pas des vantards préoccupés d'eux-mêmes.* Au contraire, ils mettent en avant les autres et font leur éloge conformément à « la voie par excellence » de l'amour.

Notes

1. David E. Garland, *1 Corinthians*, BECNT, Grand Rapids, Michigan, Baker, 2003, p. 8.
2. Nathaniel Vincent, *A Discourse Concerning Love*, 1684, réimpression, Morgan, Pennsylvania, Soli Deo Gloria, 1998, p. 82.
3. W. Elfe Tayler, *Passages from the Diary and Letters of Henry Craik of Bristol*, Londres, Paternoster, s.d., xiii.
4. Son biographe déclare :
   Chez M. Craik, aucun trait de caractère n'était plus visible que celui de l'amour. Il irradiait dans son expression, transparaissait dans le timbre de sa voix ; toute sa vie fut un commentaire de la parole : « Pratiquez le bien envers tous ». D'où le sérieux avec lequel il prêchait, d'où sa sensibilité aiguë devant les perspectives de l'humanité, d'où son intense sympathie pour les tristesses des autres et son extrême affection pour ses amis, notamment les membres de sa famille. On peut dire à coup sûr que rarement un esprit plus aimant et plus compatissant a quitté cette terre. (Tayler, *Passages from the Diary and Letters of Henry Craik of Bristol*, p. 307.)
5. Anthony C. Thiselton, *The First Epistle to the Corinthians*, NIGTC, Grand Rapids, Michigan, Eerdmans, 2000, p. 1048.
6. John MacArthur, *1 Corinthians*, Chicago, Moody Press, 1984, p. 340.*
7. W. Graham Scroggie, *The Love Life : A Study of 1 Corinthians 13*, Londres, Pickering & Inglis, s.d., p. 40.

* Reportez-vous à la page 287 pour la version française de l'ouvrage.

6 | Ni orgueilleux, ni malhonnête

L'amour [...] ne s'enfle point d'orgueil, il ne fait rien de malhonnête.
1 Corinthiens 13.4-5

Il existe difficilement quelque chose de plus opposé à l'exemple de Christ, au message de la croix et à l'amour chrétien que l'autosuffisance arrogante. Les chrétiens sont des pécheurs sauvés par la grâce de Dieu qui nous a également accordé gracieusement nos dons spirituels et nos ministères. C'est pourquoi l'Écriture déclare : « Qu'as-tu que tu n'aies reçu ? Et si tu l'as reçu, pourquoi te glorifies-tu, comme si tu ne l'avais pas reçu ? » (1 Corinthiens 4.7).

L'égocentrisme n'a pas sa place dans l'œuvre du Seigneur, en tout cas pas chez ceux qui dirigent et instruisent la communauté de la croix. Or l'arrogance est un défaut largement répandu parmi les leaders de notre temps.

Lors d'une cérémonie de remise de diplômes à laquelle j'assistais, le président du séminaire prononça un discours stimulant intitulé : « Le syndrome du gros bonnet ». C'était un vrai bonheur de l'entendre mettre les étudiants diplômés en garde contre le danger d'avoir une trop haute opinion d'eux-mêmes et d'agir comme des personnages importants au lieu de se conduire en humbles serviteurs de Jésus-Christ. Pour bien faire comprendre cette leçon, il avait coupé une serviette en petits carrés qu'il avait déposés dans un panier. À la fin de son message, il avait invité les étudiants à s'avancer pour recevoir un petit morceau de serviette. Il leur avait suggéré ensuite d'avoir toujours ce carré de serviette dans leur porte-documents pour se rappeler constamment que Jésus-Christ s'était ceint d'une serviette et avait humblement lavé les pieds de ses disciples. Quel précieux rappel pour ces jeunes serviteurs de l'Évangile ! Le souvenir de l'exemple d'humilité de Christ est bon pour tous ceux qui exercent un ministère de serviteur dans le leadership d'une assemblée locale.

L'amour ne s'enfle point d'orgueil

Un esprit d'orgueil imprégnait l'Église de Corinthe et était à l'origine de nombreux problèmes[1]. L'orgueil est le contraire de l'amour parce qu'il s'intéresse à soi plutôt qu'aux autres. Les gens orgueilleux, notamment les gens religieux, s'estiment meilleurs que les autres. Ils pensent avoir une connaissance supérieure à ce qu'elle est réellement, ils se considèrent comme plus saints que les autres et s'imaginent plus doués qu'ils ne le sont en réalité. Ils ne voient pas leurs péchés flagrants, leurs faiblesses personnelles et leurs erreurs doctrinales. Comme le déclara un jour Amy Carmichael, « ceux qui pensent trop d'eux-mêmes ne pensent pas assez »[2].

Les versions françaises ont généralement rendu le terme grec par « enflé d'orgueil » ou « gonflé d'orgueil ». La version anglaise J.-B. Phillips rend la même idée dans sa traduction : l'amour « ne cultive pas des idées démesurées de sa propre importance »[3]. Autrement dit, l'amour ne cultive pas un complexe de supériorité. Pour les disciples de Jésus, il s'agissait d'un concept important à comprendre, car de nombreux chefs religieux de leur temps étaient enflés d'orgueil. Un pharisien imbu de lui-même priait en lui-même : « Ô Dieu, je te rends grâces de ce que je ne suis pas comme le reste des hommes » (Luc 18.11).

Par opposition, Jésus interdit formellement à ses disciples de s'exalter de façon idolâtre : « Le plus grand parmi vous sera votre serviteur. Quiconque s'élèvera sera abaissé, et quiconque s'abaissera sera élevé » (Matthieu 23.11-12). C'est l'humilité de cœur, et non l'arrogance, qui doit être le signe distinctif de ceux qui suivent le Seigneur. L'arrogance est la marque du diable (Ésaïe 14.13-14) et non celle de Christ. Comme Jonathan Edwards l'a fait sagement remarquer, « rien n'éloigne autant le chrétien de la portée du diable que l'humilité »[4]. Le Nouveau Testament donne un exemple de leader enflé d'orgueil et imbu de lui-même en la personne de Diotrèphe. La Bible précise qu'il aimait être « le premier ». Jean écrit :

> *J'ai écrit quelques mots à l'Église ; mais Diotrèphe, qui aime à être le premier parmi eux, ne nous reçoit point. C'est pourquoi, si je vais, je rappellerai les actes qu'il commet, en tenant contre nous de méchants propos ; non content de cela, il ne reçoit pas les frères, et ceux qui voudraient le faire, il les en empêche et les chasse de l'Église.*
> 3 Jean 1.9-10

Diotrèphe était tellement enflé d'orgueil qu'il critiquait le bien-aimé apôtre Jean et refusait de l'écouter. Il faisait du mal à ceux qui n'étaient pas d'accord avec lui, créait une atmosphère de crainte au sein de l'Église locale et imposait sa façon de voir. Il n'édifiait pas les gens, il les écrasait ; il n'unissait pas mais divisait. Il n'était pas un humble conducteur-serviteur. Il n'acceptait pas de partager le ministère avec des pairs et des collègues comme Paul. Il refusait les saintes réprimandes et les instructions. Il n'avait pas le cœur contrit devant Dieu. Son esprit orgueilleux divisait les membres et causait du tort à l'assemblée. Pour reprendre les termes de Paul, Diotrèphe était « un airain qui résonne, ou une cymbale qui retentit » (1 Corinthiens 13.1).

L'amour est humble et modeste

Par sa nature, l'amour est le contraire de l'orgueil. Il cultive des idées humbles et modestes sur lui-même et sur les autres (Romains 12.3). L'esprit d'amour recommande : « N'aspirez pas à ce qui est élevé, mais laissez-vous attirer par ce qui est humble. Ne soyez point sages à vos propres yeux » (Romains 12.16). Pierre exhorte les anciens de l'Église : « Revêtez-vous d'humilité » (1 Pierre 5.5). Et Paul rappelle aux anciens d'Éphèse qu'il a servi « le Seigneur en toute humilité » (Actes 20.19).

L'humilité caractérise l'état d'esprit du serviteur. Elle rend le conducteur plus désireux d'apprendre, plus réceptif à la critique constructive, plus apte à travailler de concert avec les autres, mieux qualifié pour dénoncer les fautes et les péchés d'autrui, plus prompt à se soumettre aux autres, moins pressé de se battre, plus rapide à concilier les points de vue différents. Sans humilité, il est impossible d'être un conducteur qui ressemble à Christ (Matthieu 11.29 ; Philippiens 2.7-8).

L'humilité rend aussi ceux qui enseignent la Parole plus capables de se lier aux gens quel que soit leur niveau de vie, même les plus pauvres et les moins instruits, comme le fit le Seigneur

Jésus-Christ. Ceux qui dispensent la Parole de Dieu doivent se conduire en serviteurs humbles, sous peine de contredire le message de la Bible.

Paul et Apollos étaient des conducteurs et des enseignants très qualifiés. Ils auraient facilement pu s'enfler d'orgueil et nourrir des sentiments de supériorité à cause de leur vive intelligence et de leurs succès dans l'annonce de l'Évangile. Pourtant, Paul rappelle sagement aux Corinthiens qui estimaient hautement de tels maîtres qu'Apollos et lui n'étaient que d'humbles serviteurs du Seigneur et rien de plus. Il écrit : « Qu'est-ce donc qu'Apollos, et qu'est-ce que Paul ? Des serviteurs, par le moyen desquels vous avez cru, selon que le Seigneur l'a donné à chacun » (1 Corinthiens 3.5).

Des conducteurs et des enseignants aimants sont donc humbles et modestes. Ils ne traitent pas les gens de façon arrogante, mais avec respect. Ils servent humblement et élèvent les autres, non eux-mêmes.

C.S. Lewis, l'un des auteurs chrétiens les plus connus dans le monde, était un homme humble qui, en tant qu'enseignant, vivait selon « la voie par excellence » de l'amour. Il enseignait dans les universités d'Oxford et de Cambridge en Angleterre et acquit une notoriété internationale lorsqu'il abandonna l'athéisme pour adopter la foi chrétienne. Il a écrit de nombreux livres chrétiens qui se sont vendus à des millions d'exemplaires et ont été traduits dans de nombreuses langues. Ses écrits ont touché d'innombrables personnes et les ont amenées à Jésus-Christ.

Malgré ses énormes succès mondiaux, Lewis était un homme humble et un enseignant capable de s'adresser aux érudits et aux enfants ; il était toujours prêt à donner des conseils à ceux qui le lui demandaient. Lewis croyait que Dieu lui demandait de répondre à toutes les lettres, ce qu'il fit. « Il traitait chaque correspondant comme s'il était aussi important que le roi ou la reine d'Angleterre »[5]. C'était une prouesse remarquable étant donné son emploi du temps chargé. Il répondait aux questions que les gens lui posaient sur la dépression, les conflits conjugaux et les problèmes théologiques difficiles. Il s'engagea également à prier tous les jours pour de nombreuses personnes désemparées qui, de par le monde, réclamaient son intercession, des gens qu'il n'avait jamais rencontrés et qui étaient quelque peu excentriques.

En tant qu'anglican, Lewis fréquenta l'Église anglicane près de chez lui. Il y côtoya différentes sortes de gens dont certains ignoraient totalement ses succès littéraires et sa renommée mondiale. Comme le ciel sera rempli de toutes sortes de gens qui adorent Dieu, Lewis estima « impensable » la recherche d'une Église composée essentiellement d'intellectuels et d'érudits. Le culte dans cette Église était pour lui une préparation au culte céleste[6].

L'histoire délicieuse racontée par Clifford Morris, son chauffeur de taxi (car Lewis n'avait pas de voiture) révèle à quel point Lewis avait une attitude humble à l'égard d'autrui. L'écrivain avait pour cet homme le même respect et les mêmes attentions que pour les autres. Lyle W. Dorsett, l'un des biographes de C.S. Lewis écrit :

> [Morris] trouvait Monsieur Lewis chaleureux et agréable, un homme qui le traitait comme son égal, malgré leur grande différence de classe sociale et de connaissances intellectuelles. Ce traitement surprit et réjouit Morris, car d'autres gens, y compris des chrétiens, ne se montraient pas aussi bienveillants. Il arrivait que le professeur Lewis disait au chauffeur en entrant dans la voiture : « Morris, je suis navré, mais je ne pourrai pas vous parler pendant un quart d'heure, car je dois faire mes prières »[7].

C.S. Lewis comprenait la nécessité de l'humilité dans la vie chrétienne et les nombreux dangers de l'orgueil coupable. Au sujet de l'orgueil, il écrit : « C'est l'orgueil qui [...] transforma le diable en ce qu'il est. L'orgueil est l'état d'esprit totalement anti-Dieu »[8].

Ceux qui vivent selon « la voie par excellence » n'ont pas un état d'esprit « anti-Dieu ». Comme leur Sauveur, ils sont « doux et humble[s] de cœur » (Matthieu 11.29).

L'amour n'est pas malhonnête

L'amour semblable à celui de Christ doit caractériser tous les comportements. L'Écriture déclare que l'amour ne fait rien de malhonnête. Il « ne se conduit pas de mauvaise manière »[9]. Le verbe grec traduit par « faire quelque chose de malhonnête » indique un comportement dépourvu de grâce, contraire aux règles établies des convenances et de la décence. Une tenue vestimentaire incorrecte, des paroles inconsidérées, le mépris du calendrier et de la conscience morale d'autrui, l'exploitation des gens, le manque de tact, le mépris des contributions et des idées des autres, ne faire aucun cas des plans et des intérêts d'autrui, les attitudes incorrectes avec les personnes du sexe opposé, le manque de courtoisie et la rudesse, et le mépris général d'un comportement social correct, tout cela témoigne d'un manque d'amour et ne devrait pas être toléré dans l'Église locale.

Le manque d'amour se voit dans le comportement indigne au sein de l'Église de Corinthe. Les membres les plus riches n'attendaient pas l'arrivée des pauvres pour célébrer la Cène. Ils se gavaient de leur bonne nourriture et ne laissaient presque rien aux malheureux (1 Corinthiens 11.21-22, 33).

D'autres membres se servaient sans réfléchir de leur prétendue connaissance supérieure et de leur liberté pour choquer la conscience de leurs frères et sœurs plus faibles. Ils consommaient la viande qui provenait de sacrifices offerts aux idoles (1 Corinthiens 8), troublant ainsi ceux qui avaient une conscience plus délicate et qui finirent par la réduire au silence. Pendant les réunions de l'assemblée, des orateurs plus doués monopolisaient la parole, empêchant d'autres d'exercer leurs dons spirituels. Et puis, il y avait également des membres qui interrompaient ceux qui prêchaient. Des chrétiens parlaient en langues sans qu'un interprète puisse en donner le sens aux auditeurs. Pour mettre fin à cette absence de bonnes manières, Paul demanda à l'assemblée que « tout se fasse avec bienséance et avec ordre » (1 Corinthiens 14.40).

L'impolitesse n'est pas morte avec l'Église de Corinthe, elle est encore très répandue de nos jours. Dans une Église que je visitais, deux jeunes derrière moi troublaient le déroulement du culte. Ils croquaient sans relâche des noisettes et des bonbons durs. Ils buvaient de l'eau au goulot de bouteilles en plastique ; à chaque gorgée, la bouteille faisait un bruit sec. Ils ne faisaient que discuter entre eux, interrompant leur causette seulement pour dire « amen » en même temps que l'assemblée ; encore était-ce sous forme de moquerie. Ils dérangeaient toutes les personnes autour d'eux.

Après le culte, je suis allé trouver un ancien de l'Église au sujet de l'attitude de ces jeunes. Il soupira d'impuissance. Il m'assura qu'ils avaient déjà tenté de régler ce problème à plusieurs occasions, mais les parents refusaient de punir leurs enfants. Ils estimaient que leur progéniture avait le droit de manger et de boire pendant le culte. Ce comportement est totalement inacceptable dans un théâtre, mais les parents l'estimaient acceptable à l'Église. C'étaient des gens incultes, sans amour, qui n'avaient pas d'égards pour les autres.

L'impolitesse n'est pas l'apanage d'un certain âge ou d'une classe sociale. Des intellectuels et des gens très instruits peuvent se conduire de façon tout aussi impolie que n'importe qui. Dans une université chrétienne, un savant conservateur fit une conférence sur un sujet très impopulaire et politiquement incorrect. Tandis qu'il parlait, l'auditoire composé d'érudits et d'enseignants hua le conférencier, le siffla et le tourna en dérision. Cette manifestation abjecte d'impolitesse, sans égard pour les sentiments et les opinions du conférencier était un cri très éloigné de l'amour. L'amour ne manque pas de politesse.

L'amour respecte les convenances

Les gens remplis d'amour réfléchissent à l'impact que leur conduite peut avoir sur les autres, même dans de petites choses. Ceux que l'amour de Dieu étreint sont sensibles à cultiver de bonnes relations sociales, à être décents en public ; ils respectent les conventions sociales, les règles du savoir-vivre, ils ont du tact et s'efforcent d'être irréprochables dans leur façon de s'habiller, de parler et d'agir. Ils savent que dans certaines Églises, les chrétiens seraient scandalisés si le prédicateur ou le chef de chœur ne se présentaient pas en costume et cravate, mais se contentaient d'un T-shirt et d'un jeans. Ils savent que ce serait tout à fait incorrect pour une monitrice d'école du dimanche de venir devant les enfants de son groupe dans une tenue qui ne convient que sur la plage (1 Timothée 2.9-10). Ils se gardent bien d'utiliser leur téléphone portable au cours d'une réunion publique.

L'amour reconnaît que les mauvaises manières nuisent aux réunions d'anciens ou de diacres (ainsi que toutes les autres rencontres administratives). L'amour stimule les réunions dans lesquelles tout est fait avec bienséance et ordre (1 Corinthiens 14.40). Discuter avec d'autres personnes au lieu d'écouter, ne pas tenir compte des idées d'autrui, faire des commentaires acerbes ou prononcer des menaces, maltraiter ceux qui sont en désaccord avec soi et leur manquer de respect, toutes ces attitudes ne reflètent pas l'amour. Elles n'ont pas droit de cité parmi les conducteurs chrétiens.

Les sociétés occidentales ont beau devenir de plus en plus grossières et rejeter les principes élémentaires de la politesse et de la décence sociales, nous devons, quant à nous, nous opposer à toute dureté comportementale. Si nous ne réagissons pas, la rudesse aura des effets nuisibles et dégradants sur notre vie et sur nos Églises.

C'est une question particulièrement importante pour les chrétiens qui se rendent dans d'autres pays pour la cause de Jésus-Christ. Hudson Taylor fut certainement l'un des plus grands meneurs chrétiens de tous les temps, et il est reconnu comme un dirigeant plein d'amour. L'histoire remarquable de sa vie et de l'origine de la Mission à l'Intérieur de la Chine a fait l'objet de biographies détaillées[10]. L'une des grandes forces de Taylor en tant que responsable d'œuvre était sa capacité à entretenir de bonnes relations avec les Chinois à cause de son sens des convenances et de sa sensibilité culturelle. À un certain moment, il se plaignit dans une lettre du manque de tact et même du manque de respect de certains missionnaires à l'égard des coutumes et du protocole chinois, qui sont des aspects importants de la culture chinoise. Ses paroles mériteraient d'être entendues aujourd'hui :

> Certaines personnes semblent très douées pour faire les choses de la plus mauvaise manière ou au moment le moins opportun. Les gens vraiment stupides ou insensibles s'épargneront difficilement les ennuis en Chine ; ils ont beau être sérieux, intelligents et pieux, leur ministère n'aura pas beaucoup d'impact. En tant que Mission, notre plus grand point faible est le manque de tact et de politesse[11].

Par son ordre missionnaire (Matthieu 28.18-20), Christ a confié une mission globale aux chrétiens. Paul en avait conscience. Homme immergé dans trois cultures, juive, romaine et grecque, Paul l'évangéliste voyagea beaucoup pour la cause de l'Évangile et sut s'adapter correctement aux différentes mœurs sociales (1 Corinthiens 9.19-23 ; 10.32-33). Nous aussi, quand nous voyageons pour Christ, nous devons veiller à ne pas aller à l'encontre des convenances sociales du pays d'accueil, mais à nous conduire en bons ambassadeurs de l'amour de Dieu pour tous les peuples.

Marcher selon la voie par excellence de l'amour, c'est s'informer de ce qui est considéré comme correct et poli dans d'autres cultures et respecter les coutumes sociales des différents peuples.

Notes

1. Le verbe grec *phusioo*, traduit par « enfler d'orgueil » se trouve sept fois dans le Nouveau Testament, dont six dans la première Épître aux Corinthiens (4.6, 18-19 ; 5.2 ; 8.1 ; 13.4).
2. Cité dans Wayne A. Mack, *Humility : The Forgotten Virtue*, Phillipsburg, New Jersey, P & R Publishing, 2005, p. 61.
3. J.B. Phillips, *The New Testament in Modern English*, éd. révisée, New York, Macmillan, 1972, p. 361.
4. Jonathan Edwards, « *Undetected Spiritual Pride* », http://www.bibleteacher.org/jedw_19.htm.
5. Lyle W. Dorsett, *Seeking the Secret Place : The Spiritual Formation of C.S. Lewis*, Grand Rapids, Michigan, Brazos Press, 2004, p. 118.
6. Ibid., p. 41.
7. Ibid., p. 42.
8. C.S. Lewis, *Voilà pourquoi je suis chrétien*, Ligue pour la Lecture de la Bible, 1979, p. 130.
9. Anthony C. Thiselton, *The First Epistle to the Corinthians*, NIGTC, Grand Rapids, Michigan, Eerdmans, 2000, p. 1049.
10. Cf. Broomhall, *Hudson Taylor and China's Open Century*, 7 vol., Londres, Hodder et Stoughton. En français *Hudson Taylor*, 2 vol., par Howard Taylor, Groupes Missionnaires, 1947 ; Hudson Taylor, *l'Évangile au cœur de la Chine*, par Roger Steer, Groupes Missionnaires et Maison de la Bible, 1996.
11. Broomhall, *Hudson Taylor and China's Open Century*, vol 5 : *Refiner's Fire*, Londres, Hodder et Stoughton, 1985, p. 231.

7 | Ni égoïste, ni irritable

[L'amour] ne cherche point son intérêt, il ne s'irrite point.
1 Corinthiens 13.5

La Bible ne dissimule pas le fait que même parmi les apôtres, il y avait des attitudes égoïstes et des luttes de pouvoir. Ainsi, Jacques et Jean, par exemple, ne pensant qu'à eux, demandèrent à Jésus de leur réserver les places d'honneur suprême dans le royaume : « Accorde-nous, lui dirent-ils, d'être assis l'un à ta droite et l'autre à ta gauche, quand tu seras dans ta gloire » (Marc 10.37). Jacques et Jean « possédaient la carte de membres du 'club des égoïstes' »[1]. Leur requête provoqua un vif émoi parmi les autres disciples. C'est d'ailleurs ce que l'ambition égoïste entraîne toujours. Marc rapporte que « les dix, ayant entendu cela, commencèrent à s'indigner contre Jacques et Jean » (Marc 10.41). Ils en voulaient aux deux frères parce qu'eux aussi cherchaient leur propre avantage et aspiraient à des positions de pouvoir et de gloire.

Cet incident montre combien les disciples avaient peu compris les voies du Seigneur et combien ils avaient besoin d'apprendre à s'aimer en tant que frères et à se mettre au service les uns des autres. « Jacques et Jean aspirent à siéger sur des trônes, entourés de puissance et de gloire, écrit John Stott ; Jésus sait qu'il doit être cloué sur une croix, dans la faiblesse et l'humiliation. L'antithèse est totale »[2].

L'amour ne se préoccupe pas de soi

Les cinq aspects négatifs, qui soulignent ce que l'amour n'est pas, dénoncent l'égoïsme, la cause profonde de bien de nos problèmes, un vice totalement incompatible avec l'amour et le leadership chrétiens. D'après 1 Corinthiens 3.5, l'amour « ne cherche point son intérêt ». En d'autres termes, il ne cherche pas son avantage personnel. L'amour « ne se soucie pas de son intérêt personnel »[3]. C'est un aspect qu'il importe de bien comprendre, car nous vivons à une époque d'individualisme excessif. Dans les sociétés occidentales modernes, les gens recherchent avant tout la satisfaction de leurs intérêts personnels. Ils se considèrent au centre de l'univers, la place qui revient de droit à Dieu. Cette insistance sur soi, qui consume l'être humain, est radicalement opposée à l'amour chrétien.

Si Jésus avait cherché son avantage, il n'y aurait pas eu la croix. Mais l'Écriture est très explicite en disant : « Car Christ n'a pas cherché ce qui lui plaisait » (Romains 15.3). Le Seigneur ne vint pas pour être servi, mais pour servir : « Je suis au milieu de vous comme celui qui sert » (Luc 22.27).

Paul non plus n'a pas cherché son propre avantage. S'il l'avait fait, il n'aurait pas eu besoin d'endurer toutes les souffrances inhérentes à la propagation de l'Évangile et au souci des Églises. À cause de son amour pour Christ, exprimé dans son amour pour les autres, l'apôtre put dire : « Je m'efforce en toutes choses de complaire à tous, cherchant, non mon avantage, mais celui du plus grand nombre » (1 Corinthiens 10.33). « Car, bien que je sois libre à l'égard de tous, je me suis rendu le serviteur de tous » (1 Corinthiens 9.19). « Ce ne sont pas vos biens que je cherche, c'est vous-mêmes. [...] Pour moi, je ferai très volontiers des dépenses et je me dépenserai moi-même pour vos âmes » (2 Corinthiens 12.14-15).

Ce n'était pas un exemple facile à imiter pour les croyants de Corinthe. Eux, ils insistaient sur leur droit et leur liberté de manger des aliments offerts aux idoles païennes, même si en prenant cette liberté, ils blessaient la conscience de leurs frères et sœurs plus faibles (1 Corinthiens 8-10). Ils ne comprenaient pas l'esprit de l'amour qui déclare : « C'est pourquoi, si un aliment scandalise mon frère, je ne mangerai jamais de viande, afin de ne pas scandaliser mon frère » (1 Corinthiens 8.13). Ils ne se sentaient pas concernés par les conséquences de leur comportement : « Mais si, pour un aliment, ton frère est attristé, tu ne marches plus selon l'amour » (Romains 14.15). Ils utilisaient leur liberté et leurs dons remarquables à des fins personnelles au lieu de les mettre au service du bien de toute la communauté.

Focalisés sur leur propre intérêt, ils ne comprenaient pas la nature du ministère chrétien ni le rôle de serviteur du leader ou de l'enseignant chrétien. À Corinthe, certains estimaient même que les souffrances et la vie désintéressée de Paul étaient un exemple de faiblesse et d'échec. Pour eux, le leadership chrétien doit s'exercer avec puissance et un esprit de chef, non dans la faiblesse et avec un esprit de serviteur. C'est pourquoi ils mettaient son apostolat en doute. Cette même idée fausse à propos du véritable leadership chrétien subsiste de nos jours.

L'amour s'intéresse aux autres

Le cœur égoïste est le grand ennemi de tout berger. À cet égard, le Nouveau Testament présente un remarquable exemple de leader rempli d'amour en la personne de Barnabas. Il ne recherchait pas l'accession au trône. Luc rapporte que c'était « un homme de bien, plein d'Esprit-Saint et de foi » (Actes 11.24). Parce qu'il était rempli de l'Esprit, il se caractérisait par l'amour (Galates 5.22) et par toutes les qualités attribuées à l'amour dans 1 Corinthiens 13.4-7.

Lorsque le Nouveau Testament mentionne Barnabas pour la première fois, celui-ci vendait un champ pour donner le produit de la vente aux chrétiens pauvres de Jérusalem (Actes 4.36-37). La générosité envers les autres ne peut découler que de l'amour. Comme le déclare Robert Law, « l'amour est l'impulsion donatrice »[4].

Mais ce qui est encore plus marquant chez Barnabas est la manière dont il partagea sa position de leader et son ministère avec Paul. Les anciens de Jérusalem avaient envoyé Barnabas à Antioche pour aider au développement de l'Église nouvellement implantée dans cette ville. C'était une mission exaltante. Dieu opérait des choses fantastiques parmi les païens, et Barnabas était au centre de cette action. Mais il se souciait davantage de ce qui serait le plus profitable pour la jeune Église que de son honneur et de sa sécurité.

Estimant que l'assemblée d'Antioche avait besoin des dons extraordinaires de Paul, Barnabas se rendit à Tarse au prix d'un grand sacrifice personnel, pour inviter Paul à venir enseigner à Antioche. Barnabas envisageait donc de partager son leadership et son ministère avec Paul, beaucoup plus qualifié que lui. Barnabas mit Paul en avant. Plus tard, Paul devint le plus éminent des deux. Comme un prédicateur l'a fait remarquer à juste titre : « Barnabas n'était pas accroché au ministère ». Il ne tenait pas à tout faire tout seul pour en recevoir la gloire. Il ne visait pas le trône, il était de ceux qui lavent les pieds (Jean 13.14). Il élevait les autres, il ne les rabaissait pas (Actes 11.19-24). Il donnait et ne prenait pas. Son amour était de l'espèce qui « donne », pas de celle qui « prend »[5].

Barnabas était vraiment un conducteur et un enseignant chrétien débordant d'amour. Il n'était pas jaloux de Paul et ne se vantait pas de son statut d'apôtre ou de sa spiritualité. Il n'était pas orgueilleux, impoli ni égoïste, mais se consacrait au bien des autres. Il n'est donc pas étonnant que les gens l'aient surnommé « fils d'exhortation » (Actes 4.36 ; 11.23). Il était l'incarnation de la devise : « On peut accomplir de grandes choses si on ne se soucie pas de savoir qui en recevra l'honneur ». De grandes choses se produisirent dans l'Église d'Antioche par l'entremise de Barnabas et de Paul – et continuent de se produire dans l'Église de nos jours – grâce à des enseignants et des conducteurs désintéressés.

John Stott, ancien recteur de l'Église All Souls de Londres, aumônier honoraire de la Reine d'Angleterre et auteur de nombreux excellents commentaires bibliques est un « Barnabas » contemporain. Un professeur de missiologie rapporte qu'en traversant un aéroport, il aperçut un homme âgé, assis dans la chapelle de l'aéroport, avec une grande pile de lettres à ses côtés, en train d'écrire. C'était John Stott. Comme un berger débordant d'amour, John Stott écrivait et encourageait beaucoup de gens, surtout des jeunes. Et comme Barnabas, il est connu pour avoir été un serviteur bienveillant de Dieu qui partagea son ministère d'enseignement et de leadership avec d'autres[6].

Le récit rapporté par un de ses collègues latino-américains qui le traduisit lors d'une tournée à Cuba illustre bien le cœur d'humble serviteur de John Stott :

Après l'avoir traduit cinq jours durant, John Stott me proposa d'aller observer les oiseaux avec lui, mais j'étais trop malade. Quel privilège d'avoir été nourri, entouré de soins et de prières, d'avoir été encouragé et tendrement veillé par lui ! J'ai le sentiment que le personnel de l'hôtel où nous étions descendus dut me prendre pour un personnage d'une très haute importance pour être ainsi au bénéfice des soins d'un gentleman blanc anglo-saxon, ce qu'il n'avait jamais vu avant[7].

Les responsables et enseignants étreints par l'amour, qu'ils soient moniteurs d'école du dimanche ou évangélistes missionnaires, donnent de façon désintéressée de leur temps, de leur énergie et de leurs biens pour secourir les gens. Ils se mettent au service d'autrui, ils vont au-devant des gens dans le besoin, ils sont oublieux d'eux-mêmes et pratiquent l'abnégation. Ils ne s'appartiennent pas à eux-mêmes et ne se soucient pas d'être maltraités ; peu leur importe qu'ils soient payés de retour ou correctement remerciés. Ce sont des gens pieux qui ne cherchent pas seulement leur propre intérêt mais aussi celui des autres (Philippiens 2.4).

L'amour ne s'emporte pas facilement

L'amour possède une qualité remarquable : il ne se laisse pas facilement démonter. « Il ne s'irrite point ». C'est une vertu éminemment pratique pour un conducteur spirituel. Les responsables chrétiens font souvent face à des situations difficiles. Il y aura toujours des gens prêts à mettre de l'huile sur le feu, à mettre un leader en colère, à l'irriter, à prendre des mesures de rétorsion, à cultiver l'amertume et le ressentiment. C'est pourquoi l'une des qualités exigées d'un ancien est qu'il ne soit pas

« colérique » (Tite 1.7). Il ne faut pas qu'un berger frappe ou tue une brebis parce qu'il sort de ses gonds.

Cela ne veut pas dire qu'on ne se met jamais en colère ou qu'on ne s'irrite jamais contre quelqu'un. La Bible n'affirme pas que l'amour ne se met jamais en colère ; elle déclare simplement qu'il ne s'irrite pas facilement. Il existe une colère juste et sous contrôle, inspirée par l'amour et motivée par l'opposition au mal et à la fausseté qui détruisent les êtres humains[8]. Mais l'amour ne s'irrite pas de façon destructive pour de mauvaises raisons. « Le cœur de l'homme, déclare Jonathan Edwards, est très prompt à exploser de façon injuste et coupable, parce qu'il est naturellement rempli d'orgueil et d'égoïsme »[9]. Cette colère est incompatible avec l'amour.

Un professeur de séminaire raconte qu'il se trouvait au restaurant avec un pasteur quand la servante renversa accidentellement de l'eau sur le costume du pasteur. Celui-ci sortit immédiatement de ses gonds et s'en prit à la servante, donnant libre cours à son vif mécontentement. Après avoir épongé l'eau, le professeur se pencha et murmura au pasteur : « Peut-être devrions-nous parler de l'amour de Christ à la servante ». Le pasteur capta le message.

Un cœur aimant (comme celui de Christ) aurait d'emblée eu compassion de la servante et se serait davantage inquiété de ce qu'elle ressentait que du vêtement mouillé. Il aurait cherché à atténuer la tension en minimisant l'incident et en rassurant la servante. Il aurait saisi l'occasion de rendre témoignage à Christ. Mais le pasteur n'avait pensé qu'à lui et à son costume. Il était facilement irritable.

Hors de l'Église, de tels conducteurs spirituels donnent une mauvaise image de Christ et jettent de l'ombre sur son peuple dans le monde. À l'intérieur de l'Église, il est facile de voir que ceux qui explosent facilement de colère effraient, blessent et divisent les gens. Ils entretiennent et aggravent les conflits.

Les gens colériques ne pensent pas aux autres, mais avant tout à leurs propres sentiments et à leurs problèmes. En présence de leaders qui s'irritent, les difficultés sont montées en épingle, les mauvaises informations et les incompréhensions se multiplient, l'objectivité et la raison disparaissent. Là où règne la colère, de petits problèmes prennent des proportions énormes et provoquent des explosions qui font voler l'Église en éclats. Je suis convaincu *que notre colère incontrôlée provoque davantage de dégâts dans nos Églises que nous voulons bien l'admettre.* C'est un vrai problème.

Le diable est passé maître dans l'art d'utiliser la colère pour ruiner les Églises et les familles ; il est souvent capable d'irriter de pieux serviteurs de Dieu au point d'en détruire d'autres. Aucun de nous n'est à l'abri de nuire à autrui par sa colère. Henry Drummond fait remarquer avec pertinence que la colère est « le vice des vertueux ». Combien nous sommes prompts à minimiser et à justifier nos explosions de colère contre les autres :

> Nous sommes enclins à considérer notre mauvais caractère comme une faiblesse bien inoffensive… Et pourtant, il trouve ici une place, au beau milieu de cette analyse de l'amour ; la Bible le condamne sans cesse comme l'un des éléments les plus destructeurs dans la nature humaine.
>
> *La particularité du mauvais caractère est d'être le vice des vertueux. C'est souvent l'unique tache sur un caractère noble par ailleurs.* On connaît des hommes qui sont presque parfaits, et des femmes qui le seraient également, s'ils ne s'irritaient pas aussi facilement, ne sortaient pas trop vite de leurs gonds, ne se montraient pas aussi susceptibles. La présence d'un caractère irascible dans une personne hautement morale est l'un des mystères les plus étranges et l'une des réalités les plus tristes en matière d'éthique (italiques ajoutées)[10].

En tant que chrétiens, lorsque nous sommes confrontés à des conflits ou à des situations pénibles, nous devons être sous le contrôle de l'Esprit et maîtres de nous-mêmes (Galates 5.22-23). La colère incontrôlée est l'œuvre de la chair et du diable (Galates 5.19-20 ; Éphésiens 4.30-32). Selon un vieux dicton, quand on renverse un vase, ce qui se répand, c'est ce qu'il y a à l'intérieur. Lorsque vous discutez avec une personne désagréable ou irréfléchie ou qui voit les choses autrement que vous, qu'est-ce qui sort de vous ? Réfléchissez sérieusement à cette question devant le Seigneur et gardez-vous de toute justification[11]. L'Écriture déclare : « Ainsi, que tout homme soit [...] lent à se mettre en colère ; car la colère de l'homme n'accomplit pas la justice de Dieu » (Jacques 1.19-20).

L'amour est calme et lent à la colère

Les petits désagréments ou contrariétés n'irritent pas facilement des leaders aimants. La raison est simple : comme nous l'avons dit précédemment, l'amour est *patient*. Il supporte longtemps le mal que les autres infligent. Ceux qui savent se contrôler, maîtrisent du même coup des situations potentiellement explosives et apaisent les sentiments meurtris. « Celui qui est lent à la colère apaise les disputes » (Proverbes 15.18).

Martyn Lloyd-Jones relate un incident de la vie de Hudson Taylor montrant combien ce missionnaire était lent à la colère. Au bord d'un grand fleuve, en Chine, Hudson Taylor demanda au propriétaire d'une barge de le transporter sur l'autre rive. Au moment où l'embarcation accostait, un riche Chinois surgit derrière le missionnaire, le poussa violemment de côté et le fit tomber dans la vase. Horrifié par ce qu'il venait de voir, le pilote de la barque interdit à l'homme riche de monter à bord, parce que Taylor avait demandé ses services en premier et qu'il était un étranger que les coutumes chinoises obligeaient à traiter avec respect. L'homme riche ne s'était pas rendu compte que Taylor était un étranger, car il était habillé en Chinois. Prenant conscience de son geste inamical, le riche s'excusa aussitôt. Hudson Taylor ne s'irrita pas et ne se mit pas en colère ; au contraire, il invita le riche à monter avec lui dans l'embarcation et il lui parla de l'amour de Christ[12]. Dans une situation de provocation, il réagit selon « la voie par excellence ».

Notes

1. Lewis B. Smedes, *Love Within Limits: Realizing Selfless Love in a Selfish World*, Grand Rapids, Michigan, Eerdmans, 1978, p. 42.
2. John Stott, *La croix de Jésus-Christ*, Grâce et Vérité, 1988, p. 282.
3. Anthony C. Thiselton, *The First Epistle to the Corinthians*, NIGTC, Grand Rapids, Michigan, Eerdmans, 2000, p. 1050.
4. Robert Law, *The Tests of Life: A Study of the First Epistle of St. John*, Edimbourg, T & T. Clark, 1914, p. 72.
5. I. Howard Marshall, *The Epistles of John*, NICNT, Grand Rapids, Michigan, Eerdmans, 1978, p. 126.
6. Timothy Dudley-Smith, *John Stott: A Global Ministry*, Leicester, Angleterre, InterVarsity, 2001, p. 21.
7. Ibid., p. 454.
8. Nombres 16.15 ; Psaumes 7.12 ; Nahum 1.2, 6 ; Jean 2.13-17 ; Éphésiens 4.26.
9. Jonathan Edwards, *Charity and Its Fruit*, 1852, réimpression, Edimbourg, Banner of Truth, 1978, p. 201.
10. Henry Drummond, *The Greatest Thing in the World*, 1874, réimpression éditée, Burlington, Ontario, Inspirational Promotions, s.d., p. 21-22.*
11. Jonathan Edwards déclare :
    « Les hommes ont souvent l'habitude de justifier leur indignation en invoquant leur zèle pour la religion, pour le devoir, pour l'honneur de Dieu, alors qu'ils s'intéressent à leur intérêt privé. Il est remarquable de voir à quel point des hommes éminents semblent préoccupés de Dieu et de sa justice, quand en fait ce qui est en cause, c'est leur honneur, leur volonté ou leur

intérêt ; ils masquent cette hypocrisie en s'en prenant aux autres ou en se plaignant d'eux ». *Charity and Its Fruit*, p. 198.
12. D. Martyn Lloyd-Jones, Studies in the Sermon on the Mount, 2 vol., Grand Rapids, Michigan, Eerdmans, 1971, 1 : 281-282.

* Reportez-vous à la page 285 pour la version française de l'ouvrage.

8 | Ni soupçonneux, ni heureux de l'injustice

[*L'amour*] *ne soupçonne point le mal, il ne se réjouit point de l'injustice, mais il se réjouit de la vérité.*
1 Corinthiens 13.5-6

Certaines personnes méprisaient R.C. Chapman, malgré son caractère aimant. Les réunions en plein air de Chapman irritaient tellement un épicier de Barnstaple qu'il lui cracha au visage ! Pendant des années, l'épicier s'opposa à Chapman et interrompit publiquement sa prédication en plein air. Mais le serviteur de Dieu continua inlassablement son ministère et, quand l'occasion se présentait, il n'hésitait pas à dire un mot gentil et à faire du bien à l'épicier.

Un jour, un parent riche vint rendre visite à Chapman ; il ne s'agissait pas d'une simple visite de courtoisie. Il tenait à voir de ses propres yeux le ministère d'hospitalité de Chapman et l'intérêt pratique qu'il portait aux pauvres de la ville. Après sa tournée d'information, l'ami fortuné demanda à Chapman s'il pouvait acheter de l'épicerie pour faciliter son ministère de générosité. Chapman accepta avec joie, mais il avertit son hôte qu'il fallait qu'il se rende chez un certain épicier pour y effectuer ses achats – celui qui lui mettait depuis longtemps des bâtons dans les roues.

Ignorant tout des relations difficiles entre Chapman et l'épicier, le parent se rendit chez l'épicier que Chapman lui avait indiqué. Il acheta une grande quantité de nourriture, paya et demanda à l'épicier de livrer la marchandise à Robert Chapman. Surpris, l'épicier dit au visiteur qu'il s'était probablement trompé d'épicerie. Mais le client lui expliqua que c'était Chapman lui-même qui lui avait conseillé de faire ses achats dans cette épicerie. Peu après, l'épicier arriva chez Chapman pour livrer la marchandise achetée, fondit en larmes et demanda pardon. Ce même jour, l'épicier confia sa vie à Christ !

« Pardonner sans adresser de reproches par sa façon d'être ou par son regard est un noble exercice de grâce, c'est imiter Christ », écrit Robert Chapman[1].

L'amour ne tient pas rancune et ne cherche pas à se venger

L'amour possède une autre qualité tendre et rédemptrice : il n'est pas rancunier. Une traduction plus littérale donne : « il ne pense pas au mal ». Le commentateur David Garland explique ainsi l'image suggérée par cette définition : « L'amour ne conserve pas de traces écrites du mal… Il ne garde pas le souvenir des torts subis dans l'intention de rendre le mal »[2]. L'amour ne garde pas rancune et ne cherche pas à se venger. Il ne conserve pas « la pile des doléances personnelles consultables à volonté et que vient compléter le moindre nouvel affront »[3].

Jay Adams, conseiller chrétien et auteur de nombreux ouvrages sur la relation d'aide, rapporte l'histoire d'un couple déchiré venu demander de l'aide à un conseiller chrétien. Le médecin de la femme lui avait suggéré de consulter un conseiller, car elle avait un ulcère qui n'avait apparemment aucune cause physique. Au cours de la visite chez le thérapeute, la femme posa violemment sur son bureau un manuscrit « de format A4, c'est-à-dire 21 cm sur 29 cm, d'une épaisseur de 2, 5 cm ; les feuilles étaient écrites des deux côtés [...] c'était le compte rendu de tous les torts que son mari lui avait infligés depuis treize ans »[4].

Le conseiller se rendit immédiatement compte que le ressentiment de la femme contre les fautes de son mari et le soin méticuleux qu'elle avait pris d'en conserver bonne note l'avaient rendue amère. En ayant gardé trace des torts de son mari, la femme n'avait fait que se rendre malade. Le conseiller lui rappela gentiment 1 Corinthiens 13 en soulignant particulièrement ceci : l'amour ne garde pas de trace écrite de tous les torts que les autres ont pu faire subir à une personne.

La liberté de ne pas conserver le souvenir des offenses subies est vitale pour l'amour. Nous avons tous un jour ou l'autre été blessés par le mal que d'autres nous ont fait. Nous avons tous dû lutter pour pouvoir pardonner. Nous avons tous dû chasser le souvenir de ces offenses, renoncer à tout désir de vengeance, pour nous réconcilier avec ceux qui nous avaient fait souffrir. Il nous aurait été impossible de vivre heureux dans le mariage ou avec les autres chrétiens dans l'assemblée locale sans cette qualité d'amour. Si nous refusons d'oublier nos blessures, si nous nous plaisons à entretenir des plaies anciennes, si nous estimons devoir prendre notre revanche sur nos ennemis, nous serons dévorés par l'amertume, la colère et le refus de pardonner. Nous serons des exemples misérables et d'inefficaces leaders pour Christ.

L'amour pardonne

Tous les remarquables serviteurs et servantes de Dieu à travers les siècles ont subi des injustices criantes et des critiques injustifiées, mais ils ont saisi ces occasions pour devenir des gens qui pardonnent au lieu de conserver du ressentiment. Rendre le mal pour le mal ou détruire la vie d'autrui n'est jamais excusable (Romains 12.21). Les offenses subies donnent justement l'occasion de pratiquer le « commandement nouveau », d'emprunter la voie royale de l'amour, de nourrir et de prendre soin de notre ennemi, d'amasser « des charbons ardents sur sa tête », de surmonter « le mal par le bien » (Romains 12.14, 19-21). C'est l'occasion de souffrir pour le nom du Seigneur et d'imiter l'amour divin qui pardonne : « Soyez bons les uns envers les autres. [...] vous pardonnant réciproquement, comme Dieu vous a pardonné en Christ. Devenez donc les imitateurs de Dieu, comme des enfants bien-aimés ; et marchez dans l'amour, à l'exemple de Christ, qui nous a aimés, et qui s'est livré lui-même à Dieu pour nous » (Éphésiens 4.32-5.2).

Combien est puissant l'amour qui surmonte le mal, couvre les souvenirs douloureux, pardonne, refuse la vengeance, et met fin au ressentiment ! Lewis Smedes écrit que :

> L'amour n'éprouve pas le besoin de dissiper tous les malentendus. Dans sa puissance, les détails du passé perdent toute valeur [...]. Les comptes rendus ne sont pas forcément tirés au clair ; les différences restent sans solution ; les comptes ne sont pas équilibrés. Les différences d'appréciation sur la manière dont les choses se sont produites ne sont pas supprimées ; le passé reste embrouillé [...]. L'amour préfère englober tous les détails des droits et des torts passés dans le sein du pardon – favorisant un nouveau départ [...]. La recherche de la réconciliation est l'une des choses les

plus difficiles qui soit demandée à l'être humain. L'amour est la force qui la rend possible[5].

Le choix du sentier de l'amour ne signifie pas que nous ne ressentirons pas la peine de l'injustice subie ou l'âpreté du combat pour contenir la colère et étouffer les mauvais souvenirs. Nous souffrons. Mais en nous engageant sur « la voie par excellence », nous nous efforçons, par la puissance et l'aide du Saint-Esprit en nous, de gérer honnêtement nos blessures émotionnelles. Nous pardonnons aux autres comme Christ nous a souvent pardonné. Nous cherchons à comprendre celui qui nous a blessés et reconnaissons qu'il nous est arrivé de faire la même chose à autrui. Nous confessons nos mauvaises attitudes, l'apitoiement sur nous-mêmes, et un cœur qui refuse de pardonner. Nous voyons les choses sous l'angle de Dieu et refusons de poursuivre la querelle. Nous prions et allons trouver la personne concernée pour une restauration et une guérison authentiques.

L'Écriture donne de nombreux exemples du pouvoir de l'amour qui pardonne. Quand David apprit que Saül, qui avait plusieurs fois tenté de le tuer, était mort au combat, il fut dans le deuil, pleura et jeûna « jusqu'au soir, à cause de Saül, de Jonathan, son fils » (2 Samuel 1.12). Il ne se réjouit pas de la mort de Saül, alors que beaucoup de personnes, dans la situation de David, auraient dansé de joie. Sur la croix, le Seigneur Jésus pria : « Père, pardonne-leur, car ils ne savent ce qu'ils font » (Luc 23.34). Et Étienne, le premier martyr chrétien, pria aussi pour le pardon de ses bourreaux : « Seigneur, ne leur impute pas ce péché ! » (Actes 7.60).

D'autres croyants continuent de nous laisser de bons exemples du pouvoir de l'amour qui pardonne. Après que les Indiens Aucas, de la jungle amazonienne à l'est de l'Équateur eurent tué Jim Elliot et ses quatre compagnons (Pete Fleming, Roger Youderian, Ed McCully et Nate Saint), Elisabeth, l'épouse d'Elliot et les autres veuves n'éprouvèrent aucun sentiment de vengeance ; elles nourrissaient des sentiments d'amour et de pardon. Un journaliste qui était témoin de leurs réactions à l'annonce de la mort de leurs maris, rapporte ceci :

> Les veuves estimaient que la mort de leurs maris n'était pas la tragédie que les autres considéraient comme insensée. Aucune pensée de vengeance ne traversa leur esprit ; au contraire, elles ressentirent de façon d'autant plus aiguë l'urgence d'apporter aux Aucas le message d'amour et de salut[6].

Elisabeth Elliot écrivit plus tard :

> J'ai un désir personnel plus fort de les atteindre. Le fait que Jésus-Christ soit mort pour tous m'a incitée à m'intéresser au salut de tous, mais le fait que Jim ait aimé les Aucas et soit mort pour eux accentue mon amour pour eux[7].

Près de trois ans après la mort des cinq jeunes missionnaires, Elisabeth Elliot et Rachel Saint s'établirent dans un village auca ; elles étaient les premières étrangères à vivre au milieu de ce peuple féroce. Elles se lièrent d'amitié avec les hommes qui avaient tué leurs maris et leur apportèrent l'Évangile. Aujourd'hui, à la suite de ces premiers contacts et du travail de missionnaires venus plus tard, le Nouveau Testament a été traduit et une Église implantée. Telle est la remarquable histoire de l'amour et du pardon chrétiens.

Clara Barton, fondatrice de la Croix Rouge américaine et connue comme « l'ange du champ de bataille », était une femme remarquable au courage de lion et au caractère d'acier. Comme tous les personnages importants, elle dut essuyer des critiques. Quand un ami lui rappela la manière dont quelqu'un avait critiqué son œuvre, elle répondit qu'elle ne s'en souvenait plus. Surpris, son ami reprit : « Vous ne vous en souvenez vraiment plus ? » Clara donna cette fameuse réponse : « Non, je me souviens très bien l'avoir oublié ». L'amour se fait un point d'honneur d'oublier les torts subis.

John Perkins, un évangéliste afro-américain et réformateur social, raconte comment lui et des amis avaient presque été battus à mort et torturés dans une prison du Mississippi pour avoir défendu l'égalité sociale et l'indépendance économique des Noirs. Pendant quatre heures d'affilée, il avait été brutalement frappé et piétiné, battu à coups de nerfs de bœuf et de gourdins, au point d'avoir les chairs à vif et de perdre connaissance. Des policiers ivres avaient posé sur sa tempe un pistolet non chargé et actionné la gâchette pour lui faire peur. Un officier enfonça une fourchette dans sa gorge. Tous ces hommes donnèrent libre cours à leur haine. Deux ans plus tard, John se remettait d'une opération à l'estomac. Il attendait que justice lui soit rendue. Allongé sur son lit, il repensa aux souffrances endurées et se demanda ce que Dieu voulait qu'il fasse. Voici ce qu'il écrit :

> Je commençai à me rendre compte avec effroi que la haine pouvait me détruire de façon plus dévastatrice et soudaine que tout ce que j'aurais pu vouloir infliger à ceux qui m'avaient fait du mal. J'aurais pu me battre et rendre les coups, comme beaucoup de mes frères l'avaient fait. Mais si j'avais réagi ainsi, en quoi aurais-je été différent des Blancs qui haïssent ?
>
> Et jusqu'où la haine m'aurait-elle amené ? La haine est à la portée de tout le monde. Toute cette question de haine et de rétorsion, voilà ce qui entretient le cercle vicieux du racisme.
>
> Tandis que j'étais sur mon lit, l'Esprit de Dieu agit en moi. Une image se forma dans mon esprit. C'était l'image de la croix, de Christ sur la croix. Elle chassa tout le reste de mes pensées.
>
> Ce Jésus savait ce que j'avais enduré. Il comprenait. Et il sympathisait. Lui-même avait connu ces souffrances.

... Mais il avait demandé à Dieu de pardonner à ses bourreaux. « Père, pardonne-leur car ils ne savent ce qu'ils font ».

Ses ennemis l'avaient haï. Mais Jésus leur avait pardonné. Je ne pus me défaire de cette pensée.

L'Esprit de Dieu continua de me travailler jusqu'au moment où je pus dire avec Jésus : « Moi aussi je leur pardonne ». Je promis au Seigneur de rendre le bien pour le mal, et non le mal pour le mal. Il me remplit de l'amour que je savais nécessaire pour observer son commandement d'aimer mes ennemis.

À cause de Christ, Dieu vint à ma rencontre et guérit mon cœur et mon âme grâce à son amour.

... L'Esprit de Dieu m'aida à croire véritablement à ce que j'avais si souvent déclaré : le seul espoir pour moi, ou pour ceux en faveur desquels j'avais si durement travaillé, repose dans l'amour de Christ[8].

La vie conforme à « la voie par excellence » ne tient pas un journal des injustices subies et des blessures émotionnelles reçues. Elle ne cherche pas à se venger. « L'amour est généreux dans sa capacité d'oublier »[9]. L'amour pardonne et cherche le bien de ceux qui ont fait le mal.

L'amour ne se réjouit pas de l'injustice

La huitième description de ce que l'amour n'est pas ou ne fait pas résume ce qui précède : « Il ne se réjouit point de l'injustice » (1 Corinthiens 13.6). Pour Leon Morris, l'amour « ne trouve de joie dans aucune sorte de mal »[10]. L'amour ne peut trouver de plaisir dans l'absence de justice ou de droiture, car tout comportement inspiré par l'injustice ou l'iniquité cause du tort aux gens et déshonore Dieu. L'amour n'éprouve aucune sympathie pour ce qui est injuste. Les gens qui pratiquent « la voie par excellence » de l'amour ont « le mal en horreur » et s'attachent « fortement au bien » (Romains 12.9).

Le monde matérialiste qui appelle souvent « le mal bien, et le bien mal » (Ésaïe 5.20), se réjouit hélas beaucoup de l'injustice et l'approuve (Romains 1.32). Mais on est ébahi de voir que même des gens profondément religieux prennent plaisir à l'injustice et au mal. Ceux qui tramèrent l'attentat du 11 septembre 2001 contre les tours jumelles du *World Trade Center* de New York, qui entraîna la mort de milliers de personnes et terrifia des milliers d'innocents savourèrent leur mission mortelle. Dans le monde entier, des gens dansèrent de joie ouvertement, et d'autres se frottèrent les mains en secret. Des êtres humains sont capables de mentir, de tuer et de faire la guerre au nom de Dieu et de la religion.

Il existe aussi des chrétiens attachés à la Bible qui se réjouissent de l'injustice. Ainsi, un pasteur évangélique annonça avec joie du haut de la chaire qu'un frère qui s'était opposé à son ministère était mort de façon soudaine. Il déclara que cette mort était le résultat du jugement divin. Une femme diacre raconta triomphalement à ses amis comment elle avait réussi à faire chasser de l'Église quatre pasteurs par ses appels téléphoniques et ses campagnes de lettres. Un ancien se vanta d'avoir vaincu et humilié son pasteur et d'avoir réduit à néant ses plans pour l'Église. Un pasteur jubila en apprenant les malheurs de gens qui avaient quitté l'assemblée. Ces joies perverses attristent grandement le Saint-Esprit de Dieu (Éphésiens 4.30). Elles ne sont certainement pas la caractéristique de ceux qui marchent selon « la voie par excellence » de l'amour.

Scroggie est perspicace en écrivant : « Ce qui réjouit l'homme est un test de son caractère. Se réjouir du triomphe du mal ou du malheur des autres indique une grande dégradation morale »[11].

Les gens aimants n'éprouvent pas de plaisir dans des sentiments de supériorité à l'égard des autres. Ils ne se délectent pas des commérages et ne se réjouissent pas d'apprendre les péchés sordides et la disparition de leaders chrétiens qu'ils n'apprécient pas. Ils ne se frottent pas les mains en apprenant les scandales qui secouent la dénomination à laquelle ils appartenaient autrefois, ou les malheurs qui frappent des gens qui ont quitté leur Église. Ils ne peuvent tressaillir d'allégresse quand un tremblement de terre provoque la mort de milliers de personnes dans une nation qu'ils méprisent. Ils ne cherchent pas à dénoncer et à critiquer publiquement les fautes et les erreurs d'autres chrétiens. Et s'ils doivent exposer et condamner un comportement coupable, ils le font avec compassion et une sincère tristesse de cœur.

Les leaders aimants marchent sur les traces de Job et de David. Au milieu de son peuple, Job était un ancien rempli d'amour. Il put déclarer en toute sincérité à ses détracteurs qu'il n'a pas « été joyeux du malheur de son ennemi », qu'il n'a pas « sauté d'allégresse quand les revers l'ont atteint » (Job 31.29). David n'éprouvait aucune joie à triompher de son ennemi. Il refusa de se réjouir des occasions qui se présentaient de tuer Saül, son ennemi mortel (1 Samuel 24.1-7). À plus d'une occasion, alors qu'il aurait pu tuer le roi, il épargna sa vie. Même Saül fut obligé de reconnaître la bonté de David : « Tu es plus juste que moi ; car tu m'as fait du bien, et moi je t'ai fait du mal » (1 Samuel 24.17). Saül ne comprit jamais l'amour remarquable de David pour lui et pour sa famille. Les leaders mesquins et jaloux n'accordent jamais le bénéfice du doute aux gens, et ils ne sont pas habitués à penser du bien des autres.

L'amour se réjouit de la vérité

À la déclaration négative précédente, « l'amour ne se réjouit point de l'injustice », Paul ajoute une contrepartie positive : « L'amour se réjouit de la vérité ». Un cœur rempli d'amour s'attriste du mal parce qu'il cause du tort aux êtres humains et déplaît à Dieu. La vérité, elle, produit des effets opposés : elle pousse l'amour à chanter de joie, comme l'oiseau matinal par un jour d'été. L'amour reconnaît vite si telle conduite et telle attitude s'accordent avec la vérité, et se réjouit énormément quand la vérité triomphe.

Dans ce contexte, le mot *vérité* désigne le comportement droit ou les principes de conduite conformes à la vérité du message de l'Évangile. Paul ne parle pas de la vérité de façon abstraite, mais de la vérité concrète qui se traduit dans une juste façon de vivre. Vérité et justice s'imbriquent dans la foi chrétienne. L'amour applaudit toute vertu et toute bonté chez l'individu, que celui-ci soit croyant ou non. Il est heureux de constater une nature sainte, une conduite juste et intègre, une croissance en Christ. « La personne remplie d'amour chrétien se met avec bonheur du côté de tout comportement qui reflète l'Évangile, se réjouit de toute victoire remportée, de tout pardon accordé, de tout acte de bonté »[12].

Les leaders et les enseignants qui aiment les gens vous diront qu'un de leurs plus grands bonheurs est de voir ceux et celles qu'ils guident grandir dans la foi et mener une vie obéissante pour Christ. Je me rappelle m'être trouvé un jour assis au milieu de professeurs et de maîtres d'une université chrétienne dans une cafétéria, en train de les écouter. Ils étaient heureux de parler des progrès de leurs étudiants et ils le faisaient avec autant de ferveur que s'ils avaient assisté à la victoire de leur équipe de football lors de la coupe du monde ! Voir leurs élèves mener une vie en accord avec la vérité était pour eux une source de grande joie.

Le père du fils prodigue éprouva une immense joie devant la repentance sincère de son fils égaré et son retour à la maison (Luc 15.11-32). Voici un extrait du récit :

> *Comme [le fils prodigue] était encore loin, son père le vit [...] il courut se jeter à son cou et l'embrassa. [...] le père dit à ses serviteurs : Apportez vite la plus belle robe, et revêtez-le ; mettez-lui un anneau au doigt, et des souliers aux pieds. Amenez le veau gras, et tuez-le. Mangeons et réjouissons-nous.*
> Luc 15.20-23

Le frère aîné du fils prodigue n'éprouva aucune joie en apprenant sa repentance et son retour à la maison, car lui-même n'avait pas l'amour de Dieu dans son cœur. Imbu de sa propre justice, « il se mit en colère et ne voulut pas entrer » pour s'associer à la joie des autres de ce que son frère était de retour. Il ne se serait réjoui que s'il avait appris qu'un malheur ou même la mort l'avait frappé.

Le cœur tendre de Paul se réjouit de tout ce que les Corinthiens faisaient de juste et de bien, malgré leurs nombreux autres défauts (1 Corinthiens 1.4-8 ; 11.2). Il ne jubilait pas intérieurement des châtiments divins qui étaient tombés sur certains d'entre eux à cause de leur désobéissance à ses instructions (1 Corinthiens 11.30). Leurs souffrances ne lui donnaient pas l'occasion de se réjouir en se disant qu'il avait eu raison. Pour son bonheur, il aurait fallu que les Corinthiens passent par la repentance, la réconciliation et la guérison, qu'ils adoptent une conduite sainte et triomphent du diable. La croissance des convertis dans l'amour et leur marche dans la sainteté, voilà en quoi son cœur prenait plaisir.

Gaïus, qui menait une vie chrétienne conforme à la vérité, procura une grande joie à Jean :

> *J'ai été fort réjoui, lorsque des frères sont arrivés et ont rendu témoignage de la vérité qui est en toi, de la manière dont tu marches dans la vérité. Je n'ai pas de plus grande joie que d'apprendre que mes enfants marchent dans la vérité. Bien-aimé, tu agis fidèlement dans ce que tu fais pour les frères, et même pour des frères étrangers, lesquels ont rendu témoignage de ton amour, en présence de l'Église.*
> 3 Jean 1.3-6 ; cf. aussi 2 Jean 1.4

L'hospitalité que Gaïus accordait généreusement aux chrétiens de passage, dont beaucoup étaient des évangélistes et des enseignants itinérants, était la preuve qu'il marchait dans la vérité (3 Jean 1.5-8). En apprenant que Gaïus était bon, généreux et altruiste, Jean était comblé d'une grande joie.

Se réjouir de la vérité et non de l'injustice, c'est vivre selon « la voie par excellence » de l'amour.

Notes

1. Robert L. Peterson et Alexander Strauch, *Agape Leadership: Lessons in Spiritual Leadership from the Life of R.C. Chapman*, Littleton, Colorado, Lewis & Roth, 1991, p. 39.
2. David E. Garland, *1 Corinthians*, BECNT, Grand Rapids, Michigan, Baker, 2003, p. 618-619.
3. D.A. Carson, *Showing the Spirit: A Theological Exposition of 1 Corinthians 12-14*, Grand Rapids, Michigan, Baker, 1987, p. 62.
4. Jay E. Adams, *Christian Living in the Home*, Grand Rapids, Michigan, Baker, 1972, p. 33.
5. Lewis B. Smedes, *Love Within Limits: Realizing Selfless Love in a Selfish World*, Grand Rapids, Michigan, Eerdmans, 1978, p. 78-79.
6. Elisabeth Elliot, *The Savage My Kinsman*, Ann Arbor, Michigan, Servant Books, 1981, p 6.
7. Ibid., p. 9.
8. John Perkins, *Let Justice Roll Down*, Glendale, Californie, Regal Books, 1976, p. 204-206.
9. W. Graham Scroggie, *The Love Life: A Study of 1 Corinthians 13*, Londres, Pickering & Inglis, s.d., p. 44.
10. Leon Morris, *The First Epistle of Paul to the Corinthians*, TNTC, Grand Rapids, Michigan, Eerdmans, 1958, p. 185.
11. Scroggie, *The Love Life*, p. 45.
12. Gordon D. Fee, *The First Epistle to the Corinthians*, NICNT, Grand Rapids, Michigan, 1987, p. 639.

9 | Excuse, croit, espère, supporte tout

[L'amour] excuse tout, il croit tout, il espère tout, il supporte tout.
1 Corinthiens 13.7

L'amour est tenace. J'ai lu un jour l'histoire d'un jeune homme qui avait toujours maille à partir avec la police pour usage de drogue et pour des vols répétés. Arrêté plusieurs fois, il fut mis en prison pour la plus grande partie du restant de sa vie. Quand il fut derrière les barreaux, beaucoup de gens l'oublièrent, notamment ses amis et même son père. En dehors des murs de sa cellule, plus personne ne pensait à lui, sauf quelqu'un. Chaque semaine, sa mère prenait le bus pour effectuer le trajet de plusieurs heures et lui rendre visite dans sa prison. Après quelques heures d'entretien, elle reprenait le bus et faisait le chemin inverse. Elle lui écrivait presque tous les jours et lui envoyait souvent des livres ou des objets personnels autorisés par l'administration pénitentiaire. Ni la distance, ni les murs de la prison, ni l'argent, ni le temps, rien n'empêchait cette femme d'aimer et de visiter son fils.

Certains considèrent que les personnes aimantes sont faibles et molles. Rien n'est plus éloigné de la vérité. Ce sont les gens dénués d'amour qui sont faibles parce qu'ils sont dominés par leurs envies mesquines et égoïstes. Jésus fut l'être le plus aimant qui n'ait jamais existé, et il n'était certainement pas faible. Il a donné sa vie pour sauver les autres. L'amour dont Paul a entouré les Corinthiens malgré tous les soucis qu'ils lui occasionnaient témoigne d'une grande force et d'une remarquable constance, et non de faiblesse.

Le pouvoir tenace de l'amour

Paul conclut et résume sa description de l'amour par quatre affirmations brèves de ce que l'amour fait[1]. L'amour excuse tout, il croit tout, il espère tout, il supporte tout.

Il excuse tout

L'amour tient bon[2] sous le poids des difficultés et des souffrances de la vie. Il tient ferme et reste fort malgré l'opposition, les privations et le travail pénible. L'amour est courageux. Il est capable de supporter une lourde charge ; c'est pourquoi les conducteurs remplis d'amour ont une extraordinaire faculté d'endurer toutes sortes de souffrances et de frustrations pour le bien des autres et la cause de l'Évangile (1 Corinthiens 9.12). C'est une caractéristique de tous les bons bergers (Genèse 31.38-40). Ils persévèrent, ne renoncent pas facilement et ne s'écroulent pas sous la pression.

Il croit tout

Paul souligne ensuite la foi et l'espérance à cause de leur lien avec la capacité à supporter et à persévérer en toute chose. La foi et l'espérance sont les composantes de l'amour capable d'endurer la tribulation et de tenir bon sous le poids des fardeaux de la vie. Dans ses rapports avec les bien-aimés, l'amour ne nourrit pas de soupçons ni de cynisme, mais reste ouvert et bien disposé à leur égard. Il s'efforce de comprendre chacun sous le meilleur éclairage possible et en tenant compte des complexités de la vie. Il croit que les gens peuvent changer et s'améliorer. Il voit leur valeur, leur potentiel et les possibilités d'avenir. « Il examine les motivations et tient compte de tout »[3], écrit Scroggie. Il ne craint pas de se tromper ni d'être mis dans l'embarras par les autres.

N'en déduisons pas que l'amour est crédule et aveugle, car sa foi serait alors sans fondement. Même si ce n'est pas affirmé explicitement, il va de soi que l'amour ne croit pas le mensonge. La manière dont Jésus s'est comporté vis-à-vis des douze, avec leurs faiblesses et leurs chutes, donne un aperçu de ce qu'est l'amour de Christ qui croit et espère tout.

L'amour fait confiance à Dieu et à sa Parole ; c'est ce qui fait la différence sur la manière de considérer et de réagir face aux gens et aux situations difficiles. La foi voit les êtres humains et la vie à travers le filtre des desseins souverains de Dieu pour son peuple. La foi est assurée que « toutes choses concourent au bien de ceux qui aiment Dieu » (Romains 8.28). Elle croit que rien « ne pourra nous séparer de l'amour de Dieu manifesté en Jésus-Christ notre Seigneur » (Romains 8.39), que « celui qui a commencé en vous cette bonne œuvre la rendra parfaite pour le jour de Jésus-Christ » (Philippiens 1.6), que rien n'est impossible à Dieu.

Il espère tout

L'espérance est l'autre ingrédient fondamental de l'amour. La situation dans l'Église de Corinthe était vraiment chaotique, mais Paul n'a jamais abandonné l'espoir d'une amélioration. L'apôtre n'a jamais désespéré ; il n'a pas abandonné les Corinthiens qui le décevaient tant. Il leur écrivit, les visita, leur envoya ses représentants et pria pour eux. Malgré ses paroles sévères, il avait confiance qu'ils finiraient par bien réagir.

Il exprime sa confiance en eux : « J'ai une grande confiance en vous, j'ai tout sujet de me glorifier de vous ; je suis rempli de consolation, je suis comblé de joie au milieu de toutes nos afflictions » (2 Corinthiens 7.4). « Je me réjouis de pouvoir en toutes choses me confier en vous » (2 Corinthiens 7.16 ; cf. aussi 1.7 ; 2.3 ; 7.4, 14-16 ; 10.15).

Cette confiance n'est pas un vœu sentimental ; c'est la foi dans le triomphe ultime de Dieu et dans ses intentions bienveillantes pour son peuple. Cela procure à l'apôtre un optimisme réaliste et une confiance dans l'avenir, même en face des difficultés et des déceptions qui se répètent. L'espérance dans le Seigneur et la confiance dans ses sûres promesses permettent à Paul d'examiner les problèmes et les manquements dans une juste perspective (Galates 5.10 ; 2 Thessaloniciens 3.4 ; Philémon 1.21).

Il supporte tout

Cette dernière qualité de l'amour, l'endurance, ressemble à la première, « il tient bon ». L'amour est fort et tenace. « Aucune difficulté ni aucune rebuffade ne pourront faire que l'amour cesse d'être amour »[4]. L'amour dure, il tient le coup, il persévère en face de l'opposition, de la méchanceté et des épreuves ; il n'abandonne jamais la partie. On ne peut servir Christ et son peuple sans peine et sans sacrifice de soi. L'amour rend la personne capable de tout supporter.

La vie de Moïse, le plus grand des conducteurs d'Israël, illustre la vérité que l'amour excuse tout, croit tout, espère tout et supporte tout. Pendant quarante années éprouvantes, il a conduit le peuple à travers le désert du Sinaï. Les Israélites se sont constamment plaints de leur leadership. Ils ont faussement accusé Moïse d'abus, d'incompétence, de mauvaises intentions, d'orgueil et même de vouloir leur mort et celle de leurs enfants. À un certain moment, ils furent même sur le point de le lapider. Voici quelques exemples de leurs accusations et de leurs plaintes :

> « *N'y avait-il pas des sépulcres en Égypte, sans qu'il soit besoin de nous mener mourir au désert ? Que nous as-tu fait en nous faisant sortir d'Égypte ? [...] Laisse-nous servir les Égyptiens* »
> (Exode 14.11-12).

> « *Et toute l'assemblée des enfants d'Israël murmura dans le désert contre Moïse et Aaron. [...] car vous nous avez menés dans ce désert pour faire mourir de faim toute cette multitude* »
> (Exode 16.2-3).

> « *Alors le peuple chercha querelle à Moïse. [...] Moïse cria à l'Éternel, en disant : Que ferai-je à ce peuple ? Encore un peu, et ils me lapideront* » (Exode 17.2-4).

> « *Pourquoi l'Éternel nous fait-il aller dans ce pays, où nous tomberons par l'épée, où nos femmes et nos petits enfants deviendront une proie ? Ne vaut-il pas mieux pour nous retour-*

ner en Égypte ? Et ils se dirent l'un à l'autre : Nommons un chef, et retournons en Égypte » (Nombres 14.3-4).

« Pourquoi nous avez-vous fait monter hors d'Égypte, pour nous amener dans ce méchant lieu ? » (Nombres 20.5).

Une fois, son frère et sa sœur se dressèrent contre lui (Nombres 12). Ils dirent : « Est-ce seulement par Moïse que l'Éternel parle ? N'est-ce pas aussi par nous qu'il parle ? » (Nombres 12.2). Cela dut être particulièrement douloureux et pénible pour Moïse de se voir attaqué par sa propre famille et ses plus proches confidents. Mais il leur pardonna et pria pour leur rétablissement après que Dieu les eut frappés pour leurs accusations coupables.

L'un des moments les plus difficiles de la vie de Moïse fut celui où 250 chefs du peuple l'accusèrent de diriger le peuple de façon tyrannique (Nombres 16). Ils dirent à Moïse et Aaron :

« C'en est assez ! [...] Pourquoi vous élevez-vous au-dessus de l'assemblée de l'Éternel ? [...] N'est-ce pas assez que tu nous aies fait sortir d'un pays [...] pour nous faire mourir au désert, sans que tu continues à dominer sur nous ? Et ce n'est pas dans un pays où coulent le lait et le miel que tu nous as menés ».
Nombres 16.3, 13-14

Le peuple se rebella franchement contre l'autorité de Moïse et se choisit un nouveau chef pour le ramener en Égypte (Néhémie 9.17). En cette occasion, Moïse demanda à l'Éternel de punir les coupables, ce qu'il fit. La sanction était juste et longtemps remise à plus tard.

Mais à d'autres moments, Moïse pria pour que Dieu ne punisse pas le peuple. À quatre occasions, Dieu fut sur le point d'anéantir le peuple pour sa rébellion continuelle, mais Moïse intercéda et demanda à Dieu de l'épargner[5]. Moïse aurait eu mille raisons de ne pas intercéder en faveur des Israélites, mais en tant que serviteur de Dieu, il fut capable de s'élever au-dessus de ses sentiments personnels et de supplier l'Éternel d'accorder son pardon et sa délivrance.

Seul l'amour pour Dieu et pour le peuple peut expliquer la patience de Moïse à l'égard des enfants d'Israël. L'amour tient bon en toutes circonstances, croit tout, espère tout, supporte tout. Régulièrement, quand tout semblait perdu pour la nation, Moïse crut, espéra et persévéra. À l'opposé, les leaders égoïstes fondent comme neige au soleil en face de l'épreuve. Ils n'ont pas d'endurance.

Le ministère qui porte ses plus beaux fruits est généralement à long terme. Mais ce service ne peut réussir qu'avec la force surnaturelle d'en haut pour supporter toutes les tribulations de la vie et toutes les peines. Certains missionnaires sont sur le champ de mission depuis des décennies, dans des régions dangereuses où les difficultés et les revers ne semblent jamais prendre fin. Comment font-ils pour tenir bon ? Ils aiment Dieu et ils aiment leur prochain. L'amour engendre la foi, l'espérance et la persévérance pour tenir jusqu'au bout malgré des difficultés de toute une vie.

La plus grande chose au monde

La capacité de l'amour à endurer (1 Corinthiens 13.7) introduit la dernière section du chapitre 13 (v. 8-13) qui contient deux des affirmations les plus importantes de l'apôtre : « L'amour ne périt jamais » et : « Maintenant donc ces trois choses demeurent : la foi, l'espérance, l'amour ; mais la plus grande de ces choses, c'est l'amour ».

L'amour est éternel

1 Corinthiens 13.8-12

Au verset 8, Paul écrit : « L'amour ne périt jamais ». Cette affirmation ne fait pas partie des quinze descriptions de ce que l'amour est ou n'est pas, fait ou ne fait pas, descriptions qui s'étendent du verset 4 au verset 7. Le verset 8 introduit une nouvelle section qui oppose la nature temporelle des dons spirituels à la nature permanente de l'amour. Cela ramène Paul au problème du mauvais usage que les Corinthiens faisaient des dons spirituels dans l'Église (1 Corinthiens 12.1-13.3).

Pour montrer à nouveau que l'amour est « la voie par excellence », l'apôtre déclare à ses lecteurs que les dons spirituels, aussi impressionnants et importants qu'ils paraissent, cesseront un jour : « Les prophéties seront abolies, les langues cesseront, la connaissance sera abolie » (1 Corinthiens 13.8). Il viendra un jour où les dons spirituels ne seront plus nécessaires et où ils prendront fin. Nous n'aurons plus besoin de dons spirituels au ciel. Ils ne sont utiles que pour le présent. En revanche, l'amour ne cessera jamais ; il est pour le temps et l'éternité.

Dans le chapitre qui conclut son livre *Charity and Its Fruit*, Jonathan Edwards décrit le ciel comme « un monde d'amour saint », « le paradis de l'amour »[6]. Le ciel sera une demeure à jamais remplie d'amour, car Dieu y est présent et parce que « Dieu est amour » (1 Jean 4.8).

Quand les chrétiens s'aiment les uns les autres comme Jésus les a aimés, la famille de l'Église locale préfigure la gloire de notre existence céleste future. Hélas, l'Église de Corinthe ne manifestait pas l'amour céleste. Elle affichait ses rivalités, ses poursuites judiciaires, son immoralité, le mauvais usage de la liberté chrétienne, la conduite désordonnée, l'orgueil, l'indépendance égoïste. Tout cela constituait une bien piètre représentation des réalités célestes de l'amour et du fruit de l'Esprit.

L'amour est la vertu suprême

1 Corinthiens 13.13
Le chapitre s'achève sur les paroles bien connues : « Maintenant donc ces trois choses demeurent : la foi, l'espérance, l'amour ; mais la plus grande de ces choses, c'est l'amour » (1 Corinthiens 13.13). Tous les chrétiens ne possèdent pas nécessairement le don de prophétie, des langues ou de la connaissance, mais tous doivent se caractériser par la foi, l'espérance et l'amour. Cette triade de vertus chrétiennes est essentielle à la vie chrétienne et au développement de l'assemblée locale (1 Thessaloniciens 1.2-3).

Mais au sein même de ces trois vertus cardinales, la foi, l'espérance et l'amour, Paul affirme que « la plus grande…, c'est l'amour ». Que nous envisagions les dons spirituels ou les vertus cardinales, l'amour est suprême ! C'est pourquoi tous les conducteurs et les enseignants chrétiens doivent rechercher l'amour (1 Corinthiens 14.1).

Résumé du caractère et du comportement d'un conducteur chrétien aimant

En faisant nôtres les descriptions que Paul brosse de l'amour, nous qui dirigeons et enseignons le peuple de Dieu, nous devons avant tout être connus pour notre patience et notre bonté, même si ceux que nous servons nous font du mal. Notre ministère tout entier doit se caractériser par la patience et la bonté.

Ne soyons pas des leaders centrés sur nous-mêmes, envieux de ceux qui sont plus doués ou plus populaires que nous. Ne rabaissons pas les autres et ne nous vantons pas de ce que nous accomplissons. Et surtout, ne soyons pas arrogants et ne nous estimons pas supérieurs aux autres. Au contraire, faisons preuve d'humilité et de modestie. Ne soyons pas rudes ni impolis, mais plutôt pleins de tact et conscients de notre vraie condition sociale. N'imitons pas ceux qui cherchent avant tout leur propre intérêt et leur avantage personnel. Soyons des serviteurs qui édifient les autres. Ne cédons pas rapidement à la colère ou à l'irritation qui pourraient causer du tort à ceux que nous guidons. Restons calmes, lents à la colère, sans jamais chercher à nous venger. Ne soyons pas rancuniers, mais pardonnons et faisons grâce. Enfin, ne nous réjouissons d'aucune injustice, mais réjouissons-nous de la vérité.

Rappelons-nous constamment que l'amour excuse tout, croit tout, espère tout et supporte tout.

Un appel à l'examen de soi

Je clos cette section par une importante exhortation personnelle : n'utilisez pas ce livre pour faire comprendre aux autres qu'ils manquent d'amour. Certaines des personnes les plus aimantes que je connais ont été accusées à tort de manquer d'amour. Dans l'Ancien Testament, les enfants d'Israël ont accusé Moïse de dominer sur le peuple avec dureté, alors qu'en plusieurs occasions, il avait sauvé leur vie et s'était épuisé en les conduisant pendant quarante ans. En vérité, c'étaient les enfants d'Israël qui étaient dépourvus d'amour.

Très souvent ce sont les gens qui accusent les autres de manquer d'amour qui en sont le plus dépourvus ! Ils font dire au commandement nouveau : « Aime-moi, sinon je te détruis toi et l'Église ». Ils attendent passivement que les autres les entourent d'amour.

Qu'il est facile d'apercevoir la poussière du manque d'amour dans l'œil du prochain et ne pas voir la poutre de l'égocentrisme, de l'hypocrisie et de la colère dans le sien ! (Matthieu 7.3-5). C'est pourquoi servez-vous de ce livre pour vous laisser interpeller. Efforcez-vous d'être pour les autres un bon exemple de l'amour conforme à « la voie par excellence ». Et si une situation exige que vous repreniez un frère pour manque d'amour, vous aurez la crédibilité et le tact de le faire « en professant la vérité dans l'amour » (Éphésiens 4.15).

Si nous sommes honnêtes, force est d'admettre que nous n'avons pas toujours aimé comme nous l'aurions dû. C'est pourquoi nous devons d'abord nous juger nous-mêmes. C'est seulement après avoir confessé notre péché de manque d'amour, et nous en être repentis que nous pouvons envisager d'aider les autres à aimer. Une bonne façon de le faire est de prier pour eux, car Dieu seul peut changer les cœurs.

Certes, il arrive parfois que des personnes aimantes fassent des choses dénuées d'amour. Elles connaissent alors de grandes luttes intérieures et ne sont pas ce qu'elles devraient être. Martin Luther, le réformateur du XVIe siècle, était un homme désintéressé et rempli d'amour, mais il lui arrivait parfois d'être mordant et acerbe. La seule personne parfaitement aimante que la terre a eu le privilège de porter fut le Seigneur Jésus-Christ. Quant à nous, nous devons lutter toute notre vie pour aimer comme il a aimé et pour savoir comment aimer vraiment dans les situations difficiles.

Notes

1. Chacun des quatre verbes a pour objet le mot grec *panta*, « toutes choses ». Mais l'accusatif employé ici a presque le sens d'un adverbe : « toujours » ou « en tout » (BDAG, s.v., passim, p. 783). La NIV anglaise et un certain nombre de commentateurs préfèrent l'adverbe. Cela évite de penser que l'amour « gobe tout » et « espère tout ». Il est difficile d'être affirmatif quant à la meilleure traduction.
2. Le verbe grec *stego* peut signifier : (1) « couvrir », par exemple « couvrir les fautes d'autrui » ; (2) « tenir le coup dans la difficulté ». Les deux sens sont possibles ; le deuxième semble mieux s'accorder avec l'usage de Paul (1 Co 9.12 ; 1 Th 3.1, 5). C'est celui choisi par l'auteur du livre.
3. W. Graham Scroggie, *The Love Life : A Study of 1 Corinthians 13*, Londres, Pickering & Inglis, s.d., p. 46.
4. K. Barrett, *A Commentary on the First Epistle to the Corinthians*, HNTC, New York, Harper & Row, 1968, p. 305.
5. Exode 32.10-14 ; Nombres 14.12-20 ; 16.20-22, 41-50.
6. Jonathan Edwards, *Charity and Its Fruit*, 1852, réimpression, Edimbourg, Banner of Truth, 1978, p. 325.

III | Les œuvres d'un leader aimant

10 | Exprimer l'amour et l'affection

Je vous porte dans mon cœur [...]. Car Dieu m'est témoin que je vous chéris tous avec la tendresse de Jésus-Christ.
Philippiens 1.7-8

Une famille amie qui fréquentait une assemblée fidèle à la Bible dut partir au loin pendant quelques années. Quand elle revint, elle constata un changement merveilleux et stimulant. L'Église était toujours attachée à la Bible, mais au fil des ans, elle avait grandi en amour. Les membres étaient plus amicaux, plus accueillants, plus hospitaliers. Ils se saluaient très cordialement, ils se souciaient les uns des autres et prenaient un soin particulier de ceux qui étaient dans le besoin. Une atmosphère de tendre affection se dégageait de toute la communauté.

Exprimer l'amour en paroles

Dans cette Église, l'amour se voyait en paroles, en actions et en démonstrations d'affection. Une chose est sûre, *l'amour doit s'exprimer ; il ne peut rester silencieux.* Quand son Fils était sur la terre, le Père déclara du haut du ciel : « Celui-ci est mon Fils bien-aimé, en qui j'ai mis toute mon affection » (Matthieu 3.17). Jésus a verbalement exprimé son amour pour le Père et pour ses disciples : « J'aime le Père » (Jean 14.31) ; « Je vous ai aussi aimés » (Jean 15.9). Le Seigneur demanda à Pierre : « M'aimes-tu ? ». L'apôtre répondit trois fois : « Je t'aime » (Jean 21.15-17).

Des expressions de l'amour comme celles-ci se retrouvent dans tout le Nouveau Testament.

Exprimer la gratitude

Les gens aimants sont remplis de gratitude et ils l'expriment ouvertement. De tous les auteurs du Nouveau Testament, Paul est celui qui parle le plus souvent de son amour pour ses collaborateurs et pour ses convertis. Dans toutes ses lettres, il exprime son appréciation et reconnaît à leur juste valeur les services que ses collaborateurs lui ont rendus et ont rendus à Dieu à cause de l'Évangile. Il ne cache pas sa reconnaissance et ses éloges. Il est profondément reconnaissant pour eux tous et pour tout ce qu'ils ont accompli.

Romains 16 constitue un bel exemple des éloges publics que l'apôtre fait de ses amis personnels et du travail d'autrui :

- Phœbé [...] diaconesse de l'Église (Romains 16.1).
- Prisca et Aquilas [...] qui ont exposé leur tête pour sauver ma vie (Romains 16.3-4).

- Marie, qui a pris beaucoup de peine pour vous (Romains 16.6).
- Andronicus et Junias [...] qui jouissent d'une grande considération parmi les apôtres (Romains 16.7).
- Amplias, mon bien-aimé dans le Seigneur (Romains 16.8).
- Apellès, qui est éprouvé en Christ (Romains 16.10).
- Tryphène et Tryphose, qui travaillent pour le Seigneur (Romains 16.12).
- Perside, la bien-aimée, qui a beaucoup travaillé pour le Seigneur (Romains 16.12).
- Rufus, l'élu du Seigneur (Romains 16.13).
- Gaïus, mon hôte et celui de toute l'Église (Romains 16.23).

D'autres lettres regorgent d'exemples du même type :

- La famille de Stéphanas [...] s'est dévouée au service des saints (1 Corinthiens 16.15).
- Tychique, le [...] fidèle ministre dans le Seigneur (Éphésiens 6.21).
- Vous savez qu'il [Timothée] a été mis à l'épreuve (Philippiens 2.22).
- Épaphrodite, mon compagnon d'œuvre et de combat (Philippiens 2.25).
- Épaphras, notre bien-aimé compagnon de service [...] fidèle ministre de Christ (Colossiens 1.7).
- Tychique [...] le fidèle ministre, mon compagnon de service dans le Seigneur (Colossiens 4.7).
- Onésime, le frère fidèle et bien-aimé (Colossiens 4.9).
- Épaphras [...] serviteur de Jésus-Christ, il ne cesse de combattre pour vous dans ses prières (Colossiens 4.12).
- Luc, le médecin bien-aimé (Colossiens 4.14).

- Tite, mon enfant légitime en notre commune foi (Tite 1.4).
- Philémon, notre bien-aimé et notre compagnon d'œuvre [...] par toi, frère, le cœur des saints a été tranquillisé (Philémon 1.1, 7).

Dieu est Parole, et il nous a créés avec la faculté de communiquer par la parole. Dans notre ministère, nous devons donc apprendre à être généreux en paroles de louange et de gratitude. Il faut que les gens sachent que nous sommes reconnaissants à Dieu de les avoir. Ne les laissons pas deviner ce que nous pensons. Ils ont besoin de l'entendre dire de nos lèvres.

Les conducteurs qui ne s'expriment que pour souligner le négatif ou pour désapprouver ne sont pas efficaces. Les gens ont besoin d'entendre des paroles positives d'appréciation et d'amour, car de telles paroles édifient une communauté chrétienne saine. De même que les êtres humains ont besoin d'oxygène pour respirer, ils ont aussi besoin du souffle rafraîchissant de notre appréciation et de notre valorisation pour nourrir leur âme. En tant que leaders, aspirons à ressembler à Barnabas qui encourageait continuellement les autres par l'Écriture et par ses propos pleins de grâce et d'estime.

Je connais un couple qui fut responsable de l'école du dimanche pendant trente-cinq ans dans une assemblée locale. De nombreux responsables de l'Église le considéraient comme irremplaçable. Pourtant quand il prit sa retraite, personne ne leur dit merci. Pas de réunion spéciale pour lui exprimer la reconnaissance, pas de coups de téléphone ni lettres pour lui dire tout le bien qu'on pensait de lui. Cet homme et sa femme furent profondément attristés par l'ingratitude silencieuse, et on les comprend ! Les membres du corps de Christ doivent cultiver entre eux des liens de communion active, non l'isolement passif. L'Église devrait être un lieu où les gens expriment leur amour et leur appréciation, apprennent à se dire merci les uns aux autres et à s'encourager les uns les autres.

Exprimer un amour jailli du cœur

À ceux qu'il avait conduits au Seigneur, Paul témoigne souvent une affection profonde par des mots chargés d'une grande émotion. Il écrit avec la sensibilité d'un tendre berger et non avec le ton d'un fonctionnaire religieux ou d'un zélote endurci qui ne s'intéresse qu'à sa cause. Même quand il reprend et corrige, Paul le fait sur un ton paternel et pastoral, tendre et ému, compatissant et attentif. Notons le nombre de versets qui révèlent son cœur aimant et son leadership affectueux :

- Je me réjouis donc à votre sujet (Romains 16.19).
- Je vous porte dans mon cœur (Philippiens 1.7).
- Je vous chéris tous avec la tendresse de Jésus-Christ (Philippiens 1.8).
- Mes bien-aimés, et très chers frères, vous qui êtes ma joie et ma couronne (Philippiens 4.1).
- Nous aurions voulu, dans notre vive affection pour vous, non seulement vous donner l'Évangile de Dieu, mais encore notre propre vie, tant vous nous étiez devenus chers (1 Thessaloniciens 2.8).
- Mes enfants, pour qui j'éprouve de nouveau les douleurs de l'enfantement, jusqu'à ce que Christ soit formé en vous, je voudrais être maintenant auprès de vous (Galates 4.19-20).
- Mon amour est avec vous tous en Jésus-Christ (1 Corinthiens 16.24).

- C'est dans une grande affliction, le cœur angoissé, et avec beaucoup de larmes, que je vous ai écrit [...] afin que vous connaissiez l'amour extrême que j'ai pour vous (2 Corinthiens 2.4).
- Notre bouche s'est ouverte pour vous, Corinthiens, notre cœur s'est élargi (2 Corinthiens 6.11).
- Vous êtes dans nos cœurs à la vie et à la mort (2 Corinthiens 7.3).
- Pourquoi ?... Parce que je ne vous aime pas ?... Dieu le sait ! (2 Corinthiens 11.11).
- Ce ne sont pas vos biens que je cherche, c'est vous-mêmes (2 Corinthiens 12.14).
- Pour moi, je ferai très volontiers des dépenses et je me dépenserai moi-même pour vos âmes. En vous aimant davantage, serais-je moins aimé de vous ? (2 Corinthiens 12.15).
- Et que le Seigneur fasse croître et abonder l'amour que vous avez les uns pour les autres [...] à l'exemple de celui que nous avons pour vous (1 Thessaloniciens 3.12).
- Je te le renvoie, lui, une partie de moi-même (Philémon 1.12).

Paul exprime son amour profond pour ses convertis par l'usage abondant de termes de tendresse. Il désigne ses lecteurs par « bien-aimés » pas moins de vingt-quatre fois[1]. Chez l'apôtre, il ne s'agit pas d'une platitude ou d'une simple formule de politesse. Ce terme est riche d'intimité, d'affection et d'amour. Les amis et les enfants spirituels de Paul étaient vraiment ses frères et sœurs bien-aimés. Ils formaient sa famille. Ils étaient liés ensemble par le même Esprit. Bien-aimés de Dieu[2], ils étaient aussi bien-aimés de Paul.

Ceux qui dirigent l'assemblée et qui l'instruisent ne devraient pas hésiter à utiliser les termes d'affection en usage dans la famille pour faire connaître la réalité des liens qu'ils entretiennent les uns avec les autres. Les termes *frère, frères, sœur* reviennent environ 250 fois dans le Nouveau Testament. Dans un ancien document chrétien, une œuvre latine intitulée *Octavius*, le païen Caecilius critique les chrétiens parce qu'« à peine rencontrés, ils s'aiment déjà les uns les autres... Ils s'appellent indistinctement frère et sœur »[3]. Quel bonheur si nous pouvions cultiver cette habitude ! Aujourd'hui comme autrefois, les gens sont assoiffés d'entendre des mots doux et qui les rapprochent les uns des autres. Ce langage d'intimité et de tendresse familiale est biblique ; il reflète l'amour de l'Église néo-testamentaire.

Montrer des signes physiques d'affection

L'une des manifestations physiques de l'amour chrétien est « le baiser d'affection », « l'une des plus belles coutumes des premiers chrétiens »[4]. Pierre exhorte ses lecteurs à se saluer « les uns les autres par un baiser d'affection » (1 Pierre 5.14), ce qui n'est que la conséquence logique de ses instructions précédentes à s'aimer mutuellement comme frères et sœurs :
- Aimez-vous ardemment les uns les autres, de tout votre cœur (1 Pierre 1.22)
- Aimez les frères (1 Pierre 2.17)
- Avant tout, ayez les uns pour les autres un ardent amour (1 Pierre 4.8)

Le « baiser d'affection », que Paul qualifie de « saint baiser »[5] est un signe extérieur de « mutualité [...] de même statut et de même identité que tous les chrétiens ont en commun et qui combat les divisions de race, de classe et de genre »[6]. Mais il s'agit bien d'un « saint » baiser, et non d'un baiser sensuel. Il doit se donner avec respect et en toute pureté.

Que nous pratiquions le « baiser d'affection » par une embrassade, une étreinte ou une chaleureuse poignée de main, la Parole nous enjoint de saluer les frères et sœurs avec affection. Notre façon de nous saluer doit démontrer visiblement la réalité de notre unité et de notre amour au sein de la famille de Dieu. Ne soyons donc pas impersonnels, distants ou froids. Ne croyons pas que c'est acquis d'avance ou que cela va de soi. Les gens ont autant besoin d'expressions physiques de l'amour que de paroles d'amour. La manifestation physique de l'amour est une façon concrète et pratique d'observer le commandement néo-testamentaire d'avoir « les uns pour les autres un ardent amour » (1 Pierre 4.8).

John Stott, un Anglais naturellement réservé, a appris par ses voyages dans le monde entier et en particulier en Amérique latine et en Afrique, à apprécier les étreintes affectueuses des croyants autochtones. Il termine une lettre à un ami par ces mots : « Je t'envoie mes salutations et un baiser (je suis désormais membre à vie de l'Institut de thérapie par le baiser !) »[7].

Paul aussi était membre de « l'Institut de thérapie par le baiser ». À la fin du discours d'adieu de l'apôtre aux anciens de l'Église d'Éphèse, Luc rapporte : « Et tous fondirent en larmes, et, se jetant au cou de Paul, ils l'embrassaient » (Actes 20.37-38).

Dans nos assemblées, les enfants aussi doivent connaître les expressions de l'amour. Le Seigneur Jésus a accueilli les enfants ; ils faisaient sa joie. Il n'était jamais trop occupé pour leur prêter attention. Il les toucha, pria pour eux et les bénit (Matthieu 19.13-15). Les mamans et leurs petits avaient la liberté de venir à Jésus car c'était dans sa nature d'être accueillant et chaleureux. Protégeons et aimons les enfants.

L'Église locale est « la maison de Dieu » (1 Timothée 3.15) et devrait toujours déborder de mots d'amour et démontrer l'affection familiale. Malheureusement, dans certaines assemblées, l'atmosphère ressemble davantage à celle d'une maison mortuaire qu'à celle d'une famille qui respire l'amour. Elles témoignent peu d'affection et de chaleur. Les émotions légitimes sont étouffées. Les gens se connaissent à peine ; ils se tiennent à distance les uns des autres ; le seul signe d'affection se résume à une rapide poignée de main au sortir de l'Église. Ce comportement ne reflète pas du tout une authentique fratrie chrétienne. De telles assemblées ne représentent pas ceux qui gardent fidèlement le « commandement nouveau ».

Par où commencer

Pour créer une atmosphère d'amour dans votre Église locale ou dans le groupe que vous présidez, commencez par prier régulièrement en vue d'une croissance dans l'amour. Servez-vous des textes bibliques suivants pour guider vos prières :

- *Et ce que je demande dans mes prières, c'est que votre amour augmente de plus en plus (Philippiens 1.9).*
- *Et que le Seigneur fasse croître et abonder l'amour que vous avez les uns pour les autres, et pour tous (1 Thessaloniciens 3.12).*
- *[Je prie pour que] vous puissiez comprendre avec tous les saints quelle est la largeur, la longueur, la profondeur et la hauteur, et connaître l'amour de Christ, qui surpasse toute connaissance (Éphésiens 3.18-19).*

Même si votre Église ou votre groupe constituent déjà un ensemble aimant, ils peuvent « abonder toujours plus » dans cet amour (1 Thessaloniciens 4.10). Enseignez ce que la Bible dit de l'amour. Combien de fois les gens ont-ils l'occasion d'écouter un exposé approfondi d'1 Corinthiens 13, d'Éphésiens 3.14-19 et 4.1-16, ou de 1 Jean 4.7-21 ? La plupart de ceux qui fréquentent l'Église ignorent les exigences de l'amour biblique et ont besoin d'un enseignement systématique sur ce sujet. Encouragez les personnes que vous dirigez à croître dans l'amour.

Mais l'enseignement seul ne suffit pas à créer une atmosphère d'amour. Les anciens de l'Église doivent être des modèles d'amour. Il y a dans l'Église des enseignants, des musiciens et d'autres personnes qui ont accompli un service volontaire fidèle pendant des années. Ils ont besoin de savoir que leur fidélité à Dieu et à l'assemblée a été appréciée. Exprimez-leur votre gratitude et encouragez d'autres membres à faire de même. Pensez également aux personnes qui s'occupent du nettoyage des locaux, des réparations et de l'entretien du bâtiment de l'église. Dites-leur que vous êtes sensibles à leur travail. Remerciez-les verbalement, en leur adressant une carte ou en leur remettant un petit cadeau. Ne considérez jamais ce qu'ils font comme un dû. Dieu ne le fait pas !

Que votre Église ne soit pas un lieu où les gens ne cultivent que des relations superficielles, ou pire encore un lieu où ils viennent et repartent sans même s'adresser la parole. Là encore, c'est votre devoir de montrer l'exemple. L'Église n'est pas une entreprise commerciale, ni une institution militaire, ni une agence gouvernementale. Elle est « la maison de Dieu » ; que ceux qui la fréquentent agissent donc en conséquence ! Allez au-devant des autres avec amour. Saluez-les par « un baiser d'affection », une tape affectueuse ou une sainte poignée de main. Efforcez-vous de retenir le nom des personnes.

L'Église forme une famille de frères et de sœurs étroitement unis qui se témoignent leur amour mutuel. C'est une communauté qui transforme la vie et dans laquelle les gens se développent et ressemblent de plus en plus à leur Seigneur rempli d'amour. Votre Église peut devenir une assemblée plus aimante et connaître une unité plus forte et plus profonde ; pour cela, vous devez l'instruire et la conduire avec amour.

Notes

1. Jean utilise le terme *bien-aimé* neuf fois, Pierre sept fois, Jacques trois fois et Jude trois fois également.
2. Romains 1.7 ; 1 Thessaloniciens 1.4 ; 2 Thessaloniciens 2.13.
3. *The Octavius of Marcus Minucius Felix*, dans *Ancient Christian Writers*, éditeur Johannes Quasten, traduit en anglais par G.W. Clarke, New York, Newman, 1974, p. 64.*
4. Paul A. Cedar, James, *1, 2 Peter ; and Jude*, The Communicator's Commentary, Waco, Texas, Word, 1984, 11 : 200.
5. Romains 16.16 ; 1 Corinthiens 16.20 ; 2 Corinthiens 13.12 ; 1 Thessaloniciens 5.26.
6. Anthony C. Thiselton, *The First Epistle to the Corinthians*, NIGTC, Grand Rapids, Michigan, Eerdmans, 2000, p. 1346.
7. Timothy Dudley-Smith, *John Stott : A Global Ministry*, Leicester, Angleterre, InterVarsity, 2001, p. 441.

* Reportez-vous à la page 288 pour la version française de l'ouvrage.

11 | Pratiquer l'hospitalité

Persévérez dans l'amour fraternel. N'oubliez pas l'hospitalité…
Hébreux 13.1-2

Rien n'est pratiquement plus caractéristique de l'amour chrétien que l'hospitalité. Celle-ci est essentielle pour ranimer la flamme de l'amour et fortifier la communauté chrétienne. Le leader chrétien qui offre l'hospitalité aux autres exprime cet amour de façon personnelle et unique.

Le ministère de l'hospitalité nous permet le partage de ce que nous estimons le plus : la famille, le foyer, les ressources financières, la nourriture, l'intimité et le temps. Autrement dit, nous partageons notre vie.

Comme l'Écriture exhorte fréquemment les chrétiens à s'aimer les uns les autres, nous ne sommes pas surpris qu'elle recommande instamment la pratique de l'hospitalité :

- *Que l'amour soit sans hypocrisie [...]. Par amour fraternel, soyez pleins d'affection les uns pour les autres [...]. Exercez l'hospitalité (Romains 12.9-10, 13).*
- *Avant tout, ayez les uns pour les autres un ardent amour [...]. Exercez l'hospitalité les uns envers les autres, sans murmures*
(1 Pierre 4.8-9).
- *Persévérez dans l'amour fraternel. N'oubliez pas l'hospitalité ; car en l'exerçant, quelques-uns ont logé des anges, sans le savoir*
(Hébreux 13.1-2).
- *Bien-aimé, tu agis fidèlement dans ce que tu fais pour les frères, et même pour des frères étrangers, lesquels ont rendu témoignage de ton amour, en présence de l'Église (3 Jean 5-6).*

L'hospitalité crée une communauté aimante

Une Église froide et non accueillante contredit le message de l'Évangile. Pourtant, la froideur est souvent une critique adressée aux Églises locales[1]. Les gens ne mettent pas longtemps à découvrir qu'il existe entre les chrétiens un amour qui s'arrête à la porte de l'église ou sur le parking. C'est un amour superficiel dont les gens se revêtent le dimanche matin, mais qui ne dépasse pas les limites de la salle de réunion.

Or, l'Écriture déclare : « Par amour fraternel, soyez pleins d'affection les uns pour les autres » (Romains 12.10). L'amour fraternel exige la connaissance des autres chrétiens de l'assemblée et de leur vie. Si nous ne nous ouvrons pas mutuellement la porte de notre maison, la réalité de l'Église en tant que famille de frères et de sœurs étroitement unis ne sera qu'une théorie religieuse vide de sens. Il est impossible de connaître nos frères ou de développer nos liens d'intimité avec eux en nous contentant de les côtoyer une heure par semaine dans le cadre de l'assemblée réunie à l'Église. C'est par le ministère de l'hospitalité que nous entretenons les liens de communion nécessaires au développement de l'amour fraternel.

Dans la plupart des cas, nous ne nous connaissons pas tant que nous n'avons pas passé du temps ensemble autour d'une table dans la maison des autres. Un écriteau accroché au mur d'un restaurant le dit bien : « C'est autour d'une table que des amis ressentent le mieux la chaleur d'être ensemble ». C'est pourquoi, lorsque nous parlons d'être pleins d'affection les uns pour les autres, par amour fraternel, nous devons aussi parler de cultiver l'hospitalité (Romains 12.10, 13).

Voici un exemple des effets de l'hospitalité sur la communication de l'amour et la révélation de la nature familiale de l'Église. Un journaliste visitait des Églises chrétiennes pour savoir si elles étaient accueillantes et chaleureuses. Il avait adopté le système de notation suivant : deux points s'il y avait des huissiers qui accueillaient et saluaient à l'entrée ; trois points pour la lettre pastorale hebdomadaire de nouvelles ; cinq points si un café était offert à l'issue du culte ; dix points si les membres se présentaient spontanément et cordialement, sans exercer de pression. Mais le journaliste accordait soixante points si des membres de l'Église s'invitaient au repas[2] ! Le système de notation du journaliste montre la puissance de l'hospitalité dans la communication de l'amour.

Par nature, l'amour cherche à accueillir les bien-aimés, à se tenir près d'eux et à leur donner de son mieux. L'amour ne s'isole pas, il va au-devant des autres. En tant que leaders, nous devons pratiquer l'hospitalité. Nos maisons sont l'un des meilleurs outils pour l'édification d'une communauté chrétienne aimante. En ouvrant régulièrement nos maisons aux autres, nous contribuons à faire de notre Église locale (ou de notre groupe local) une communauté plus amicale et plus attentionnée.

L'hospitalité facilite le ministère d'enseignement et de formation du disciple

On ne peut pas prendre soin des gens à distance, avec un sourire et une poignée de main le dimanche matin. Il faut une interaction entre le berger (pasteurs ou anciens) et le troupeau (membres de l'assemblée). La maison peut être un moyen très efficace pour enseigner, corriger et prendre soin des gens.

L'enseignement des Écritures dans l'environnement confortable d'une maison est très propice pour faire connaître la Parole de Dieu (Actes 5.42 ; 20.20). Martin Luther a montré que la table était une chaire exceptionnelle pour enseigner les vérités de Dieu et éduquer son peuple. Luther et sa femme étaient largement connus pour leur foyer ouvert à tous et pour leur chaleureuse hospitalité. Un historien écrit : « Leur grande maison était toujours pleine à craquer »[3]. Les célèbres *Propos de table* écrits par les nombreux étudiants et hôtes accueillis dans la maison de Luther rendent un témoignage éloquent au rôle considérable que la maison joue dans la formation et l'instruction des gens.

Le ministère de l'hospitalité peut paraître minime, mais il laisse un impact certain sur les gens. Une maison ouverte est le signe d'un cœur ouvert et d'un esprit généreux et altruiste. Le fait de témoigner de l'affection à des personnes dont beaucoup sont blessées, en les invitant à votre table pour un repas ou pour discuter a quelque chose de très émouvant. Prendre soin des enfants de Dieu, c'est, entre autres, leur ouvrir votre foyer pour un repas, encourager les visites amicales et même les accueillir momentanément sous votre toit.

Ne sous-estimons pas l'impact de l'hospitalité dans l'enseignement et les soins prodigués aux membres de l'assemblée.

Dans ses voies mystérieuses, Dieu utilise les relations mutuelles entre l'hôte et son invité pour instruire et encourager son peuple. C'est l'une des raisons pour lesquelles le Nouveau Testament exige que l'ancien d'une Église soit « hospitalier » (1 Timothée 3.1-2 ; Tite 1.7-8).

Le frère Bakht Singh, de l'Inde, fut l'un des grands évangélistes et fondateurs d'Églises au XXe siècle. Peu après que Bahkt Singh ait abandonné l'athéisme et l'hindouisme pour se tourner vers Christ, le Seigneur utilisa l'hospitalité généreuse de John et Edith Haywards pour le former. Il vécut près de trois ans avec les Haywards à Winnipeg, au Canada. Ceux-ci n'imaginaient pas l'impact que leur ami indien aurait sur tout un peuple. T.E. Koshy, le biographe de Bakht Singh souligne « le rôle important des foyers chrétiens dans la formation et la préparation de nouveaux chrétiens pour devenir des témoins efficaces du Seigneur »[4].

Il écrit :

> Le Seigneur utilisa grandement les Haywards pour sa croissance spirituelle. Pendant que Bakht Singh était hébergé chez eux, le Seigneur lui apprit différentes leçons importantes, notamment la nécessité de se consacrer entièrement à lui, l'acceptation de la Bible comme parole divine inspirée, l'importance de l'hospitalité et de la prière, et la recherche de la volonté de Dieu en toutes choses. De plus, le Seigneur répondit à ses besoins matériels par l'entremise de ce couple aimant et attentionné. Les Haywards avaient l'habitude d'ouvrir leur maison aux missionnaires en congé, ce qui donna à Bakht Singh l'occasion de rencontrer beaucoup de gens pieux de dénominations et d'arrière-plans différents, et de cultiver des relations fraternelles avec eux[5].

L'hospitalité favorise l'évangélisation

L'hospitalité ne s'étend pas seulement aux croyants, mais aussi aux incroyants. Par nature, l'amour prend les devants pour sauver et faire connaître le message du salut. Les conducteurs aimants ont le fardeau des perdus (Romains 9.1-3 ; 10.1) ; cet amour pour les perdus les incite à pratiquer l'hospitalité qui est un moyen efficace de les atteindre.

Pour les premiers chrétiens, le foyer était l'endroit naturel le plus propice pour annoncer Christ aux membres de la famille, aux voisins et aux amis. Michael Green, auteur de *L'Évangélisation dans l'Église primitive*, décrit la maison comme « l'une des méthodes les plus importantes pour l'annonce de l'Évangile dans l'antiquité »[6]. À propos de la maison de Priscille et d'Aquilas, il écrit : « Des maisons comme la leur durent avoir une grande efficacité dans les efforts d'évangélisation de l'Église »[7].

Il en est de même aujourd'hui. Si vous cherchez des moyens d'évangéliser, ouvrez votre maison ; c'est l'un des meilleurs moyens pour atteindre les incroyants. Beaucoup d'entre nous ne connaissent même pas leurs voisins ; l'hospitalité nous permet de saisir toutes les occasions que le Seigneur nous offre d'être ses ambassadeurs dans le monde. Si nous le voulons, nos demeures peuvent devenir des phares dans un voisinage spirituellement plongé dans les ténèbres.

Dawson Trotman, le fondateur des Navigateurs, se servit de sa maison pour gagner des militaires à Christ. Après plusieurs années d'hospitalité généreuse offerte aux marins, il put déclarer que des marins de toutes les parties des États-Unis avaient trouvé le Seigneur dans son salon.

Dans son livre *Une vie qui parle*, Jim Petersen évoque le cas de Mario, un Brésilien avec qui il étudia la Bible pendant quatre années avant qu'il ne se convertisse. Mario était un intellectuel marxiste et un activiste politique, un candidat improbable pour la foi chrétienne. Plusieurs années après sa conversion, Mario demanda à Jim s'il connaissait la raison qui l'avait poussé à devenir chrétien. Jim pensait que c'était les nombreuses heures de discussion intellectuelle sur l'Écriture, mais voici la réponse de Mario :

> Vous rappelez-vous la première fois que je suis entré chez vous ? Je me trouvais chez vous et je partageais un bol de soupe avec vous et votre famille. Assis, je vous observais vous, votre femme et vos enfants, ainsi que les relations que vous aviez les uns avec les autres. Je me suis alors demandé : *Quand aurai-je une relation de ce type avec ma fiancée ?* En me rendant compte que la réponse était « jamais », j'en conclus que je devais devenir chrétien dans l'intérêt de ma propre survie[8].

L'amour témoigné aux incroyants en les invitant chez vous est un puissant aimant pour les attirer à Christ. Inutile d'être un prédicateur ou d'avoir des années de pratique pour utiliser votre maison pour aimer les gens et les servir. Il vous suffit tout simplement d'ouvrir la porte de votre demeure, et les gens y viendront.

Par où commencer

Notre monde urbanisé où tout doit aller vite consacre peu de temps à l'hospitalité. Voici donc quelques idées qui vous aideront à mettre en pratique le commandement de l'Écriture d'exercer l'hospitalité (Romains 12.13).

Premièrement, réservez un temps régulier chaque semaine ou chaque mois pour inviter des gens chez vous. Si vous ne le prévoyez pas dans votre programme, vous en resterez toujours au niveau des bonnes intentions sans passer au stade de l'application. Vous vous direz : *C'est important. La Bible me dit de le faire, car ce sera utile pour le progrès de l'Église.* Mais si vous ne la programmez pas d'avance et si vous ne faites pas de la pratique de l'hospitalité une priorité, vous vous trouverez toujours trop occupé cette semaine, la suivante et celle d'après.

Deuxièmement, dressez la liste des gens qui seraient encouragés par votre offre d'hospitalité. Ce serait peut-être une étape décisive pour faire sentir aux nouveaux membres de l'assemblée qu'ils sont accueillis à bras ouverts comme membres à part entière du corps de Christ. Ceux qui traversent des épreuves difficiles se sentiraient encouragés par votre invitation. Beaucoup de gens sont seuls et ont soif d'amour. Vous pouvez servir d'anges pour ceux qui sont meurtris.

Troisièmement, pensez à inviter des gens pendant les vacances. C'est un temps particulièrement favorable pour inviter des personnes seules et des amis non chrétiens. Pensez à inclure ceux et celles qui sont rarement invités à cause d'une infirmité. Mettez en pratique l'enseignement de Jésus : « Mais, lorsque tu donnes un festin, invite des pauvres, des estropiés, des boiteux, des aveugles » (Luc 14.13).

Quatrièmement, pratiquez des activités créatives avec vos invités. Posez-leur des questions à tour de rôle pour que tous puissent apprendre à se connaître. Passez un moment de prière ensemble, lisez un passage de l'Écriture ou chantez ensemble. Après le repas, faites une promenade. Toutes ces activités vous rapprocheront les uns des autres, et vous rapprocheront tous du Seigneur.

Cinquièmement, prêchez sur le thème de l'hospitalité. Quand avez-vous entendu la dernière fois quelqu'un parler de l'hospitalité ? Les gens ont besoin qu'on leur rappelle les devoirs et les privilèges d'utiliser leur demeure pour Christ. Il est très facile d'oublier le devoir de l'hospitalité ; d'où la nécessité des rappels et de l'exhortation.

Sixièmement, proposez vos services pour accueillir les missionnaires ou les serviteurs de Dieu itinérants. Certaines organisations missionnaires tiennent une liste des maisons d'accueil à la disposition des missionnaires en tournée. Trouvez une organisation qui vous convient et offrez-lui ce service d'accueil de missionnaires. Et n'oubliez pas d'accueillir à votre table les missionnaires de votre Église qui sont en congé.

Vos enfants tireront un grand profit de la présence de serviteurs de Dieu dans votre maison. Stephen Olford, ancien prédicateur à la radio et auteur, né de parents missionnaires en Afrique, livre ses impressions d'enfants à la suite de l'hospitalité généreuse de ses parents :

> Nul ne peut prédire quelle sera la récompense éternelle pour l'hospitalité exercée. Mais dès maintenant, ce ministère tient beaucoup de compensations en réserve. L'hospitalité est une aventure passionnante et rapporte beaucoup. En pensant à mes années d'enfance, je bénis Dieu pour l'enrichissement que les serviteurs et les servantes de Dieu, qui sont passés chez nous, ont procuré à ma vie. Les impressions laissées dans les années de formation de l'enfant lui sont fort utiles dans son âge mûr[9].

Helga Henry, l'épouse du théologien bien connu Carl F.H. Henry nous rappelle que « l'hospitalité chrétienne n'est pas facultative ; elle n'est pas liée à l'argent, à l'âge, au niveau social, au sexe ou à la personnalité. Elle est un devoir d'obéissance à Dieu »[10].

Notes

1. Un excellent article mérite d'être lu et distribué dans votre Église locale. Il s'agit de « A Friendly Church Is Hard to Find » [Il est difficile de trouver une Église chaleureuse], de Gene et Nancy Preston dans *Christian Century*, 30 janvier 1991, p. 102-103.
2. Cité dans Thomas S. Goslin II, *The Church without Walls*, Pasadena, Californie, Hope, 1984, p. 68.
3. *Conversations with Luther: Table Talk*, traduit et édité en anglais par Preserved Smith et Herbert Percival Gallinger, New Canaan, Connecticut, Keats Publishing Inc., 1979, p. xii.*
4. T.E. Koshy, *Brother Bakht Singh of India*, Secunderabad, Inde, OM Books, 2003, p. 102.
5. Ibid., p. 91.
6. Michael Green, *Evangelism in the Early Church*, Grand Rapids, Michigan, Eerdmans, 1970, p. 207.**
7. Ibid., p. 223.
8. Jim Petersen, *Evangelism as a Lifestyle*, Colorado Springs, NavPress, 1980, p. 96-97.***
9. Stephen F. Olford, « Christian Hospitality », Decision, mars 1968, p. 10.
10. Cité dans *Be My Guest*, de V.A. Hall, Chicago, Moody Press, 1979, p. 9.

* Reportez-vous à la page 287 pour la version française de l'ouvrage.
** Reportez-vous à la page 285 pour la version française de l'ouvrage.
*** Reportez-vous à la page 289 pour la version française de l'ouvrage.

12 | Se soucier des besoins d'autrui

N'avais-je pas des larmes pour l'infortuné ? Mon cœur n'avait-il pas pitié de l'indigent ?
Job 30.25

On peut définir la compassion comme l'empathie, l'émotion tendre qu'une personne ressent en face de la souffrance d'autrui, avec le désir de la soulager. Mais cette définition ne suffit pas pour pousser à l'action. C'est pourquoi Jésus, le maître, explique ce qu'est la compassion en racontant l'inoubliable histoire du bon Samaritain (Luc 10.30-37).

Un homme descendait de Jérusalem à Jéricho quand il fut attaqué par des brigands qui lui volèrent son argent, le dépouillèrent de ses vêtements et le frappèrent sauvagement. Un sacrificateur juif (un chef religieux et un guide du peuple) vit cet homme agonisant dans son sang et passa outre. Il se rendit bien compte de la gravité des blessures du malheureux, mais poursuivit son chemin sans lui prêter attention. Un peu plus tard passa un Lévite (assistant des sacrificateurs). Lui aussi aperçut l'homme gravement blessé, mais ne fit rien pour le soulager.

Finalement, un habitant de Samarie passa par là. Bien que ne connaissant pas la victime, le voyageur samaritain « fut ému de compassion » (Luc 10.33). Il s'arrêta et prit soin de la victime, versa de l'huile et du vin sur ses plaies, le pansa avec précaution, l'installa sur sa monture et le conduisit dans une auberge. Le lendemain matin, le Samaritain dut poursuivre sa route, mais avant de partir il donna à l'aubergiste assez d'argent pour le gîte et le couvert du blessé, et lui demanda de prendre soin de lui.

Le bon Samaritain promit de revenir et de prendre à sa charge tous les frais supplémentaires liés au rétablissement de l'homme blessé. Il fit tout cela pour un homme qu'il ne connaissait pas, et sans aucun espoir de récompense.

Cette histoire montre ce que doivent être l'amour et la compassion du chrétien. Si nous saisissons les leçons de ce récit, nous comprenons ce que le Seigneur attend de ceux qui déclarent aimer comme il a lui-même aimé. Pensez au sacrificateur religieux et au Lévite qui passèrent devant le mourant et ne firent rien. Ils étaient pourtant des guides religieux et connaissaient le commandement de l'Ancien Testament : « Tu aimeras ton prochain comme toi-même » (Lévitique 19.18). Mais ces hommes étaient dénués de compassion. Si nous voulons être des responsables chrétiens empreints d'amour, efforçons-nous d'être aussi altruistes et compatissants que le bon Samaritain.

Des leaders néo-testamentaires compatissants

Un mot ressort des descriptions que les évangiles donnent de l'émotion de Jésus en présence des êtres humains dans le besoin, celui de *compassion*[1]. Le Seigneur était ému de compassion au point de guérir et de sauver. Les soins compatissants que lui-même et les apôtres ont dispensés aux malheureux et aux malades incitent à l'imitation. Les « actes inouïs de compassion » attiraient les gens comme un aimant[2].

Après l'ascension de Jésus, les apôtres exercèrent un ministère de compassion à l'égard des croyants pauvres de Jérusalem (Actes 4.34-35). D'ailleurs, leur tâche de donner de l'argent aux pauvres devint si prenante qu'ils durent désigner sept hommes pour s'occuper de cette œuvre et ainsi en être déchargés de sorte qu'ils puissent, quant à eux, s'adonner au ministère de la prière et de la parole (Actes 6.1-6).

Bien que la vocation première de Paul fût de proclamer et de défendre l'Évangile, il s'occupait également avec bonheur des nécessiteux (Actes 11.30 ; Galates 2.10). À un certain moment de son ministère, Paul prit l'initiative de faire une collecte parmi les Églises païennes et en apporta le montant aux croyants démunis de Jérusalem (2 Corinthiens 8.24)[3].

Le ministère des anciens dans le Nouveau Testament incluait la surveillance de l'Église locale dans quatre domaines particuliers : l'enseignement, la présidence, la protection et la guérison[4]. Bien que chargés d'instruire et de conduire l'Église, les anciens doivent aussi s'occuper des faibles et des malades (Actes 20.34-35 ; Tite 1.8 ; Jacques 5.14). Ils doivent donc avoir un cœur compatissant pour répondre aux besoins des gens. Le ministère néo-testamentaire officiel du diacre comprend la générosité, la compassion et le service[5]. Anciens et diacres ont donc le devoir de témoigner de l'amour compatissant et d'agir activement pour le bien des croyants dans le besoin. Ils doivent être un exemple pour les autres.

L'exemple des soins compatissants des leaders

L'Église locale doit être une famille, une communauté de gens qui répondent aux besoins et portent les fardeaux les uns des autres, qui se mettent au service les uns des autres dans un esprit de sacrifice. Elle doit illustrer l'amour en action, c'est-à-dire être une communauté compatissante, généreuse et qui donne[6]. Un tel amour doit avant tout se trouver chez les anciens.

Il est vrai que les gens ne s'intéressent pas à ce que vous connaissez tant qu'ils ne connaissent pas l'intérêt que vous leur portez. Un leader n'exercera pas un ministère efficace si les gens ne savent pas qu'il s'intéresse vraiment à eux. C'est pourquoi il doit faire preuve d'un cœur tendre à l'égard des membres qui souffrent, d'un souci sincère pour les malades, d'une vraie générosité envers les pauvres et d'un esprit compatissant pour soulager la misère qui caractérise la vie de tellement de gens aujourd'hui.

Compassion pour les malades

Dans un monde rempli de souffrances et de maladies physiques, l'amour qui s'intéresse est un ministère essentiel pour ceux qui désirent ou prétendent exprimer l'amour de Dieu sur la terre. L'amour compatissant pour les malades inclut la prière, les visites, l'aide pratique, les appels téléphoniques, les envois de lettres et de cartes.

La prière est une façon très importante de manifester l'intérêt. Ne disons jamais comme pour nous excuser : « Bien, tout ce que je peux faire est de prier ». Cette remarque tend à rabaisser la valeur de la prière. Pour sa part, Dieu dit : « Confessez donc vos péchés les uns aux autres, et priez les uns pour les autres, afin que vous soyez guéris. La prière agissante du juste a une grande efficacité » (Jacques 5.16). En réalité, prier pour les malades ou les mourants est l'une des choses les plus importantes que nous puissions faire pour eux. La prière communique de l'espoir et de la consolation. C'est pourquoi les conducteurs devraient régulièrement prier pour les malades ; à cet égard, encourageons nos assemblées à prier également pour eux d'une manière ciblée, constante et personnelle.

Mais les malades n'ont pas seulement besoin de prières ; ils apprécient aussi le toucher humain. Il est bienfaisant et consolant. Une personne malade aspire à la compassion et à une présence amie. Parfois l'individu malade, surtout s'il passe par la vallée de l'ombre de la mort, a simplement besoin de savoir que quelqu'un se tient près de lui. Lorsque nous visitons les malades ou les mourants, nous communiquons l'amour et la consolation de Dieu. C'est un grand privilège et une noble vocation. Jésus a touché les lépreux et les aveugles, les « intouchables » de son temps, et il attend que les siens fassent de même (Matthieu 25.36).

Malheureusement, les gens répugnent à visiter les malades et les vieillards. Dans notre société très individualiste et hyperactive, beaucoup considèrent que c'est un dérangement de prendre le temps de leur rendre visite chez eux ou à l'hôpital. Nous nous considérons comme des personnes aimantes, mais en réalité, lorsque des actes d'amour exigent de notre temps ou de nous-mêmes, nous refusons d'assumer les devoirs de l'amour ; nous n'en recherchons que les bienfaits.

> Nous sommes prêts à aimer jusqu'au point où faire preuve de plus d'amour devient gênant. Nous aimons donner l'image de gens aimés et aimants, mais nous préférons les avantages sans les devoirs du rôle. Si en réaction à notre amour, les gens commencent à devenir exigeants, nous prenons nos distances[7].

L'amour de Christ nous contraint pourtant à pratiquer l'abnégation de nous-mêmes pour répondre aux besoins d'autrui. Nous ne pouvons pas rendre visite à chaque malade, mais nous pouvons leur passer un coup de fil. Le téléphone est un outil inestimable que nous pourrions utiliser davantage pour encourager ceux qui souffrent et nous enquérir de leur état. Les gens apprécient un coup de téléphone à bon escient. Ils savent bien que nous ne pouvons pas leur rendre visite tous les jours ; il est des jours où une visite est même déconseillée, mais nous pouvons téléphoner. Les leaders aimants passent de nombreux coups de fil.

Les gens malades apprécient de recevoir une carte, un courriel et des lettres. Un membre de notre Église qui se mourait d'un cancer appréciait tellement les cartes que les gens lui envoyaient qu'il en avait tapissé un mur entier de sa chambre. Il les relisait souvent et les considérait chacune comme un message personnel d'amour. Les cartes affichées au mur lui rappelaient journellement que beaucoup d'amis pensaient à lui et priaient pour lui. Ce moyen visible d'encouragement fortifia son esprit.

L'attention aimante démontrée de façon pratique est l'un des meilleurs remèdes pour les malades et les mourants. Ceux-ci ont besoin d'aide pour faire leur repas, entretenir leur maison ou les conduire en consultation chez le médecin. En aidant ces personnes dans ces domaines, nous faisons preuve de notre amour et de notre intérêt pour le corps de Christ (Matthieu 25.35-36).

Compassion pour les personnes clouées chez elles et les personnes âgées

Le nombre de personnes âgées croît sans cesse, sachons-le et pensons à elles. Certains ont appelé les seniors « les orphelins du troisième âge ». La compassion chrétienne n'admet pas qu'ils soient négligés. Nous devons honorer les gens âgés.

Les personnes placées dans des maisons de retraite forment un groupe facilement oublié et négligé. À cause de leur infirmité physique ou mentale, elles souffrent de solitude et sont coupées de leurs amis. Elles ne sont plus en mesure de venir à l'Église. Elles ont besoin qu'on leur téléphone, qu'on leur écrive des cartes postales, qu'on leur rende visite, qu'on leur envoie le bulletin paroissial, qu'on leur apporte l'enregistrement des messages et qu'on vienne rompre le pain avec elles pour les maintenir en contact avec la famille ecclésiale. Si ces gestes d'amour sont absents, elles se sentent abandonnées. Jacques écrit : « La religion pure et sans tache, devant Dieu notre Père, consiste à visiter les orphelins et les veuves dans leurs afflictions » (Jacques 1.27). Les gens enfermés chez eux connaissent différents types d'affliction et ont besoin de notre amour compatissant.

Compassion pour les pauvres et les malheureux

Jean décrit l'amour que le Nouveau Testament préconise entre les croyants :

> *Nous avons connu l'amour, en ce qu'il a donné sa vie pour nous ; nous aussi, nous devons donner notre vie pour les frères. Si quelqu'un possède les biens du monde, et que, voyant son frère dans le besoin, il lui ferme ses entrailles, comment l'amour de Dieu demeure-t-il en lui ? Petits enfants, n'aimons pas en paroles et avec la langue, mais en actions et avec vérité.*
> 1 Jean 3.16-18

Ici, Jean met en garde contre le semblant d'amour, l'amour dont on se contente de parler, l'amour théorique. Par opposition à ce prétendu amour qui refuse de témoigner de la compassion, il décrit l'amour qui s'exprime non en paroles seulement, mais égalementment en acte. L'amour chrétien n'est jamais théorique ou abstrait ; il est toujours pratique. Celui qui aime se sent poussé à agir pour soulager la souffrance de celui qu'il aime. Développant cette déclaration de Jean, Leon Morris écrit :

> Jean est pratique. Il sait qu'un homme peut facilement déclarer donner sa vie pour les autres, car les paroles ne coûtent pas cher, et il est peu probable que ce sacrifice soit exigé. Ce qu'il attend n'est pas ce geste héroïque, mais le partage quotidien de ce qu'il possède avec ceux qui n'ont rien. La prise en compte de besoins au jour le jour des gens nécessiteux est un devoir que Jean considère comme une conséquence nécessaire de la croix. La croix nous montre ce qu'est l'agape : une disposition non seulement à mourir pour les autres, mais aussi à vivre pour eux. L'amour n'est pas un trésor fragile qu'il faut mettre en sécurité quelque part ; c'est une vertu robuste qu'il faut pratiquer dans la vie de tous les jours[8].

Jonathan Edwards rappelle que la nature de l'amour est de « disposer les hommes à toutes sortes d'actes de compassion envers leur prochain… Il incite les hommes à donner aux pauvres, à porter les fardeaux les uns des autres, et à pleurer avec ceux qui pleurent »[9]. La première communauté chrétienne et ses dirigeants prirent les mesures qui s'imposaient pour venir en aide à ses membres pauvres (Actes 4.34-35 ; 6.1-6). Concernant l'amour fraternel, Paul exhorte les chrétiens de Rome à pourvoir « aux besoins des saints » (Romains 12.13).

Avoir les moyens d'aider un frère dans la foi dans le besoin et refuser de le faire, c'est désobéir à Christ et pécher contre son corps. On peut se demander à juste titre si l'amour de Christ habite dans le cœur d'une personne qui agit ainsi.

Nous avons tous besoin d'exemples de leaders aimants et compatissants. Job était de ceux-là. Ancien dans sa communauté[10], il était « intègre et droit » (Job 1.1), un homme qui montrait de la compassion pour les pauvres et les malheureux. Il avait un cœur tendre pour ceux qui souffraient. Il pleurait et se lamentait pour ceux qui avaient le cœur brisé. Il répondait avec une grande générosité aux cris des malheureux, des orphelins, des veuves et des infirmes. C'était aussi un homme très hospitalier.

Pour sa défense, voici ce qu'il déclare à ses amis au cœur dur et qui prétendaient tout savoir, eux-mêmes des chefs de leur communauté :

> *N'avais-je pas des larmes pour l'infortuné ?*
> *Mon cœur n'avait-il pas pitié de l'indigent ?*
> Job 30 : 25

> *Car je sauvais le pauvre qui implorait du secours,*
> *Et l'orphelin qui manquait d'appui.*
> *La bénédiction du malheureux venait sur moi ;*
> *Je remplissais de joie le cœur de la veuve.*
> *Je me revêtais de la justice et je lui servais de vêtement,*
> *J'avais ma droiture pour manteau et pour turban.*
> *J'étais l'œil de l'aveugle*
> *Et le pied du boiteux.*
> *J'étais le père des misérables,*
> *J'examinais la cause de l'inconnu.*
> Job 29 : 12-16

> *Si j'ai refusé aux pauvres ce qu'ils demandaient,*
> *Si j'ai fait languir les yeux de la veuve,*
> *Si j'ai mangé seul mon pain,*
> *Sans que l'orphelin en ait eu sa part [...]*
> *Si j'ai vu le malheureux manquer de vêtements,*
> *L'indigent n'avoir point de couverture [...]*

Que mon épaule se détache de sa jointure,
Que mon bras tombe et qu'il se brise !
Job 31 : 16-17, 19, 22

Aujourd'hui, nous pouvons démontrer de la compassion en donnant des conseils bénévoles aux veuves et aux veufs pour les aider à remplir leurs déclarations de revenus, les feuilles d'assurance maladie, rédiger leur testament. Nous pouvons aussi les inviter pour prendre un repas chez nous et passer un moment de communion fraternelle. Arrangeons-nous pour trouver quelqu'un qui parle le langage des sourds pour ceux d'entre eux qui viennent à l'Église. Proposons de véhiculer les aveugles et invitons-les à la maison. Constituons un fonds d'entraide pour venir au secours de ceux qui ont perdu leur emploi, pour les personnes handicapées, pour les mères qui élèvent leurs enfants seules. Organisons des activités pour des garçons et des filles qui n'ont pas de pères. Veillons à ce que les infirmes se sentent bien accueillis et en sécurité dans nos Églises et nos foyers. Organisons des cours d'alphabétisation pour les nouveaux immigrants.

En tant que leaders et enseignants dans l'Église, nous pouvons jouer un grand rôle : suggérer une vision et être des exemples de gens attentionnés et compatissants. Faisons prendre conscience aux autres des besoins. Créons les structures donnant aux gens l'occasion de partager avec les nécessiteux. Mettons en garde contre le matérialisme, la prospérité et la cupidité qui endurcissent le cœur et empêchent de voir les souffrances terribles de nos frères dans le monde, ainsi que les souffrances des gens du monde.

Notre monde regorge de pauvres et de malades. Près de 800 millions de personnes vont se coucher chaque soir en ayant faim. Près de 3 milliards de gens, soit près de la moitié de la population mondiale, vivent avec moins de 2 euros par jour. Un milliard d'individus boivent de l'eau polluée ; deux milliards et demi ne possèdent pas d'installations sanitaires. Plus de 10 millions d'enfants de moins de cinq ans meurent chaque année de maladies qu'on aurait pu éviter ou soigner. Les femmes et les enfants représentent 70 pour cent des pauvres du monde. Chaque jour, 27 mille enfants meurent de faim et de maladies associées à la malnutrition. Chaque année, plus d'un million de filles sont contraintes de se prostituer.

Mais la souffrance ne se limite pas à cela. Selon Dale Bourke, « le plus grave problème de santé auquel le monde a jamais dû faire face est celui du SIDA »[11]. Ce fléau coûte la vie à 8 500 personnes chaque jour. Bourke écrit :

> Il a déjà été plus meurtrier que le fléau de la peste qui, à l'époque, avait tué vingt-cinq millions de gens, le quart de la population européenne d'alors. On estime que trois millions de personnes meurent chaque année du SIDA ; c'est comme si, pendant un an, vingt Boeing 747 remplis s'écrasaient chaque jour.
>
> Le SIDA s'est propagé dans pratiquement tous les pays du globe… Le nombre de gens contaminés par le SIDA en Chine et en Inde augmente tellement vite qu'il pourrait bientôt dépasser celui des victimes en Afrique… Dans certains pays, plus d'un tiers de la population est atteinte, supprimant toute une génération[12].

En Afrique, les souffrances qui résultent du SIDA, des guerres continuelles et de la famine confondent l'imagination. Nous en soucions-nous ? Que faire pour venir en aide ?

Un savant grec qui faisait partie d'une commission chargée d'une nouvelle traduction de la Bible était également membre actif d'une organisation humanitaire contre la faim. On lui demanda un jour : « N'est-il pas étrange que vous agissiez au sein d'une commission de traduction de la Bible et au sein d'une autre qui nourrit les pauvres ? »

« Non, répondit-il. Dans les deux cas, je traduis le Nouveau Testament ».

Notes

1. Matthieu 9.13, 36 ; 12.7 ; 14.14 ; 15.32 ; 20.34 ; Marc 1.41 ; 6.34 ; 8.2 ; Luc 7.13.
2. William L. Lane, *The Gospel According to Mark*, NICNT, Grand Rapids, Michigan, Eerdmans, 1974, p. 87.
3. Actes 24.17 ; Romains 15.25-28 ; 1 Corinthiens 16.1-3 ; 2 Corinthiens 8-9.
4. Actes 15.6-29 ; 20.17, 28-31 ; 1 Timothée 5.17-18 ; Tite 1.9 ; 1 Pierre 5.1-4. Cf. Alexander Strauch, *Les anciens : Qu'en dit la Bible ? Un appel urgent à rétablir le leadership biblique dans l'Église*, traduit par Antoine Doriath, Cap-de-la-Madeleine, Québec, Éditions Impact, 2004.
5. Cf. Alexander Strauch, *The New Testament Deacon : The Church's Ministry of Mercy*, Littleton, Colorado, Lewis & Roth, 1992.
6. Actes 2.45 ; 4.32-5.11 ; 9.36 ; Romains 12.13 ; 15.25-27 ; 2 Corinthiens 8-9 ; Galates 2.9-10 ; Ephésiens 4.28 ; 1 Timothée 5.9-10 ; 6.17-19 ; Hébreux 13.16 ; Jacques 1.27 ; 2.14-15.
7. Reuel L. Howe, *Herein Is Love*, Chicago, Judson, 1965, p. 33.
8. Leon Morris, *Testaments of Love*, Grand Rapids, Michigan, Eerdmans, 1981, p. 179.
9. Jonathan Edwards, *Charity and Its Fruit*, 1852, réimpression, Edimbourg, Banner of Truth, 1978, p. 8.
10. Job 29.7, 21, 25 ; 31.21.
11. Dale Hanson Bourke, *The Skeptic's Guide to the Global AIDS Crisis*, Waynesboro, Georgia, Authentic Media, 2004, p. 5. Cette édition a été mise à jour en 2005. Pour davantage d'informations sur le SIDA, consulter www.who.org et www.unaids.org.
12. Ibid., 5.

13 | Travailler et prier

Épaphras, qui est des vôtres, vous salue, serviteur de Jésus-Christ, il ne cesse de combattre pour vous dans ses prières.
Colossiens 4.12

Le leadership aimant serait incomplet sans la prière d'intercession. L'Écriture qui dit : « Que l'amour soit sans hypocrisie » ajoute : « Persévérez dans la prière » (Romains 12.9, 12). La prière en faveur des autres est un acte d'amour. La charité authentique a le désir de prier pour autrui. L'amour hypocrite promet de prier mais ne le fait pas.

La prière réclame un effort. Quand nous prions pour quelqu'un, nous focalisons nos pensées sur lui ; nous nous chargeons de ses fardeaux ; nous intercédons pour lui devant Dieu ; nous lui sacrifions notre temps ; nous nous consacrons à son bien-être. Nous faisons preuve d'un intérêt et d'une compassion véritables.

Martin Lloyd-Jones indique que la prière peut être l'une des choses les plus ardues que nous puissions accomplir dans la vie chrétienne :

> Quand un homme parle à Dieu, il est à son niveau le plus élevé. La prière est l'activité la plus sublime de l'âme humaine ; elle est donc aussi le test suprême de sa véritable condition spirituelle. Rien ne révèle autant l'authenticité de notre vie chrétienne que notre vie de prière. Tout ce que nous faisons dans notre vie chrétienne est plus facile que la prière[1].

Aussi difficile qu'elle soit, la prière s'inspire de l'amour. Ainsi, l'amour que Paul éprouvait pour ses convertis l'incitait à prier continuellement pour eux[2]. Pour D.A. Carson, ce qui motivait Paul à prier était « une passion pour les gens »[3]. À propos de l'amour de Paul pour les nouveaux croyants de Thessalonique, il écrit :

> Voici un chrétien qui est tellement soucieux du bien-être d'autres chrétiens, notamment les jeunes dans la foi, qu'il brûle du désir intérieur d'être à leurs côtés, de les aider, de les entourer de soins, de les nourrir, de les stabiliser, de les établir sur un fondement solide. Il n'est donc pas étonnant qu'étant dans l'impossibilité de les visiter personnellement, il s'engage à prier pour eux[4].

Voici comment Carson résume la motivation de Paul et ses encouragements pour que nous croissions dans un amour qui déborde en prières d'intercession pour les autres :

> La prière de Paul découle de sa passion pour les gens. Sa ferveur sincère dans la prière ne procède pas d'un vague sentimentalisme mais d'un débordement d'amour pour ses frères et sœurs en Christ.

Cela signifie que si nous voulons progresser dans le domaine de la prière, nous devons croître dans l'amour. En mûrissant dans l'amour discipliné et qui se sacrifie, nous progresserons dans la prière d'intercession. Les prières de ferveur superficielle, dénuées d'un tel amour, sont finalement fausses, factices et creuses[5].

Paul est un exemple de leader aimant qui s'adonnait à la prière. Poussé à prier non seulement pour les sauvés mais également pour les perdus, il brûlait d'amour pour Israël et pria pour le salut de sa nation : « Frères, le vœu de mon cœur et ma prière à Dieu pour eux, c'est qu'ils soient sauvés » (Romains 10.1). Que les responsables chrétiens prient également pour les perdus.

Épaphras, le compagnon de Paul, est un autre exemple de conducteur qui priait avec ferveur pour ses bien-aimés. Pendant qu'il se trouvait avec Paul à Rome, l'apôtre écrivit à l'Église de Colosses et rendit témoignage à la ferveur avec laquelle Épaphras priait pour ses membres :

> *Épaphras, qui est des vôtres, vous salue, serviteur de Jésus-Christ, il ne cesse de combattre pour vous dans ses prières, afin que vous teniez bon, comme des hommes faits, demeurant disposés à faire toute la volonté de Dieu. Car je lui rends le témoignage qu'il a une grande sollicitude pour vous, pour ceux de Laodicée et pour ceux d'Hiérapolis.*
> Colossiens 4.12-13

Notons bien l'expression « il ne cesse de combattre » dans ses prières en faveur de ceux qu'il aimait. Voici comment d'autres versions rendent ce passage : « ne cesse pas de prier avec ardeur pour vous » (*Français Courant*) ; « ne cesse de lutter pour vous dans ses prières » (*Jérusalem*) ; « ne cesse de mener pour vous le combat de la prière » (*TOB*) ; « il lutte continuellement pour vous dans la prière »[6]. « Il ne s'agissait pas d'une prière occasionnelle, apathique, en leur faveur, commente D. Edmond Hiebert, mais d'un fardeau d'intercession constant. Il les portait devant le trône de la grâce de façon régulière et répétée »[7].

Quel privilège pour les croyants de Colosses d'avoir eu un berger aussi fidèle et aimant ! Les prières d'intercession d'Épaphras pour ses compatriotes jaillissaient de son amour pour eux et de l'exemple de son mentor qui priait sans cesse pour tous ceux qui dépendaient de ses soins pastoraux. Comme le déclare H.C.G. Moule, « Épaphras était le véritable disciple de Paul à l'école de l'intercession »[8].

Par où commencer

Si la prière spontanée a sa place dans notre vie, il existe aussi le besoin d'une prière d'intercession disciplinée. Paul invite instamment les croyants de Rome à *lutter* activement dans les prières qu'ils adressent à Dieu en sa faveur pour sa sécurité et ses voyages : « Je vous exhorte, frères, par notre Seigneur Jésus-Christ et par l'amour de l'Esprit, à combattre avec moi, en adressant à Dieu des prières en ma faveur » (Romains 15.30). Remarquons que Paul sollicite leurs prières « par l'amour de l'Esprit ». S'ils l'aiment, ils prieront pour lui. Il ne s'agit cependant pas d'un amour éphémère, d'un élan sentimental pour un missionnaire. C'est l'amour produit par Dieu le Saint-Esprit. L'Esprit est la source de cet amour, un amour que tous les croyants devraient éprouver les uns pour les autres. « L'amour de l'Esprit » serait alors le moteur qui les pousse à s'engager dans la prière d'intercession disciplinée en faveur d'une personne qu'ils aiment.

Ce genre de prière est particulièrement nécessaire aujourd'hui, car la vie trépidante ne lui laisse que très peu de temps, à moins que nous ayons décidé d'en faire une priorité et que nous ayons organisé notre journée en fonction d'elle. Il est malheureusement très courant de voir des leaders négliger le ministère patient de la prière pour les autres et avec eux. George Verwer, le fondateur d'Opération Mobilisation, fait remarquer ceci :

> S'il est une doctrine à laquelle nous n'apportons qu'une attention superficielle, c'est bien celle de la prière. J'ai eu l'occasion de prendre la parole dans des milliers d'Églises... en Europe, en Amérique du Nord et dans le monde entier, et je n'ai jamais cessé d'être frappé en constatant combien la prière communautaire authentique et sincère était négligée. Il y a certes de remarquables exceptions, mais elles sont peu nombreuses comparées à la règle générale[9].

D.A. Carson enfonce le clou et ajoute que la négligence dans la prière « ne s'accorde pas avec la Bible qui dépeint ce que la vie chrétienne doit être » :

> La négligence dans la prière qui caractérise une grande partie de l'Église occidentale est à la fois surprenante et décourageante. Elle surprend parce qu'elle ne s'accorde pas avec la Bible qui dépeint ce que la vie chrétienne doit être ; elle décourage parce qu'elle coexiste fréquemment avec un grand déploiement d'activité chrétienne qui semble creuse, frivole et superficielle[10].

La négligence dans la prière d'intercession ne témoigne pas seulement d'un manque d'amour, elle indique aussi notre incapacité de voir les sombres réalités spirituelles qui nous entourent. La prière est absolument essentielle car « nous n'avons pas à lutter contre la chair et le sang, mais contre les dominations, contre les autorités, contre les princes de ce monde de ténèbres, contre les esprits méchants dans les lieux célestes ». C'est pourquoi nous devons prendre « toutes les armes de Dieu » (Éphésiens 6.12-13) et, en étant bien équipés, persévérer dans la prière rendue efficace par l'Esprit :

> *Faites en tout temps par l'Esprit toutes sortes de prières et de supplications. Veillez à cela avec une entière persévérance, et priez pour tous les saints. Priez pour moi, afin qu'il me soit donné, quand j'ouvre la bouche, de faire connaître hardiment et librement le mystère de l'Évangile.*
> Éphésiens 6.18-19

Ne soyons pas des conducteurs qui négligent la prière, mais veillons-y. Paul et Épaphras étaient des soldats de Jésus-Christ, des soldats en état d'alerte. Ils priaient tous deux « continuellement » pour « tous les saints » avec « persévérance ». Soyons nous aussi sur nos gardes et prions pour tous les saints confiés à nos soins. La négligence dans la prière est une faute grave contre notre privilège et notre responsabilité de leaders, d'enseignants et de ministres de l'Évangile. Le prophète Samuel considérait qu'un serviteur de Dieu qui négligeait de prier commettait un péché : « Loin de moi aussi de pécher contre l'Éternel, de cesser de prier pour vous ! » (1 Samuel 12.23).

Chaque communauté connaît des problèmes spirituels et des besoins physiques pour lesquels la seule solution réside dans la prière persévérante de la foi. Pensons à ceux qui souffrent journellement de maux physiques, à ceux que menacent de graves maladies, à ceux enfin qui croulent sous de lourds problèmes familiaux. Beaucoup ont besoin qu'on prie pour eux parce qu'ils se débattent avec des problèmes de dépendance ou avec des péchés qui les asservissent et détruisent leurs relations. Sans compter ceux qui ne sont pas encore sauvés et qui ont un ardent besoin du salut.

À ses disciples qui s'étaient montrés incapables de guérir un garçon tourmenté par un esprit mauvais, le Seigneur dit : « Cette espèce-là ne peut sortir que par la prière » (Marc 9.29). Croyons fermement que « la prière agissante du juste a une grande efficacité » (Jacques 5.16), sinon nous ne ferons pas l'effort de prier pour les besoins des autres.

Les meilleurs enseignants et prédicateurs s'efforcent d'améliorer leurs capacités pédagogiques, et ils ont raison. Les dirigeants et administrateurs compétents cherchent constamment à améliorer leurs aptitudes de directeurs, et ils font bien. Les sacrificateurs croyants doivent, eux aussi, parfaire leur ministère de la prière d'intercession. Voici quelques suggestions pour vous aider à prier en faveur de ceux que vous instruisez et dirigez.

Information

Pour prier intelligemment, il faut être bien informé. Nous avons besoin de connaître les sujets de prière. Hudson Taylor, un missionnaire qui avait une grande expérience de la prière en faveur des centaines de missionnaires dans les situations les plus éprouvantes, déclarait que les informations fournies par les missionnaires étaient vitales pour nourrir efficacement la prière au siège de la mission. A.J. Broomhall, son biographe, écrit :

> *Quand les chrétiens étaient bien informés de ce qui se passait, ils assistaient aux réunions de prière. Lorsqu'ils se sentaient tenus à l'écart, leurs dons et même leurs prières semblaient décliner. L'information débouchait sur la consécration, dans certains cas la consécration de leur vie tout entière*[11].

En tant que leader aimant, efforcez-vous de connaître les besoins sensibles de ceux que vous dirigez et instruisez. N'imaginez pas que vous connaissez leurs problèmes et leurs soucis. Interrogez-les ! L'amour s'intéresse et désire savoir. Cela stimulera votre cœur à prier et nourrira vos prières. Faites savoir aux gens que vous priez pour eux et que vous avez besoin de connaître leurs sujets de prière. Mais comme beaucoup hésitent à parler de leurs vrais besoins, c'est vous qui devrez prendre l'initiative.

Ne dites pas aux gens que vous prierez pour eux si vous ne le faites pas. Ce serait faire preuve d'un amour hypocrite. L'amour sincère prend à cœur la promesse de prier et s'engage à s'y tenir.

Liste de prière

Pour avoir un ministère efficace dans la prière d'intercession, nous devrons établir une liste portant le nom des personnes pour lesquelles nous prions ainsi que leurs besoins. Comme la plupart d'entre nous ont une mémoire visuelle, nous devons coucher sur le papier les sujets de prière. Si vous êtes parmi ceux qui dirigent l'assemblée, vous devrez prier pour beaucoup de personnes et quantité de besoins différents. Pour le faire efficacement, servez-vous de la liste de membres et priez consciencieusement et systématiquement « pour tous les saints » (Éphésiens 6.18). Priez aussi pour vos missionnaires (Éphésiens 6.19-20). N'oubliez pas non plus de porter sur votre liste le nom de vos ennemis. Jésus a ordonné d'aimer nos ennemis en priant pour eux (Matthieu 5.44 ; Luc 6.28). D.A. Carson fait remarquer avec raison : « Nous serions tous plus sages si nous décidions de ne jamais coucher nos ennemis ailleurs que sur notre liste de prière »[12].

Prière biblique

Si à certains moments vous ne savez pas dans quel sens prier pour ceux que vous dirigez, regardez dans votre Bible. Elle est le meilleur guide de prière. Vous pouvez vous servir des prières contenues dans l'Écriture en pensant aux autres (et à vous-même). Voici quelques exemples :

> Ô Éternel, Dieu des cieux, Dieu grand et redoutable, toi qui gardes ton alliance et qui fais miséricorde [...] écoute la prière que ton serviteur t'adresse en ce moment, jour et nuit, pour tes serviteurs les enfants d'Israël, en confessant les péchés des enfants d'Israël, nos péchés contre toi ; car moi et la maison de mon père, nous avons péché. Nous t'avons offensé, et nous n'avons point observé les commandements, les lois et les ordonnances que tu prescrivis à Moïse, ton serviteur (Néhémie 1.5-7).

> C'est pour eux que je prie [...] parce qu'ils sont à toi [...] Père saint [...] Je ne te prie pas de les ôter du monde, mais de les préserver du malin [...] Sanctifie-les par ta vérité, ta parole est la vérité [...] afin qu'ils soient parfaitement un, et que le monde connaisse que tu m'as envoyé (Jean 17.9, 11, 15, 17, 23).

> Je fais mention de vous dans mes prières, afin que le Dieu de notre Seigneur Jésus-Christ, le Père de gloire, vous donne un esprit de sagesse et de révélation dans sa connaissance ; qu'il illumine les yeux de votre cœur, pour que vous sachiez quelle est l'espérance qui s'attache à son appel, quelle est la richesse de la gloire de son héritage qu'il réserve aux saints, et quelle est

envers nous qui croyons l'infinie grandeur de sa puissance, se manifestant avec efficacité par la vertu de sa force
(Éphésiens 1.16-19).

Et ce que je demande dans mes prières, c'est que votre amour augmente de plus en plus en connaissance et en pleine intelligence pour le discernement des choses les meilleures, afin que vous soyez purs et irréprochables pour le jour de Christ, remplis du fruit de justice qui est par Jésus-Christ, à la gloire et à la louange de Dieu
(Philippiens 1.9-11).

Nous ne cessons de prier Dieu pour vous ; nous demandons que vous soyez remplis de la connaissance de sa volonté, en toute sagesse et intelligence spirituelle, pour marcher d'une manière digne du Seigneur et lui être entièrement agréables, portant des fruits en toutes sortes de bonnes œuvres et croissant par la connaissance de Dieu
(Colossiens 1.9-10).

C'est pourquoi aussi nous prions continuellement pour vous, afin que notre Dieu vous juge dignes de la vocation, et qu'il accomplisse par sa puissance tous les desseins bienveillants de sa bonté, et l'œuvre de votre foi ; ainsi le nom de notre Seigneur Jésus sera glorifié en vous, et vous serez glorifiés en lui
(2 Thessaloniciens 1.11-12).

Et que le Seigneur fasse croître et abonder l'amour que vous avez les uns pour les autres, et pour tous, à l'exemple de celui que nous avons pour vous ; qu'il affermisse vos cœurs pour qu'ils soient irréprochables dans la sainteté devant Dieu notre

Père, lors de l'avènement de notre Seigneur Jésus avec tous ses saints !
(1 Thessaloniciens 3.12-13).

Vous pouvez vous emparer de ces paroles et les appliquer à ceux pour qui vous priez, ce qui conférera à vos prières un fondement scripturaire solide. Vous aurez la certitude de prier selon la volonté de Dieu pour les autres et vous saurez ce que Dieu veut pour eux. Le fait de nous approprier les paroles de l'Écriture dans nos prières donne de la vie à celles-ci.

Par amour pour ceux qui sont sous votre garde, engagez-vous à améliorer votre prière d'intercession. Demandez-vous : *Si ceux que je guide dépendaient de mes prières, où en seraient-ils ? Ou : Si nos missionnaires étaient tributaires de nos prières, comment iraient-ils ?*

Pour étoffer votre vie de prière, prenez une concordance de la Bible et examinez tous les versets qui parlent de prière pour découvrir ce que Dieu veut vous enseigner à ce sujet. Lisez des ouvrages sur la prière et sollicitez des idées pratiques auprès d'autres gens. Priez avec des chrétiens expérimentés, et apprenez d'eux en les écoutant. Faites une liste de prière pour toutes les personnes pour lesquelles vous voulez prier régulièrement ; mettez un temps et un lieu à part pour le faire. Même cinq ou dix minutes de prière quotidienne pour ceux qui sont confiés à vos soins peuvent valoir de grands bienfaits. Prier un peu vaut mieux que ne pas prier du tout. En pratiquant la discipline de la prière et en étant témoins des remarquables exaucements divins, vous croîtrez dans l'amour et vous deviendrez plus fervents encore dans le ministère de l'intercession.

Comme les disciples, demandons au Seigneur de nous enseigner à prier (Luc 11.1) ; ensuite, obéissons fidèlement au commandement biblique de prier en tout temps, avec persévérance, pour tous les saints (Éphésiens 6.18).

Notes

1. D. Martyn Lloyd-Jones, *Studies in the Sermon on the Mount*, 2 vol., Grand Rapids, Michigan, Eerdmans, 1971, 2 h 46.
2. Romains 1.9-10 ; 2 Corinthiens 13.7, 9 ; Ephésiens 1.16 ; Philémon 1.3-4 ; Colossiens 1.3, 9 ; 1 Thessaloniciens 1.2 ; 3.10 ; 2 Thessaloniciens 1.11.
3. D.A. Carson, *A Call to Spiritual Reformation : Priorities from Paul and His Prayers*, Grand Rapids, Michigan, Baker, 1992, p. 79.*
4. Ibid., p. 81.
5. Ibid., p. 85.
6. F.F. Bruce, *The Letters of Paul : An Expanded Paraphrase*, Grand Rapids, Michigan, Eerdmans, 1965, p. 259.
7. D. Edmond Hiebert, « Epaphras, Man of Prayer », Bibliotheca Sacra 136, janvier-mars 1979, p. 59.
8. H.C.G. Moule, *The Epistle of Paul the Apostle to the Colossians and to Philemon*, CBSC, Cambridge, University Press, 1906, p. 141.
9. George Verwer, « Whatever Happened to the Prayer Meeting ? », SurgeUp (www.thinkwow.com/surgeup/whatever_happened.htm.) Accessible au 26 décembre 2006.
10. Carson, *A Call to Spiritual Reformation*, p. 9.*
11. Broomhall, *Hudson Taylor and China's Open Century*, 7 vol., Londres, Hodder et Stoughton, vol 5 Refiner's Fire, p. 342.
12. Carson, *A Call to Spiritual Reformation*, p. 29.*

* Reportez-vous à la page 284 pour la version française de l'ouvrage.

14 | Nourrir les âmes affamées

M'aimes-tu ? ... Pais mes brebis.
Jean 21.17

Les bons bergers aiment leurs troupeaux et ne s'épargnent aucun effort pour les mener dans de verts pâturages et le long des eaux paisibles. Le mauvais berger, lui, se contente de n'importe quelle herbe et de la moindre flaque d'eau. Dans l'Ancien Testament, Dieu a des paroles sévères pour les bergers paresseux. Dans le livre d'Ézéchiel, il condamne les chefs d'Israël qu'il accuse de négliger de nourrir son peuple (Ézéchiel 34.2). Dans Osée, comme les sacrificateurs n'ont pas enseigné ses lois, Dieu s'écrie : « Mon peuple est détruit parce qu'il lui manque la connaissance » (Osée 4.6). Mais Dieu promet : « Je vous donnerai des bergers selon mon cœur, et ils vous paîtront avec intelligence et avec sagesse » (Jérémie 3.15).

Jésus-Christ est le bon berger, un berger selon le cœur de Dieu, qui a donné sa vie en dispensant la Parole de Dieu à son peuple. C'est pourquoi les disciples l'appelaient « Maître ». Désormais, du haut du ciel, Jésus-Christ répand des dons spirituels pour rendre certains capables de nourrir son troupeau (Éphésiens 4.11-16). Parce qu'il aime son peuple, il veut qu'il reçoive des paroles nourrissantes, « les paroles de la vie » (Jean 6.63, 68), de sorte qu'il puisse croître en maturité et soit capable de se reproduire. Les conducteurs et les enseignants remplis d'amour consacreront aussi leur vie à nourrir le troupeau de Dieu.

L'amour enseigne et fortifie

Lorsque nous voyons des photos d'enfants décharnés et sous-alimentés, notre cœur saigne et nous pousse à les secourir. Notre cœur devrait aussi s'attrister quand nous voyons le peuple de Dieu maigrir et mourir spirituellement de faim à cause d'un manque de Parole de Dieu. Nous devrions réagir immédiatement parce que *l'amour cherche toujours à répondre aux besoins des bien-aimés et que le plus grand besoin du peuple est celui de la Parole de Dieu*. Le Seigneur a lui-même déclaré « que l'homme ne vit pas de pain seulement, mais que l'homme vit de tout ce qui sort de la bouche de l'Éternel » (Deutéronome 8.3). La Parole de Dieu contient le message du salut éternel et les directives pour la vie chrétienne (2 Timothée 3.15-17).

L'amour du prochain nous pousse à lui annoncer et à lui enseigner la Parole de Dieu. Il nous fortifie pour nous adonner à la lecture et à l'étude, et nous prépare à l'enseignement. Il nous incite à sacrifier beaucoup de temps à instruire en tête à tête, de petits groupes ou l'assemblée tout entière. Il nous insuffle le désir d'instruire tout le monde, jeunes et vieux, gens cultivés ou ignorants. L'amour ne supporte pas de voir les bien-aimés dans un état de pauvreté spirituelle, mourant de faim faute de Parole de Dieu, et il ne les laisse pas dans l'ignorance.

Le peuple de Dieu a besoin de nourriture et d'aliments spirituels pour se développer et pouvoir se reproduire. C'est pourquoi Paul conseille à Timothée de placer l'enseignement de l'Écriture au centre de son ministère : « Applique-toi à la lecture, à l'exhortation, à l'enseignement [fondé sur l'Écriture] » (1 Timothée 4.13). Le commentateur William Mounce fait remarquer avec justesse que « le leadership dans l'Église apostolique reposait largement sur un enseignement correct »[1].

Barnabas est un remarquable exemple de leader animé du désir ardent d'édifier les autres par l'Écriture. Les premiers chrétiens le surnommaient « fils d'exhortation » (Actes 4.36). Il insufflait du courage aux autres par la Parole de Dieu. Il fortifiait et encourageait leur foi. Il ranimait leur zèle au service de Christ (Actes 11.23). Il instruisait les nouveaux chrétiens (Actes 11.26 ; 13.1). Son amour pour l'enseignement de l'Évangile le poussa à chercher Paul à Tarse et à l'amener à Antioche pour que la jeune Église reçoive le meilleur enseignement possible. Ensemble, Paul et lui enseignèrent la Parole et formèrent un troupeau mature et en bonne santé spirituelle.

Robert Chapman est un Barnabas des temps modernes. Il renonça à sa profession de juriste pour devenir pasteur d'une petite assemblée baptiste à Barnstaple, en Angleterre. Cette Église avait connu bien des troubles. Malgré son approche remarquable des gens, Chapman dut apprendre que guider le troupeau du Seigneur ne serait pas une mince affaire. Dès le début il dut faire preuve de tact et de sagesse pour atténuer les tensions explosives provoquées par les différences doctrinales qui existaient entre lui et l'assemblée.

Il est d'ailleurs étonnant que l'Église *Ebenezer Chapel* l'ait invité à devenir son pasteur, puisqu'il n'était pas baptiste et qu'il ne partageait pas un certain nombre de ses idées strictes. Étant données les tensions doctrinales entre Robert Chapman et l'assemblée, la situation semblait vouée à l'échec. Tout portait à croire qu'il serait le quatrième pasteur à quitter l'Église en moins de deux ans.

Mais cela n'arriva pas. Robert Chapman croyait fermement que s'il n'avait pas la liberté d'enseigner la Parole de Dieu, il ne pourrait exercer son ministère à *Ebenezer Chapel*. C'est pourquoi il posa ses conditions non négociables avant d'accepter le pastorat dans cette Église. C'est lui-même qui explique le mieux cette condition :

> *Quand je fus invité à quitter Londres pour dispenser la Parole de Dieu à Ebenezer Chapel, une assemblée de baptistes stricts, j'acceptai de m'y rendre, mais à une seule condition : que je sois libre d'enseigner tout ce que je trouvais écrit dans les Écritures*[2].

Il faut porter au crédit de l'Église qu'elle accepta cette condition, et Robert Chapman débuta ainsi son ministère de soixante ans à Barnstaple. Peu à peu l'Église changea sous l'effet de son enseignement biblique simple, franc et cohérent. Au fil des ans, elle devint une assemblée de croyants matures et influents ; elle essaima et donna naissance à de nouvelles Églises ; elle soutint aussi une mission importante en Espagne, en Inde et en Chine.

L'amour exige que nous répondions au besoin fondamental des gens d'écouter la Parole de Dieu (Deutéronome 8.3). Quelle erreur monumentale commettent les bergers du troupeau qui s'affairent à tout mais négligent de nourrir le troupeau de Dieu ! La Bible est la nourriture du croyant. Les chrétiens ont besoin d'être continuellement nourris du lait et de la viande de la Parole de Dieu pour être protégés et se développer. Ceux qui, par amour, conduisent et instruisent le troupeau feront tout pour répondre à ce besoin.

L'amour rend les enseignants plus efficaces

Non seulement l'amour incite les conducteurs à enseigner, mais il les rend plus efficaces dans l'exercice de ce ministère. Les bons maîtres ont besoin d'entretenir un rapport de confiance avec leurs élèves ou étudiants, de faire preuve d'un caractère et d'une personnalité qui respirent l'amour, et d'être passionnés par le sujet.

Un amour pour les étudiants

Howard Hendricks, professeur d'homilétique chrétienne au séminaire de Dallas et conférencier populaire, a montré à des milliers d'étudiants comment améliorer leur façon d'enseigner. Il raconte l'histoire suivante à propos de Walt, son moniteur d'école du dimanche.

Walt aimait les enfants et il aimait la Parole de Dieu. Il parcourait les rues malfamées de sa ville à la recherche d'enfants qui ne fréquentaient aucune Église et les invitait à venir dans son groupe d'école du dimanche. Avec le temps, il accueillit treize enfants du quartier dans son groupe. La plupart d'entre eux se convertirent et onze exercèrent un ministère chrétien à plein temps. Howard Hendricks fut l'un d'eux. Walt n'était pas un géant intellectuel, et il n'avait pas une personnalité particulièrement engageante. Qu'est-ce qui faisait alors qu'il atteignit ces enfants et exerça sur eux une influence déterminante pour l'éternité ? Hendricks le dit : « En fait, je suis incapable de vous dire grand-chose de ce que Walt nous a enseigné, mais je peux vous dire beaucoup sur lui… parce qu'il m'a aimé de l'amour de Christ. Il m'aimait plus que mes parents »[3].

Les bons maîtres aiment leurs élèves et se donnent sans compter à leur formation. Ils prennent soin de leurs étudiants. Ils les respectent et les valorisent. Ils les connaissent et les comprennent. Ils sont entièrement consacrés à la formation de leurs élèves. Comme Paul, ils peuvent dire : « Nous aurions voulu, dans notre vive affection pour vous, non seulement vous donner l'Évangile de Dieu, mais encore notre propre vie, tant vous nous étiez devenus chers » (1 Thessaloniciens 2.8).

Les éducateurs évangéliques confirment que l'amour et le respect témoignés aux étudiants sont essentiels pour que les leçons données orientent la vie dans une autre direction :

> Rien ne remplace l'amour que le maître témoigne à son élève... L'enseignement va au-delà de la simple transmission d'un savoir ; c'est faire ressentir à chacun des étudiants l'intérêt personnel que lui porte l'enseignant[4].

Une disposition aimante

Les bons maîtres doivent établir le contact avec leurs élèves. Pour ce faire, ils doivent correspondre à la description de l'amour donnée dans 1 Corinthiens 13.4-7. Les gens réagissent favorablement aux enseignants qui leur témoignent un amour semblable à celui de Christ.

Humble. À l'université, j'avais un professeur chrétien qui se vantait constamment en classe de son savoir poussé et de ses publications prestigieuses. C'était un homme intelligent et un bon conférencier, mais pas un maître ressemblant à Christ. Il était plutôt arrogant et vaniteux ; il adoptait une voix condescendante, il était plus rempli de lui-même que du Saint-Esprit. Il était « un airain qui résonne, ou une cymbale qui retentit » (1 Corinthiens 13.1).

Par opposition, Jésus a dit : « Recevez mes instructions, car je suis doux et humble de cœur ; et vous trouverez le repos pour vos âmes » (Matthieu 11.29). Quiconque avait entendu Jésus enseigner savait qu'il n'était pas comme les autres maîtres. Il parlait avec une autorité absolue, mais il le faisait avec humilité et grâce, sans arrogance. C'est pourquoi des gens de toutes les couches sociales étaient attirés vers lui : hommes et femmes, riches et pauvres, gens instruits et ignorants, bien portants et malades, religieux et non religieux ; il accueillait même les laissés-pour-compte de la société qui se délectaient de ses paroles pleines de grâce.

L'amour fait de nous de meilleurs enseignants car il nous rend humbles et modestes. Il nous met au service de nos étudiants et non au-dessus d'eux comme des chefs. Par amour, on accepte d'être corrigé, de changer, de s'améliorer et de reconnaître ses erreurs. L'amour nous aide à comprendre que nous ne savons pas tout. Comme Paul, nous confessons que « nous connaissons en partie et nous prophétisons en partie » et que « nous voyons au moyen d'un miroir, d'une manière obscure » (1 Corinthiens 13.9, 12).

L'amour exige que nous nous gardions de l'orgueil de monter en chaire ou d'être assis derrière un bureau dans la classe. « L'orgueil repousse, l'humilité attire [...]. Pour un enseignement efficace, il faut adopter une attitude d'humilité »[5]. Un esprit humble fait de nous de meilleurs représentants de Jésus-Christ et de sa doctrine, et rend les gens plus réceptifs à notre enseignement. John Oman lance un avertissement : « Si la chaire n'est pas l'endroit où vous êtes les plus humbles en délivrant le message de Dieu, elle sera certainement celui où vous serez le plus vaniteux en délivrant le vôtre »[6].

Patient et plein de bonté. Lors d'une enquête menée auprès d'étudiants universitaires, ceux-ci ont répondu que « l'amour pour les élèves et la patience avec eux » étaient deux des qualités les plus importantes d'un bon enseignant[7]. L'amour rend les maîtres patients et pleins de bonté (1 Corinthiens 13.4), leur permet de supporter les gens difficiles, même ceux qui s'opposent à eux (2 Timothée 2.24-26), et de tenir bon en face de gens à problèmes, comme l'étaient les Corinthiens rebelles. Les maîtres aimants prennent le temps d'aider ceux qui sont lents à apprendre. Ils essaient d'intégrer ceux qui ne semblent pas intéressés. Ils sont attentifs aux besoins particuliers de certains élèves et compréhensifs à leur égard.

Beaucoup de gens ont du mal à comprendre et à retenir le contenu de la Bible (2 Pierre 3.15-16); il faut donc une patience extraordinaire aux enseignants. C'est souvent au fil des ans que nous apprenons les doctrines que nous croyons et enseignons; il faut même parfois toute la vie pour apprendre « règle sur règle » et « précepte sur précepte » (Ésaïe 28.10, 13). Par ailleurs, des gens viennent dans nos Églises ou assistent à nos études bibliques en ayant des lacunes, voire des erreurs doctrinales. Si nous ne faisons pas preuve de bonté et de patience à leur égard, nous les chasserons avant même d'avoir eu le temps de les instruire.

En tant qu'enseignants, nous devons raisonner avec les gens et les persuader. Si nous parlons avec grâce, patience et bonté, nous aurons plus de chance de les convaincre de la vérité. En revanche, une attitude dogmatique et dure repousse et éloigne les gens, et rend notre enseignement inefficace et stérile (2 Pierre 1.8).

Tendre et compatissant. En voyant la foule, Jésus « fut ému de compassion pour eux [...] et il se mit à leur enseigner beaucoup de choses » (Marc 6.34). Des enseignants pleins d'amour, comme Paul, traitent les gens avec tendresse et compassion. Paul se comparait à une nourrice qui « prend un tendre soin de ses enfants » (1 Thessaloniciens 2.7).

Wilson Thomas Hogg, premier président de Greenville College, insiste sur l'importance de dire la vérité avec tendresse et amour :

La tendresse gagne des cœurs tellement endurcis que plus rien ne peut les émouvoir. La vérité dite avec amour va directement au cœur de l'auditeur et suscite une réaction aimable. [...] Elle surmonte les préjugés et la dureté. [...] Elle fait fondre et triomphe là où le raisonnement le plus logique, l'avertissement le plus terrible et la menace la plus sévère ne produiraient pas plus d'effet que la rosée sur un bloc de granit[8].

La vérité de l'affirmation de Wilson Hogg me frappa particulièrement lors de mon baptême. J'avais invité un ami de longue date à assister à mon baptême et à entendre le message d'un missionnaire. Celui-ci était un Irlandais qui avait servi le Seigneur pendant de nombreuses années en Angola. Mon ami était un incroyant endurci qui ne vint que parce que je le lui avais demandé. Il avait déjà entendu des sermons avant, et j'avais eu l'occasion plusieurs fois de lui parler de l'Évangile, mais sans résultat. Ce jour-là, après avoir entendu le missionnaire, il demanda : « Qui est cet homme ? Je n'ai jamais entendu un orateur aussi plein de grâce et de sincérité. J'aimerais le rencontrer ». Une telle réaction était tout à fait étrangère au caractère de mon ami. Ce qui attira ce pécheur qui, jusque-là, n'avait manifesté aucun intérêt, était le fait que, comme Jésus, le missionnaire était « doux et humble de cœur » (Matthieu 11.29).

Lent à la colère. L'amour ne s'irrite pas facilement et ne s'emporte pas devant un désaccord ou une opposition (1 Corinthiens 13.5). Les bons enseignants se laissent approcher et on peut facilement dialoguer avec eux ; ils ne sont pas irritables, ne se mettent pas sur la défensive et ne se disputent pas avec ceux qui ne partagent pas leur point de vue.

Notre manière d'enseigner peut être aussi importante que ce que nous enseignons. Ne perdons pas notre calme, ne grondons pas ceux qui nous écoutent, ne crions pas contre eux, ne cherchons pas à nous venger s'ils nous offensent. Si nous le faisons, nous donnons au diable l'occasion de réduire à néant notre ministère d'enseignement (Éphésiens 4.26-27). Nous blesserions nos étudiants au lieu de les aider, et nous perdrions toute crédibilité. Les prédicateurs et les enseignants colériques suscitent la peur et étouffent tout esprit de curiosité, surtout chez les enfants et les adolescents.

Plein de grâce. Les enseignants et conducteurs remplis d'amour ne sont pas rudes ni discourtois (1 Corinthiens 13.5). Ils n'humilient pas les gens en public, ne les interrompent pas, ne les insultent pas, ne cherchent pas à avoir raison, et ne les rabrouent pas. Ils font attention à leurs paroles, à leur façon de se présenter et de se conduire, surtout vis-à-vis des gens du sexe opposé. Ils font preuve de tact, de courtoisie et de politesse. Ils estiment à leur juste valeur le temps et les efforts d'autrui.

Équilibre entre vérité et amour. Le fait d'être compatissant et tendre ne signifie pas faire des entorses à la vérité. Jamais! La Bible présente un équilibre entre la vérité *et* l'amour. Il ne faut pas séparer les deux (1 Corinthiens 13.1-3; Éphésiens 4.14-16; 2 Jean 1.3). John Stott fait des remarques judicieuses à propos du bon équilibre entre les deux:

> *Certains leaders sont des champions de la vérité et ses ardents défenseurs, mais ils manifestent peu d'amour. D'autres sont de grands avocats de l'amour, mais ne défendent pas la vérité avec la même ferveur, contrairement à Jésus et ses apôtres. La vérité est dure si elle n'est pas adoucie par l'amour, et l'amour est mou s'il n'est pas fortifié par la vérité*[9].

Que nous défendions, proclamions, enseignions et communiquions de façon informelle la vérité biblique, nous devons toujours l'envelopper d'amour. Professons « la vérité dans l'amour » (Éphésiens 4.15). À Timothée, son vrai fils dans la foi, l'apôtre Paul écrit: « Retiens dans la foi et dans l'amour qui est en Jésus-

Christ le modèle des saines paroles que tu as reçues de moi »
(2 Timothée 1.13). Comme l'explique Howard Marshall, « la
persistance de Timothée dans l'enseignement orthodoxe doit
s'accompagner d'une façon authentiquement chrétienne de vivre
impliquant foi en Dieu et amour du prochain, et s'appuyer sur
elle »[10].

L'amour pour l'étude et la communication de la Parole de Dieu

Le « premier et le plus grand commandement » (Matthieu
22.38) est d'aimer Dieu de tout son cœur, de toute son âme et de
toute sa pensée. Cet amour pour Dieu inspire l'amour pour
l'étude de sa Parole et incite à améliorer notre aptitude à la communiquer. L'amour pour la Parole de Dieu allume dans le cœur
le désir ardent de l'étudier sans cesse.

Tirer profit de la Parole de Dieu. Les bons enseignants aiment
la matière qu'ils enseignent et continuent de l'étudier et d'apprendre. John Stott écrit : « Il ne fait aucun doute que les
meilleurs enseignants dans quelque domaine que ce soit sont
ceux qui continuent de l'étudier toute leur vie »[11].

Un homme de 97 ans qui continue de dispenser un enseignement aux personnes âgées de notre Église est un exemple remarquable d'étudiant à vie des Écritures. Il aime toujours lire,
étudier et enseigner la Parole de Dieu. Chaque fois que je me
trouve en sa compagnie, il parle des Écritures et de commentaires qu'il a lus. N'imaginons jamais être trop vieux pour apprendre ou pour croître.

L'amour pour Dieu et sa Parole fait de nous des étudiants à
vie, des étudiants assoiffés. Avec sa perception habituelle,
Charles Spurgeon dit combien il est regrettable de voir un enseignant qui a perdu l'envie d'apprendre ou d'étudier :

> *Nous avons tous grandement besoin d'étudier d'arrache-pied si nous voulons que notre ministère serve à quelque chose [...]. Celui qui a cessé d'apprendre a cessé d'enseigner. Celui qui ne sème plus dans son bureau ne récoltera plus du haut de la chaire[12].*

Howard Hendricks adresse un avertissement simple : « Si vous cessez de croître aujourd'hui, vous cessez d'enseigner demain »[13].

Dans leur livre *Connecting: The Mentoring Relationships You Need to Succeed in Life* [Se connecter : les relations de mentor que vous devez cultiver avec succès dans la vie], Paul Stanley et Robert Clinton déclarent que l'une des raisons pour lesquelles des leaders et des enseignants chrétiens ne terminent pas efficacement leur vie au service de Christ est qu'à un certain moment ils ont cessé de croître dans la connaissance de Christ et dans l'amour pour lui.

> Nous avons constaté que la plupart des gens cessent d'apprendre vers l'âge de quarante ans. Nous entendons par là qu'ils ne cherchent plus activement à acquérir une connaissance, une compréhension et une expérience qui amélioreraient leur capacité de se développer et de faire du bien aux autres. La plupart se contentent simplement de ce qu'ils savent déjà. Ceux qui terminent bien conservent *une attitude positive d'apprentissage* toute leur vie.
>
> Beaucoup de gens, notamment des leaders, plafonnent. Ils se satisfont du niveau atteint et de ce qu'ils savent. Cela se produit souvent lorsqu'ils ont atteint un niveau suffisant où ils se sentent à l'aise, ou lorsqu'ils peuvent maintenir un avenir relativement sûr et prévisible. Mais cette attitude contredit le principe biblique de gestion[14].

À la lumière de cette tendance naturelle, il vaut la peine de répéter l'avertissement que Paul adresse à Timothée après l'avoir exhorté à s'adonner à l'enseignement :

> *Occupe-toi de ces choses, donne-toi tout entier à elles, afin que tes progrès soient évidents pour tous. Veille sur toi-même et sur ton enseignement ; persévère dans ces choses, car, en agissant ainsi, tu te sauveras toi-même, et tu sauveras ceux qui t'écoutent.*
> 1 Timothée 4.15-16

Si nous perdons le zèle d'apprendre, nous perdrons aussi celui d'enseigner. Si nous cessons de grandir, nous cessons d'influencer les autres. Si nous ne sommes plus enthousiasmés par l'Écriture, nous n'enthousiasmerons plus les autres. Si nous voulons stimuler le cœur et l'esprit des hommes et des femmes de la génération montante, nous devons d'abord stimuler notre cœur et notre esprit. Nous ne pouvons motiver les gens pour Dieu si nous-mêmes n'apprenons pas, ne changeons pas et ne croissons pas. Les enseignants qui aiment Dieu et qui aiment étudier sa Parole engendreront ce même amour chez les autres.

Croître dans la capacité de communiquer efficacement. L'amour pour le peuple de Dieu et pour sa Parole nous oblige à améliorer continuellement notre aptitude à communiquer pour pouvoir transmettre la vérité plus efficacement. Howard Hendricks avertit :

> Si vous devez lasser les gens, que ce ne soit pas de l'Évangile. Lassez-les des calculs, lassez-les des sciences terrestres, lassez-les de l'histoire du monde. Mais c'est un péché de les lasser de l'Évangile[15].

Il existe peu de prédicateurs et d'enseignants qui soient naturellement très doués. Nous sommes pour la plupart des enseignants ordinaires qui ont besoin sans cesse d'améliorer leur aptitude à enseigner et à prêcher. Mais nous sommes tentés de nous contenter du niveau atteint en matière de compétence et de résultats. Si nous aimons les gens et les saintes Écritures, nous ne voudrons jamais cesser de nous améliorer.

Par le moyen de différents médias, John MacArthur fils a enseigné la Bible à de grands auditoires pendant près de quarante ans. Pendant tout ce temps, il n'a jamais perdu son enthousiasme. Au contraire, il est devenu plus passionné et plus habile qu'à ses débuts. L'amour pour la Parole de Dieu et l'amour pour ses auditeurs l'ont incité à tendre vers l'excellence.

Par où commencer

Les brebis sont incapables de se nourrir et de s'abreuver correctement par elles-mêmes. Sans berger, elles seraient rapidement sans pâturage et sans eau, et mourraient de faim ou de soif. En tant qu'auteur et pasteur, Charles Jefferson nous rappelle que :

> Tout repose sur une alimentation correcte des brebis. À moins d'être sagement nourries, elles maigrissent et tombent malades ; toute la richesse investie dans le troupeau est perdue. En brossant le tableau des mauvais bergers, Ézéchiel commence par leur adresser un reproche de la part de Dieu : « Vous n'avez point fait paître les brebis »[16].

Voici quelques idées pour améliorer la qualité de votre enseignement. Premièrement, si vous faites partie d'une équipe de responsables chargés de conduire et d'instruire l'assemblée, *définis-*

sez une philosophie biblique claire d'enseignement et de prédication de l'Écriture. Évaluez régulièrement votre ministère d'enseignement et établissez un programme pour l'avenir. Assurez-vous que le contenu de votre enseignement est biblique, stimulant, applicable et adapté à l'auditoire. Ne le négligez pas pour qu'il ne perde pas de son efficacité. Soyez capables de dire comme Paul : « Je vous ai annoncé tout le conseil de Dieu, sans en rien cacher » (Actes 20.27). Je le répète : testez votre ministère d'enseignement et faites des projets pour l'avenir. Le troupeau souffrira si vous négligez ce devoir essentiel.

Deuxièmement, pour améliorer votre enseignement, prenez le temps d'écouter les exposés d'enseignants et prédicateurs excellents, et faites circuler les enregistrements de leurs messages. Cela m'a beaucoup aidé dans ma marche personnelle avec le Seigneur et dans ma prédication. L'écoute des plus grands prédicateurs du monde a enrichi mon âme et m'a appris comment appliquer la Parole de Dieu à la vie des gens. Elle m'aide aussi à réfléchir à des moyens d'illustrer des concepts difficiles, à être pertinent, à bien agencer un passage de l'Écriture, et à délivrer son contenu avec une puissance et une vitalité spirituelles.

Troisièmement, constituez-vous une bibliothèque d'outils d'étude de la Bible pour vous faciliter l'étude des Écritures. Le plus important est évidemment d'avoir une bonne Bible. C'est la source primordiale pour nourrir le peuple de Dieu. Vous aurez également besoin d'une bonne concordance, de dictionnaires bibliques, de commentaires de qualité et d'autres manuels. Il existe aussi de bons logiciels ainsi qu'un nombre croissant d'outils d'étude de la Bible accessibles gratuitement sur Internet[17].

Quatrièmement, il existe de nombreux ouvrages et autres matériels capables de vous aider à améliorer votre façon de prêcher et d'enseigner. Prenez contact avec un séminaire ou un institut biblique et demandez au professeur d'homilétique de vous faire des suggestions. Utilisez ces matériels et communiquez-les à d'autres dans l'Église. Suivez si possible un cours d'homilétique. Même si vous avez suivi une formation dans une école biblique ou un séminaire, vous ne pouvez vous passer d'idées nouvelles pour améliorer votre façon d'exposer la vérité. Voir leurs conducteurs et leurs enseignants se développer est une source de grand encouragement pour les membres et les incite à croître eux aussi.

Cinquièmement, écoutez-vous. Même les meilleurs prédicateurs succombent involontairement à de mauvaises habitudes. Écoutez l'enregistrement de votre message ou de votre enseignement ou, mieux encore, regardez un enregistrement vidéo. Cet exercice peut vous aider à corriger de mauvaises habitudes qui font obstacle à une bonne communication. Ne craignez pas que cette pratique vous enorgueillisse ; elle aura plutôt tendance à vous maintenir humble. Même les meilleurs enseignants ont besoin d'améliorer leur talent.

Sixièmement, demandez à quelqu'un de proche d'évaluer votre enseignement et votre prédication. Ne l'ébruitez pas dans l'assemblée, car les auditeurs pourraient alors écouter le contenu de votre enseignement d'une oreille distraite. Ma femme a été l'un de mes meilleurs critiques, et cela n'a pas détruit notre mariage.

Finalement, enseignants et prédicateurs doivent abonder toujours plus en amour s'ils veulent accomplir un travail fécond. Charles Spurgeon dit ceci :

> Assurément, nous devons abonder en amour. Certains prédicateurs ont du mal à saturer et à parfumer leurs sermons avec de l'amour ; par nature, ils sont en effet durs, froids, rudes ou égoïstes. Aucun de nous n'est ce qu'il devrait être, mais certains sont particulièrement pauvres en matière d'amour. Ils ne prennent pas « naturellement soin » de l'âme des hommes, comme Paul le demande pourtant. À tous, mais plus particulièrement à

ceux qui sont de nature plus dure, j'ai envie de dire : Faites doublement attention à la sainte charité, car sans elle, vous ne serez rien d'autre qu'un airain qui résonne ou une cymbale qui retentit. L'amour est puissance. Dans l'ensemble, le Saint-Esprit agit par le biais de nos émotions. Aimez les gens pour les amener à Christ ; la foi accomplit beaucoup, mais c'est l'amour qui est l'instrument par lequel la foi découvre comment faire au nom du Seigneur de l'amour.

Je suis certain que si nous n'aimons pas ardemment notre travail ni les gens auprès desquels nous travaillons, nous n'accomplirons pas grand-chose[18].

Notes

1. William Mounce, *Pastoral Epistles*, WBC, Nashville, Thomas Nelson, 2000, p. 392.
2. Frank Holmes, *Brother Indeed*, Londres, Victory Press, 1956, p. 31.
3. Howard Hendricks, *Teaching to Change Lives*, Sisters, Oregon, Multonmah, 1987, xiii.
4. Roy B. Zuck, *Teaching as Jesus Taught*, Grand Rapids, Michigan, Baker, 1995, p. 84.
5. Ibid., p. 67.
6. John Wood Oman, *Concerning the Ministry*, New York, Harper, 1937, p. 44.
7. Roy B. Zuck, *Teaching as Jesus Taught*, Grand Rapids, Michigan, Baker, 1995, p. 61.
8. Wilson T. Hogg, *A Hand-Book of Homiletics and Pastoral Theology*, Chicago, Free Methodist Publishing House, 1919, p. 342-343.
9. John R.W. Stott, *The Message of 1 and 2 Thessalonians*, publié initialement comme *The Gospel and the End of Time*, Downers Grove, Illinois, InterVarsity, 1991, p. 70.
10. I. Howard Marshall, *The Pastoral Epistles*, ICC, Edimbourg, T & T Clark, 1999, p. 714.
11. John R.W. Stott, *Between Two Worlds: The Art of Preaching in the Twentieth Century*, Grand Rapids, Michigan, Eerdmans, 1982, p. 180.
12. Charles Haddon Spurgeon, *An All-Around Ministry*, 1900, réimpression, Londres, Banner of Truth Trust, 1960, p. 236.
13. Hendricks, *Teaching to Change Lives*, p. 17.
14. Paul D. Stanley et J. Robert Clinton, *Connecting: The Mentoring Relationships You Need to Succeed in Life*, Colorado Springs, NavPress, 1992, p. 222.

15. Cité par Lawrence O. Richards et Gary J. Bredfeldt, *Creative Bible Teaching*, édition révisée, Chicago, Moody Press, 1998, p. 218.
16. Charles Edward Jefferson, *The Minister as Shepherd*, 1912, réimpression, Fincastle, New Jersey, Scripture Truth, p. 59-60.
17. Voici quelques sites : www.labibleonline.com, www.bible.org, www.biblegateway.com, www.bibleplaces.com, et www.biblestudytools.net. Les logiciels comme *Logos* et *La Bible Online* proposent également de nombreux outils utiles.
18. Spurgeon, *An All-Around Ministry*, p. 192-193.

15 | Protéger et châtier les bien-aimés

Moi, je reprends et je châtie tous ceux que j'aime.
Apocalypse 3.19

Imaginez un père qui déclare aimer ses enfants mais qui ne ferait rien pour les empêcher de devenir drogués ou prostitués. Supposez que vous voyiez un frère en Christ marcher seul vers des sables mouvants : vous éloigneriez-vous sans rien lui dire ? Ce ne serait pas faire preuve d'amour ; vous seriez apathique. Ce ne serait pas aimer son prochain comme soi-même, ni aimer comme Jésus a aimé. Or, c'est ce que nous faisons si nous refusons d'avertir ou de corriger un croyant qui s'égare, de dénoncer un comportement coupable, si nous ne mettons pas en garde contre les faux docteurs.

La Bible déclare que nous sommes tous comme des brebis ; sans la protection d'un bon berger, nous nous égarerions facilement. À tous les niveaux de l'Église nous avons besoin de bergers qui donnent leur vie pour protéger le troupeau contre les loups voraces et autres dangers.

Jésus a fait face à des loups en vêtements de brebis

En tant que Bon Berger, Jésus a constamment mis son troupeau en garde contre l'influence mortelle des faux docteurs. Beaucoup de gens, y compris les disciples de Jésus, pensaient que les pharisiens et les scribes étaient d'authentiques docteurs de la loi et des hommes vraiment pieux. En réalité, ils ne l'étaient pas. C'étaient des loups affamés qui dévoraient le peuple. Dans leur zèle religieux, ils allaient bien plus loin que l'Ancien Testament en instituant des milliers de rites cérémoniels et de traditions humaines qui rendaient la vie insupportable pour les gens. Eux-mêmes s'élevaient au-dessus des autres et étaient remplis de leur propre justice. Mais le pire était qu'ils empêchaient le peuple de vraiment connaître et aimer Dieu.

C'est pourquoi Jésus a averti ses disciples : « Gardez-vous des faux prophètes. Ils viennent à vous en vêtements de brebis, mais au-dedans ce sont des loups ravisseurs. Vous les reconnaîtrez à leurs fruits » (Matthieu 7.15-16). Avec une indignation parfaitement morale, Jésus a dénoncé leurs doctrines pernicieuses et leur fausse piété, et les a exposées pour ce qu'elles étaient réellement :

> *- Malheur à vous, scribes et pharisiens hypocrites! parce que vous fermez aux hommes le royaume des cieux*
> (Matthieu 23.13).
> *- Malheur à vous, conducteurs aveugles!*
> (Matthieu 23.16).

- *Vous de même, au-dehors, vous paraissez justes aux hommes, mais, au-dedans, vous êtes pleins d'hypocrisie et d'iniquité*
  (Matthieu 23.28).
- *Serpents, race de vipères! comment échapperez-vous au châtiment de la géhenne? (Matthieu 23.33).*
- *Vous rejetez fort bien le commandement de Dieu, pour garder votre tradition [...] annulant ainsi la parole de Dieu par votre tradition (Marc 7.9, 13).*
- *Gardez-vous des scribes [...] qui dévorent les maisons des veuves, et qui font pour l'apparence de longues prières*
  (Luc 20.46-47).

Jésus déclare à ses disciples que les pharisiens seront « jugés plus sévèrement » en tant qu'enseignants qui auront égaré le peuple et dévoré ceux qui étaient sans défense (Luc 20.46-47).

Les coups de semonce de Jésus contre les pharisiens et les scribes ne semblent pas très aimables ni tolérants ; certaines personnes ne peuvent imaginer Jésus afficher une indignation morale ou exprimer une condamnation ferme. C'est parce qu'elles ne comprennent pas vraiment qui est Jésus-Christ. Sa dénonciation des scribes et des pharisiens était l'expression du jugement juste et équitable de Dieu contre eux. Le Dieu de la Bible n'est pas seulement un Dieu d'amour, mais aussi un Dieu de sainte colère et de jugement. L'amour divin est à la fois tendre et sévère (Romains 11.22).

Jésus n'est pas un prophète indifférent et colérique. Il pleure sur Jérusalem qui rejette sa tendre invitation à venir à lui pour être sauvée (Matthieu 23.37 ; Luc 19.41). Il se lamente sur l'incrédulité et la dureté de cœur du peuple et de ses chefs. Jésus est le véritable prophète et docteur divin qui risque sa vie pour avertir du danger. Il est la sentinelle qui crie sur les murs de la ville pour protéger ses habitants contre les envahisseurs[1]. Il est le protecteur courageux qui chasse le loup, le lion ou l'ours, car il aime ses brebis. Il affirme : « Je suis le bon berger. Le bon berger donne sa vie pour ses brebis » (Jean 10.11).

Lorsque ceux qui enseignent et qui dirigent le troupeau refusent de le mettre en garde contre les faux docteurs, ils manquent ouvertement à leur devoir, et le troupeau est dévoré (Actes 20.28-31). Imaginez un berger qui refuse de protéger son troupeau contre les loups parce que c'est une mission dangereuse et désagréable. Quelle idée saugrenue ! Il existe malheureusement des Églises qui sont attachées à la Bible mais qui, dans leur désir de grandir en nombre, ont tellement peur d'offenser qui que ce soit qu'elles ne mettent pas les gens en garde contre les faux docteurs. Elles préfèrent laisser les brebis fragiles et sans défense contre les ruses de l'ennemi.

Jésus a repris ses disciples

Jésus a jugé utile à certains moments de réprimander ses disciples pour leur incrédulité et leur manque de compréhension[2]. Il n'était cependant pas un tyran froid et insensible ; il était un maître aimant, plein « de grâce et de vérité » (Jean 1.14). Il n'a jamais sermonné ses vrais disciples comme il l'a fait pour les faux docteurs d'Israël.

En réalité, Jésus se montre remarquablement patient et bon avec ses disciples lents à comprendre. Il leur lave les pieds, les sert et les instruit. Il prend soin d'eux et les aime, même lorsqu'ils l'abandonnent à l'heure cruciale. Comme l'atteste l'Évangile selon Jean, « ayant aimé les siens qui étaient dans le monde, [Jésus] mit le comble à son amour pour eux » (Jean 13.1). En fin de compte, il est mort pour eux.

Dans son œuvre monumentale *The Training of the Twelve* [La formation des douze], A.B. Bruce montre tout ce que les disciples durent désapprendre avant d'apprendre pendant ces trois années. Seul le plus doué des maîtres et chefs – ce que Jésus était – a pu accomplir ce travail avec les douze :

> Mais au moment de leur appel, ils étaient très ignorants, étroits d'esprit, superstitieux, remplis de préjugés juifs, d'idées fausses et d'animosités. Ils durent désapprendre beaucoup de choses mauvaises et apprendre beaucoup de choses bonnes, mais ils étaient lents aussi bien pour apprendre que pour désapprendre. Les anciennes croyances ancrées dans leur esprit rendaient difficile la tâche d'accepter de nouvelles idées religieuses. Hommes au cœur honnête, le terrain de leur nature spirituelle était apte à produire une abondante moisson ; mais ce cœur était dur ; il avait besoin d'être labouré plusieurs fois avant de porter du fruit[3].

Nous aussi, nous devons corriger et reprendre ceux que nous formons et dirigeons, mais toujours avec amour et patience. Une réprimande justifiée peut changer le cours de la vie et même la sauver. Soyons-en certains, sinon nous ne le ferons pas.

Paul a combattu contre les loups

Quand les loups attaquaient le troupeau de Christ, Paul est devenu un lion inflexible. Il était prêt à se battre et à mourir pour l'Église et pour la pureté du message de l'Évangile (pour preuves, cf. la lettre aux Galates). Partout où il prêchait l'Évangile et fondait des Églises, les faux docteurs ne tardaient pas à se manifester pour contredire le message de la croix.

Comme Jésus, Paul ne semble pas beaucoup aimer ni supporter ces faux docteurs. « Si quelqu'un vous annonce un évangile s'écartant de celui que vous avez reçu, qu'il soit anathème ! » (Galates 1.9). Il qualifie les faux docteurs de séducteurs, d'hypocrites, de destructeurs, de mauvais ouvriers, de chiens. C'est bien ce qu'ils sont. Ils se déguisent en ouvriers de Christ alors qu'ils sont en réalité des agents de Satan :

> *Ces hommes-là sont de faux apôtres, des ouvriers trompeurs, déguisés en apôtres de Christ. Et cela n'est pas étonnant, puisque Satan lui-même se déguise en ange de lumière. Il n'est donc pas étrange que ses ministres aussi se déguisent en ministres de justice. Leur fin sera selon leurs œuvres.*
> 2 Corinthiens 11.13-15

Les avertissements solennels de Paul sont ceux de Dieu. L'intolérance de Paul envers ces faux docteurs correspond à l'intolérance de Dieu à leur égard. Les larmes de Paul sont celles d'un père aimant et soucieux qui protège ses enfants contre la tromperie. Il est animé d'une sainte jalousie pour préserver la pureté de ses convertis bien-aimés dans la foi :

> *Car je suis jaloux de vous d'une jalousie de Dieu, parce que je vous ai fiancés à un seul époux, pour vous présenter à Christ comme une vierge pure. Toutefois, de même que le serpent séduisit Ève par sa ruse, je crains que vos pensées ne se corrompent et ne se détournent de la simplicité à l'égard de Christ.*
> 2 Corinthiens 11.2-3

Utilisant l'image vétéro-testamentaire de la sentinelle postée sur les murs de la ville qui était tenue responsable du sang des victimes si elle avait négligé d'avertir les habitants contre les envahisseurs étrangers, Paul déclare : « C'est pourquoi je vous déclare aujourd'hui que je suis pur du sang de vous tous, car je vous ai annoncé tout le conseil de Dieu, sans en rien cacher » (Actes 20.26-27).

Jean, Jacques, Pierre, Jude et l'auteur de la lettre aux Hébreux mettent tous solennellement en garde contre le danger d'être trompé par un faux évangile ou de croire en un faux Christ.

Paul a averti et repris les croyants

Non seulement Paul a mis en garde contre les faux docteurs, mais il a également protégé les Églises contre les querelles internes et contre le retour aux pratiques païennes sexuelles immorales. Les lettres de l'apôtre sont pleines d'exhortations et de réprimandes.

À l'égard des Corinthiens, Paul emploie parfois un langage sévère. La raison est que ses destinataires se conduisaient davantage comme des païens animés de la sagesse du monde que comme d'obéissants disciples de Jésus-Christ. « Les sévères réprimandes ou les avertissements solennels n'étaient cependant pas incompatibles avec son amour. Ils découlaient de celui-ci »[4].

Tous les conducteurs spirituels ont le devoir solennel de faire des remontrances à ceux qu'ils dirigent (1 Thessaloniciens 5.12). Paul dit à Tite : « ... exhorte, et reprends, avec une pleine autorité » (Tite 2.15) et lui demande, si nécessaire, de reprendre « sévèrement » (Tite 1.13). Il confie à Timothée une mission : « Prêche la parole [...] reprends, censure, exhorte, avec toute douceur et en instruisant » (2 Timothée 4.2).

Les bergers du troupeau doivent parfois reprendre ceux qui guident et enseignent comme eux. À propos des anciens qui pèchent, Paul dit ceci à Timothée et à l'Église : « ... reprends-les devant tous, afin que les autres aussi éprouvent de la crainte » (1 Timothée 5.20). Devant l'Église d'Antioche, Paul a dû reprendre un jour Pierre et son propre collaborateur Barnabas qui avaient désobéi à l'Évangile et menacé l'unité de l'Église. En effet, Pierre, Barnabas et d'autres croyants avaient cessé de manger avec les frères et sœurs d'origine païenne pour calmer les croyants juifs de Jérusalem (Galates 2.11-14). Devinant les effets désastreux que l'hypocrisie de Pierre aurait pu avoir avec le temps si elle se prolongeait, Paul reprit publiquement son frère en Christ. En cette circonstance, Paul savait que ce n'était pas le moment de faire preuve de patience et qu'il fallait prendre une mesure énergique immédiate, adopter une position intransigeante.

Avertir du danger, corriger les égarements et réprimander le fautif, tout cela est inclus dans un leadership empreint d'amour. Comme le fait remarquer Anthony Thiselton, « le contraire de l'amour n'est pas la correction, mais l'indifférence »[5]. En tant que conducteurs chrétiens, il nous est demandé de réprimander et de reprendre. D'ailleurs, nous consacrons une grande partie de notre temps à ce ministère qui est un aspect important à ne pas négliger car Dieu s'en sert pour sauver son peuple du péché et de la séduction. Vous ne saurez qu'au ciel tout le bien que vous aurez fait à ceux auxquels vous aurez adressé des remontrances à cause de leur péché ou à ceux que vous aurez mis en garde contre une fausse doctrine.

J'avais vingt ans passés et je faisais partie de l'équipe qui dirigeait un camp de jeunes. À cette occasion, j'avais dû mettre en garde un jeune chrétien qui se droguait. N'ayant pas réussi à le convaincre, j'ai dû trouver ses parents. Le résultat fut catastrophique. Pendant un an, je dus lutter et subir de fausses accusations qui aboutirent à mon exclusion de l'équipe de responsables du groupe de jeunes. Les parents du jeune homme, qui étaient influents dans l'Église, avaient cru les excuses et les mensonges de leur fils. Ce fut pour moi une expérience douloureuse. Un an plus tard, le jeune homme se repentit d'avoir consommé de la drogue et confessa à ses parents ses mensonges contre moi et contre ceux qui avaient voulu l'aider. Il présenta ensuite ses excuses à tous ceux auxquels il avait nui. Plus tard, il me remercia d'avoir eu le courage de le reprendre à cause de sa toxicomanie.

Depuis, nous entretenons de bonnes relations ; je lui ai souvent servi de conseiller et d'ami.

Nous cherchons évidemment tous à éviter les confrontations déplaisantes, mais celles-ci, bien que rudes, peuvent littéralement sauver la vie de ceux que nous aimons. « Moi, je reprends et je châtie tous ceux que j'aime », dit le Seigneur Jésus (Apocalypse 3.19).

Comment avertir et reprendre avec amour

Quand la réprimande se révèle nécessaire, il convient de la faire avec amour et sagesse, avec la puissance du Saint-Esprit. L'Écriture indique que Paul, bien que prêt à manier la « verge » pour corriger les Corinthiens, préférait venir « avec amour et dans un esprit de douceur » (1 Corinthiens 4.21). Il traitait les gens avec bonté, humilité, bienveillance, patience et amour (2 Corinthiens 6.3-13 ; 10.1) et il les avertissait avec « larmes » (Actes 20.31). Il n'imposait pas son autorité aux autres mais travaillait avec eux ; il les aidait à tenir ferme dans la foi (2 Corinthiens 1.24). Les lettres de Paul montrent son art consommé de la diplomatie et du tact. L'apôtre se montre sévère et menaçant quand il n'a pas d'autre choix. Mais même dans ces cas, il ne peut s'empêcher d'épancher son cœur par des déclarations les plus tendres et les plus émouvantes du Nouveau Testament.

La manière dont nous, leaders, avertissons et réprimandons les autres est cruciale. Le fait que des pécheurs reprennent d'autres pécheurs montre que c'est un ministère délicat qu'il faut exercer avec amour (1 Corinthiens 16.14). Réprimander, corriger et réprouver les gens sans amour ne peut que les blesser. Mais faite avec amour, une réprimande sera plus facilement acceptée et pourra avoir des effets bénéfiques sur la vie de la personne concernée. Passons en revue les principes de base indispensables pour réprimander et corriger avec amour.

Contrôler vos attitudes, en particulier votre colère

On demanda un jour à un leader bien connu d'une organisation mondiale de formation de disciples quel était son principal travail à la tête d'une telle organisation. « Contrôler les attitudes », répondit-il. Il pensait évidemment à l'attitude de tout le personnel, mais on peut étendre la portée de ces paroles. Avant de reprendre qui que ce soit, commençons par nous examiner nous-mêmes et par vérifier notre attitude. C'est ce qui fera toute la différence entre une confrontation et une réprimande constructives et une approche destructive.

Gardons-nous de l'orgueil, de la vengeance et de l'impatience, mais méfions-nous surtout de la colère. Ne reprenez pas et ne corrigez pas quelqu'un quand vous êtes en colère. Attendez que votre irritation soit sous le contrôle du Saint-Esprit (Galates 5.15-23). William Arnot propose un excellent conseil à cet égard :

> Un homme sage peut évidemment sentir la colère monter en lui, mais il ne fera rien tant qu'elle ne sera pas apaisée. Lorsque vos vêtements sont en flammes, vous vous enveloppez dans une couverture et vous étouffez ainsi les flammes. De même, si votre cœur est enflammé de colère, votre premier devoir est d'éteindre le feu. Ensuite vous serez mieux en mesure de juger sainement et de prendre les bonnes initiatives[6].

Rappelez-vous que l'amour ne s'irrite pas facilement (1 Corinthiens 13.5). Mais si vous vous emportez, reconnaissez que la colère incontrôlée enflamme les émotions, exagère les difficultés et empêche une sainte correction. Celui qui est en colère a tendance à être moins logique et à se justifier davantage. Il aborde les gens avec dureté. Les menaces faites d'une voix forte peuvent se graver longtemps dans la mémoire de l'interlocuteur. C'est pourquoi la Bible dit : « Ainsi, que tout homme soit [...] lent à se mettre en colère ; car la colère de l'homme n'accomplit pas la justice de Dieu » (Jacques 1.19-20). Elle déclare ailleurs : « Un homme colérique excite des querelles, et un furieux commet beaucoup de péchés » (Proverbes 29.22).

Pour que la confrontation soit profitable, il faut être animé d'un esprit calme et maître de soi, comme le soulignent les versets suivants :

- *Tel, qui parle légèrement, blesse comme un glaive ; mais la langue des sages apporte la guérison (Proverbes 12.18).*
- *Celui qui retient ses paroles connaît la science, et celui qui a l'esprit calme est un homme intelligent (Proverbes 17.27).*
- *Un homme violent excite des querelles, mais celui qui est lent à la colère apaise les disputes (Proverbes 15.18).*
- *Celui qui est lent à la colère a une grande intelligence, mais celui qui est prompt à s'emporter proclame sa folie (Proverbes 14.29).*

Si vous devez reprendre un frère dans la foi, il acceptera d'autant plus volontiers votre réprimande que vous la lui aurez adressée d'une voix douce et calme, propre à apaiser les tensions :

- *Une réponse douce calme la fureur, mais une parole dure excite la colère (Proverbes 15.1).*
- *La langue douce est un arbre de vie (Proverbes 15.4).*
- *Par la lenteur à la colère on fléchit un prince, et une langue douce peut briser des os (Proverbes 25.15).*

> *- Que votre parole soit toujours accompagnée de grâce, assaisonnée de sel, afin que vous sachiez comment il faut répondre à chacun (Colossiens 4.6).*

Si vous voulez réprimander correctement et efficacement, examinez toujours vos dispositions et assurez-vous que vous êtes sous le contrôle du Saint-Esprit. Soyez calme et maître de vous-même, et parlez avec grâce et bonté.

Interdisez-vous de porter des accusations hâtives

Personne n'aime être accusé à tort; c'est pourquoi ne commencez jamais une confrontation par une accusation. Celle-ci pourrait être injuste, car vous ne possédez peut-être pas tous les éléments, vous pouvez vous tromper. Commencez par exposer le problème de façon objective et demandez à votre interlocuteur de réagir. L'accusation ne se justifie qu'après une investigation poussée et lorsque vous disposez de solides preuves. Lorsque vous reprenez quelqu'un, et plus particulièrement lorsque vous portez des accusations contre lui, observez la Règle d'or : « Tout ce que vous voulez que les hommes fassent pour vous, faites-le de même pour eux » (Matthieu 7.12). Vous n'aimez pas être faussement accusé ; alors, n'accusez pas à tort.

Soyez un auditeur attentif, posez beaucoup de questions, soyez courtois, ne monopolisez pas la parole, et dites à votre interlocuteur que vous ferez tout pour rester équitable et prendre note de sa version de l'histoire.

> Dieu nous a donné deux yeux et deux oreilles, mais seulement une bouche. Beaucoup de gens n'en ont jamais tiré la leçon, à savoir la nécessité d'utiliser deux fois plus nos yeux et nos oreilles que notre bouche. Empruntons une autre image au domaine de

l'électronique : le but des yeux et des oreilles est de programmer la bouche. L'ennui dans beaucoup de relations humaines est la surabondance de paroles non programmées[7].

Ou, pour reprendre les termes de l'Écriture :

- *Ainsi, que tout homme soit prompt à écouter, lent à parler, lent à se mettre en colère (Jacques 1.19).*
- *Celui qui répond avant d'avoir écouté fait un acte de folie et s'attire la confusion. [...] Le premier qui parle dans sa cause paraît juste ; vient sa partie adverse, et on l'examine (Proverbes 18.13, 17).*

On rapporta un jour à un pasteur qu'un responsable du groupe de jeunes avait consommé de l'alcool au restaurant où il avait mangé avec les jeunes dans l'exercice de sa fonction officielle. Les parents qui eurent vent de l'histoire demandèrent que le responsable du groupe d'adolescents soit immédiatement démis de ses fonctions, sinon ils menaçaient de quitter l'Église. Le pasteur convoqua d'urgence une réunion des anciens. L'un d'entre eux suggéra de mettre le jeune concerné sous discipline ; un autre proposa d'écrire une lettre pour le démettre de sa responsabilité avant que qui que ce soit ne quitte l'Église à cause de cette affaire ; un autre conjectura que le jeune était alcoolique. Finalement, quelqu'un eut l'idée lumineuse de parler au jeune pour voir ce qu'il en était exactement.

Quand ils rencontrèrent le présumé coupable, ils se rendirent compte que les accusateurs s'étaient trompés de personne ! Mais ce récit montre combien les gens sont prompts à accuser ! Qu'il est facile de soupçonner, de condamner et d'exécuter quelqu'un sans preuve !

Réfléchir et agir

Réfléchissez avant d'agir. Pensez au discours que vous tiendrez à celui que vous allez reprendre. Des paroles pleines de grâce répandent la bénédiction (Éphésiens 4.29), mais des paroles dures font du mal. La Bible déclare que les bonnes paroles guérissent et les mauvaises coupent comme un couteau.

> - *Tel, qui parle légèrement, blesse comme un glaive ; mais la langue des sages apporte la guérison (Proverbes 12.18).*
> - *Les paroles agréables sont un rayon de miel, douces pour l'âme et salutaires pour le corps (Proverbes 16.24).*
> - *La mort et la vie sont au pouvoir de la langue (Proverbes 18.21).*
> - *Que votre parole soit toujours accompagnée de grâce, assaisonnée de sel, afin que vous sachiez comment il faut répondre à chacun*
> *(Colossiens 4.6).*

Par ailleurs, choisissez sagement le bon endroit et le bon moment pour reprendre le fautif, de sorte qu'il ne soit pas embarrassé en présence d'autres personnes. « L'amour ne fait point de mal au prochain » (Romains 13.10). Lorsque vous corrigez quelqu'un, ne le blessez pas et ne le mettez pas inutilement dans une situation embarrassante. Ne soyez pas comme cet homme qui passait un savon au pasteur devant la porte de l'Église pendant que les gens sortaient. Il plongea dans la gêne et choqua tous les témoins. Il y a certes des moments appropriés pour les réprimandes publiques, mais il faut bien les choisir (1 Timothée 5.20 ; Galates 2.14).

Usez de patience et de l'Écriture

La Bible précise que la réprimande, la correction et l'exhortation doivent se faire « avec toute douceur et en instruisant » (2 Timothée 4.2). Dénoncer les erreurs doctrinales rebelles ou un comportement coupable est une tâche difficile qui demande « toute douceur ». L'amour est patient.

De plus, selon 2 Timothée 4.2, il faut reprendre en se servant de l'Écriture. Quelques versets plus haut, Paul déclare que toute Écriture « est inspirée de Dieu, et utile [...] pour convaincre, pour corriger » (2 Timothée 3.16). C'est pourquoi Dieu fournit dans sa Parole tout ce dont nous avons besoin pour avertir et corriger les autres. Les auteurs du Nouveau Testament ont utilisé les écrits de l'Ancien Testament pour justifier leurs avertissements et leurs enseignements. Faisons de même.

Rappelez-vous que l'Écriture vous équipe du nécessaire pour que vous puissiez reprendre à bon escient tout comme elle vous équipe pour « toute bonne œuvre » (2 Timothée 3.17). Plus vous connaîtrez l'Écriture, plus vous serez apte à avertir et à reprendre efficacement par amour les membres qui s'égarent.

Je connais un homme qui travaille parmi les alcooliques. Il les avertit en étudiant soigneusement avec eux tout ce que la Bible dit au sujet de l'ivresse, et en leur exposant les conséquences biologiques de la consommation d'alcool. Il les aide à découvrir la perspective de Dieu sur ce sujet et à prendre conscience des effets sérieux et destructeurs de l'ivresse. Sa correction ne consiste pas seulement à faire connaître son point de vue personnel ; il révèle ce que Dieu dit de ce fléau. L'Écriture donne alors du poids à ses paroles. Cette approche déplace l'importance de celui qui réprouve pour la placer sur Dieu et sur l'Écriture. On peut s'inspirer de cet exemple pour aborder d'autres vices et dépendances.

Soyez aimable

Pendant la guerre du Vietnam, plusieurs erreurs furent commises, mais il faut également souligner quelques belles leçons. En voici une. Les Américains firent preuve de sagesse pour gagner le cœur et l'esprit des soldats du Viet-Cong et de l'armée régulière du Vietnam du nord en leur promettant que s'ils se rendaient, ils seraient traités avec équité, bonté et générosité. Ils leur promirent de la nourriture, des soins médicaux, l'éducation, de bons emplois et la possibilité de retrouver leurs familles. Ce programme s'intitulait Chieu Hoi (qui signifie « bras ouverts »). Cette opération avait pour but d'encourager l'ennemi à cesser le combat, mais également à changer ses pensées au sujet du communisme. Si cette initiative ne réussit pas à convaincre les insurgés communistes fanatiques, elle permit tout de même la transformation d'environ 200 000 combattants. Les communistes prirent au sérieux l'efficacité du programme « bras ouverts » et firent tout pour le contrecarrer. Ils redoutaient le pouvoir de la bonté et de la générosité, car ces vertus se révèlent finalement plus efficaces que les bombes et les obus.

Le Nouveau Testament insiste sur la nécessité de traiter les gens avec bonté, surtout lorsqu'il faut corriger leur erreur ou relever un pécheur tombé. Être bon avec les gens, c'est faire preuve de tendresse, d'amabilité, de grâce et de calme ; il ne faut pas être dur et agressif. Devant les graves problèmes qui secouaient l'Église de Corinthe, Paul avertit et reprit les Corinthiens avec « la douceur et la bonté de Christ » (2 Corinthiens 10.1). Il recommande aux croyants de redresser quelqu'un « surpris en faute [...] avec un esprit de douceur » (Galates 6.1). Il déclare à Timothée que le « serviteur du Seigneur » doit « redresser avec douceur les adversaires » (2 Timothée 2.24-25). Cette façon d'agir vise un but : elle offre la possibilité d'un rétablissement « ... dans l'espérance que Dieu leur donnera la repentance pour arriver à la connaissance de la vérité, et que, revenus à leur bon sens, ils se dégageront des pièges du diable, qui s'est emparé d'eux pour les soumettre à sa volonté » (2 Timothée 2.25-26). En tant qu'« homme de Dieu », Timothée doit rechercher « la douceur » de caractère (1 Timothée 6.11) qui lui sera utile lorsqu'il devra aborder différents types de personnes et de problèmes.

> *« Or, il ne faut pas qu'un serviteur du Seigneur ait des querelles [...] il doit redresser avec douceur les adversaires, dans l'espérance que Dieu leur donnera la repentance pour arriver à la connaissance de la vérité, et que, revenus à leur bon sens, il se dégageront des pièges du diable ».*
> 2 Timothée 2.24-26

Quand les gens sont réprimandés avec douceur, ils sont mieux disposés à écouter et à changer les dispositions de leur cœur et de leur esprit. Dans les cultures où l'on évite généralement de reprendre et de corriger, il faut d'autant plus faire preuve de grâce et de bonté quand on dénonce un comportement coupable.

Équilibrez reproche et encouragement

Cherchez à compenser la réprimande par des paroles d'encouragement et d'espérance. C'est ce que Paul fait dans ses lettres. Aux reproches, il ajoute encouragement, consolation, valorisation et éloge. La remarque du commentateur Paul Barnett concernant le ministère d'encouragement de l'apôtre mérite d'être citée ici : « Ce tact pastoral, visible dans l'encouragement – même s'il y avait des choses à redresser – est une qualité de ministère qu'il vaut la peine de méditer »[8].

Après la sévère mise sous discipline d'un membre rebelle et sa réintégration dans l'assemblée, Paul assure l'Église de Corinthe qu'il avait toujours su qu'elle agirait bien :

> *J'ai une grande confiance en vous, j'ai tout sujet de me glorifier de vous ; je suis rempli de consolation, je suis comblé de joie au milieu de toutes nos afflictions. [...] Je me réjouis de pouvoir en toutes choses me confier en vous.*
> 2 Corinthiens 7.4, 16

Quand mon beau-frère perdit son père subitement, je lui téléphonai pour lui faire part de ma tristesse et lui demander comment il allait. Parlant de son père avec lequel il entretenait des liens très serrés, il me dit : « Il me manquera vraiment. Mon père était une grande source d'encouragement ». Quel bel éloge de la part d'un fils ! Un fils accepterait facilement la réprimande d'un tel père. D'ailleurs, la plupart des gens réagissent mieux aux reproches d'une personne qui a déjà su les encourager sur le sentier de la vie. C'est pourquoi si vous devez dénoncer le mal chez une personne, cherchez aussi le bien chez elle, et soulignez tout ce qui, en elle, mérite l'approbation et est digne de louange (Philippiens 4.8). Si vous ne savez pas encourager et regarder l'autre de façon positive, vous serez probablement un piètre instrument de correction.

Priez

Demandez à Dieu la sagesse, le courage et la maîtrise de soi. Priez aussi pour qu'il prépare l'autre ou les autres personnes à accepter vos reproches. *Si les gens refusent d'accepter la correction de la part de quelqu'un, ils l'accusent invariablement de manquer d'amour à leur égard. Ils chercheront à inverser les rôles et à vous* rendre responsable. Assurez-vous dans votre esprit d'avoir fait de votre mieux pour agir avec amour. Dans ce cas, ce sont les autres qui ne réagissent pas selon l'amour.

Dans les paroles du sage roi Salomon, les moqueurs orgueilleux n'acceptent pas la correction, mais haïssent ceux qui les reprennent. En revanche, le sage se réjouit de la correction et aime ceux qui le corrigent et l'instruisent.

> *Celui qui reprend le moqueur s'attire le dédain,*
> *Et celui qui corrige le méchant reçoit un outrage.*
> *Ne reprends pas le moqueur, de crainte qu'il ne te haïsse ;*
> *Reprends le sage, et il t'aimera.*
> *Donne au sage, et il deviendra plus sage ;*
> *Instruis le juste, et il augmentera son savoir.*
> Proverbes 9.7-9

Notes

1. Ezéchiel 3.17-21 ; 33.7-8.
2. Matthieu 16.8, 11 ; Marc 8.17-18, 32-33 ; 16.14 ; Luc 9.41 ; 12.29.
3. A.B. Bruce, *The Training of the Twelve*, 2ᵉ édition, 1877, réimpression, Grand Rapids, Michigan, Kregel, 1988, p. 14.
4. Roy B. Zuck, *Teaching as Paul Taught*, Grand Rapids, Michigan, Baker, 1998, p. 104.
5. Anthony Thiselton, The *First Epistle to the Corinthians*, NIGTC, Grand Rapids, Michigan, Eerdmans, 2000, p. 1089.
6. William Arnot, *Studies in Proverbs*, 1884, réimpression, Grand Rapids, Michigan, Kregel, 1978, p. 398.
7. Reuel L. Howe, « The Responsibility of the Preaching Task », Preaching : A Journal of Homiletics 4, novembre-décembre 1969 : 10.
8. Paul Barnett, *The Second Epistle to the Corinthians*, NICNT, Grand Rapids, Michigan, Eerdmans, 1997, p. 364.

16 | Corriger et restaurer l'égaré

Car le Seigneur châtie celui qu'il aime, et il frappe de la verge tous ceux qu'il reconnaît pour ses fils.
Hébreux 12.6

Un membre de l'Église cohabitait ouvertement avec sa belle-mère, la femme de son père. Il entretenait donc une relation incestueuse, et dans l'Église tout le monde le savait. Le pire était qu'à part une poignée de chrétiens, l'assemblée tolérait cette situation.

Ni la société romaine ni la société juive[1] n'acceptent ce type de relations sexuelles illicites. Au lieu de s'attrister de ce péché, l'Église s'en vantait. Bien qu'étant le « temple de Dieu » (1 Corinthiens 3.16) et le « corps de Christ » (1 Corinthiens 12.27), l'Église fermait les yeux sur ce péché grave. Toute cette histoire se trouve dans 1 Corinthiens 5.

Paul, le missionnaire qui avait fondé cette Église, n'était pas un conducteur passif. Au lieu d'attendre la suite des événements, il préconisa des mesures immédiates et exhorta l'assemblée à exclure le coupable :

- *Que celui qui a commis cet acte soit ôté du milieu de vous ! (1 Corinthiens 5.2).*
- *Qu'un tel homme soit livré à Satan pour la destruction de la chair, afin que l'esprit soit sauvé au jour du Seigneur Jésus (1 Corinthiens 5.5).*
- *Faites disparaître le vieux levain (1 Corinthiens 5.7).*
- *Maintenant, ce que je vous ai écrit, c'est de ne pas avoir des relations avec [...] de ne pas même manger avec un tel homme (1 Corinthiens 5.11).*
- *Ôtez le méchant du milieu de vous (1 Corinthiens 5.13).*

Une contradiction apparente

La question qui trouble beaucoup de gens est celle-ci : Comment l'apôtre Paul peut-il réclamer une discipline publique aussi sévère et, dans la même lettre, écrire les mots les plus sublimes qui n'aient jamais été écrits sur le thème de l'amour (1 Corinthiens 13) ? L'apôtre ne dit-il pas : « Que tout ce que vous faites se fasse avec amour ! » (1 Corinthiens 16.14) ? N'écrit-il pas que l'amour est « patient », qu'il « supporte tout » (1 Corinthiens 13.4, 7) ? Cette contradiction apparente se résout d'elle-même si on sait que l'amour peut être à la fois tendre et sévère.

L'amour chrétien exige des mesures – et des mesures douloureuses – pour sauver un membre qui pèche et toute l'Église. La Bible déclare : « Car le Seigneur châtie celui qu'il aime, et il frappe de la verge tous ceux qu'il reconnaît pour ses fils » (Hébreux 12.6). À l'Église tiède de Laodicée, Jésus lance un avertissement : « Moi, je reprends et je châtie tous ceux que j'aime » (Apocalypse 3.19). Le Seigneur aime son peuple ; c'est pourquoi il le corrige et le châtie, parfois sévèrement.

Aimer ne se résume pas à adresser quelques sourires ou quelques paroles agréables. Si nous sommes prêts à nous opposer à ceux qui sont confiés à notre garde et à les corriger, nous donnons une preuve décisive de l'authenticité de notre amour. Rien n'est plus difficile que de corriger un frère ou une sœur en Christ pris dans les filets du péché. C'est toujours une œuvre déchirante, difficile, souvent inefficace, épuisante sur le plan émotionnel et qui risque de diviser l'assemblée. C'est pourquoi la plupart des conducteurs d'Église l'évitent à tout prix. Mais ce n'est pas faire preuve d'amour. C'est plutôt un manque de courage et d'obéissance au Seigneur Jésus-Christ qui a lui-même fixé les règles à appliquer pour corriger un croyant qui refuse de se repentir :

> *S'il refuse de les écouter, dis-le à l'Église ; et s'il refuse aussi d'écouter l'Église, qu'il soit pour toi comme un païen et un publicain. Je vous le dis en vérité, tout ce que vous lierez sur la terre sera lié dans le ciel, et tout ce que vous délierez sur la terre sera délié dans le ciel.*
> Matthieu 18.17-18

Des actes d'amour dans la correction

Il est significatif que l'apôtre qui a fait les plus belles déclarations au sujet de l'amour et qui a le plus écrit sur ce thème est aussi celui qui s'est le plus exprimé à propos de la discipline ecclésiastique.

L'Église d'Éphèse était prise dans les griffes mortelles de faux docteurs. Pour sauver l'assemblée, Paul corrigea deux de ses principaux leaders, Hyménée et Alexandre. À propos de la mesure disciplinaire prise à l'encontre de ces deux meneurs, Paul écrit à Timothée : « *De ce nombre sont Hyménée et Alexandre, que j'ai livrés à Satan, afin qu'ils apprennent à ne pas blasphémer* » (1 Timothée 1.20).

Parmi les instructions que Paul donne à Tite et aux Églises de Crète, figure celle-ci : « *Éloigne de toi, après un premier et un second avertissement, celui qui provoque des divisions* » (*Tite 3.10*).

De même, l'apôtre recommande ceci aux chrétiens de Rome : « *Je vous exhorte, frères, à prendre garde à ceux qui causent des divisions et des scandales, au préjudice de l'enseignement que vous avez reçu. Éloignez-vous d'eux* » (Romains 16.17).

Dans sa première lettre aux Corinthiens, Paul leur rappelle qu'il leur a déjà écrit précédemment de ne pas avoir de relations avec un chrétien immoral qui refuse de se repentir. Mais ils ne l'avaient pas bien compris. C'est pourquoi, il écrit à nouveau : « *Maintenant, ce que je vous ai écrit, c'est de ne pas avoir des relations avec quelqu'un qui, se nommant frère, est débauché [...] de ne pas même manger avec un tel homme* » (1 Corinthiens 5.11).

Certains croyants de l'Église de Thessalonique étaient paresseux et oisifs. Ils refusaient de travailler pour subvenir à leurs propres besoins, mais vivaient aux crochets des autres. Paul recommande à l'Église de corriger ces gens. En effet, l'avenir de l'Église et son témoignage auprès des incroyants dépendent en grande partie de cette question pratique :

« *Nous vous recommandons, frères [...] de vous éloigner de tout frère qui vit dans le désordre [...]. Et si quelqu'un n'obéit pas à ce que nous disons par cette lettre, notez-le, et n'ayez point de relations avec lui, afin qu'il éprouve de la honte. Ne le regardez pas comme un ennemi, mais avertissez-le comme un frère* » (2 Thessaloniciens 3.6, 14-15).

Dans 2 Corinthiens, Paul réitère son profond amour pour les croyants. Mais à cause de leur comportement coupable, il menace aussi de les corriger, « *prêts aussi à punir toute désobéissance* » (2 Corinthiens 10.6). « *Lorsque j'étais présent pour la seconde fois, j'ai déjà dit, et aujourd'hui que je suis absent je dis encore d'avance à ceux qui ont péché précédemment et à tous les autres que, si je retourne chez vous, je n'userai d'aucun ménagement* » (2 Corinthiens 13.2).

Mais la perspective de devoir corriger des membres de l'Église l'attristait profondément. Il aurait préféré qu'ils se jugent et se corrigent eux-mêmes. Il les exhorte donc à se repentir de leurs mauvaises voies avant sa prochaine visite à Corinthe : « *C'est pourquoi j'écris ces choses étant absent, afin que, présent, je n'aie pas à user de rigueur* » (2 Corinthiens 13.10).

Si Paul n'avait pas aimé les Corinthiens, il se serait éloigné d'eux et les aurait laissé patauger dans leur bourbier de péché. Ce n'est pas le cas. Il a agi. Il dénonce, avertit, écrit, visite et s'humilie même devant eux (2 Corinthiens 2.5-10 ; 12.21). Telles sont les œuvres de l'amour sincère dans le ministère chrétien (2 Corinthiens 6.6).

Des actes d'amour pour restaurer

L'amour sincère ne fait pas que corriger ; il guérit et restaure. La deuxième lettre aux Corinthiens présente l'exemple néo-testamentaire type d'une discipline ecclésiastique réussie et d'une affectueuse restauration. Elle lève un coin du voile sur le cœur rempli d'amour de l'un des plus grands serviteurs de Dieu. La tristesse, l'angoisse et les larmes que Paul a connues à cause du péché de l'Église et de sa désobéissance font partie du prix qu'un serviteur aimant doit être prêt à payer dans l'exercice de la discipline et du rétablissement du coupable. Voici la suite du récit.

Après avoir écrit 1 Corinthiens, Paul reçut d'autres nouvelles à propos de cette Église troublée dont la situation ne faisait qu'empirer. L'apôtre réagit en faisant une brève visite à partir d'Éphèse où il se trouvait à ce moment-là. Mais cette visite fut désastreuse. Les spécialistes du Nouveau Testament l'appellent « la visite pénible »[2].

Dès l'arrivée de l'apôtre à Corinthe, un individu anonyme rejeta ses réprimandes, l'insulta et l'humilia[3]. Mais il y avait pire encore : l'assemblée refusa de prendre le parti de Paul et de sanctionner l'offenseur. Il s'ensuivit des relations tendues entre Paul et les Corinthiens. Il fallait à tout prix faire quelque chose pour mettre fin à cette situation.

Une lettre sévère

De retour à Éphèse, Paul écrivit une lettre sévère à l'Église, la pressant de prendre les mesures indispensables à l'encontre du coupable et de juger sa propre attitude laxiste. Cette lettre s'est perdue, et ne se trouve pas dans le Nouveau Testament. Les spécialistes de la Bible l'appellent « la lettre sévère », « la lettre écrite avec larmes » ou « la lettre attristée »[4].

Dans 2 Corinthiens, Paul indique que l'une des raisons pour lesquelles il avait écrit la lettre sévère était de faire connaître l'amour qu'il leur portait :

> *C'est dans une grande affliction, le cœur angoissé, et avec beaucoup de larmes, que je vous ai écrit, non pas afin que vous soyez attristés, mais afin que vous connaissiez l'**amour extrême** que j'ai pour vous* (2 Corinthiens 2.4, gras ajouté).

L'apôtre ne leur avait pas écrit cette lettre sévère pour se venger de la souffrance qu'ils lui avaient infligée, mais pour leur montrer la profondeur de son amour pour eux. C'est l'amour, et non une colère impatiente, qui l'avait poussé à s'opposer au laxisme moral de l'assemblée. En s'opposant aux Corinthiens et en leur écrivant, il leur prouvait son amour. Ses « larmes » étaient celles d'un père plein d'amour qui doit cependant corriger ceux qu'il aime, quitte même à les faire souffrir. Pour Paul, il était aussi difficile que pour nous de corriger et de réprimander.

Bien que la lettre fût sévère, elle eut des effets bénéfiques. Dans l'ensemble, l'Église se repentit et prit les mesures nécessaires contre le coupable[5].

À la suite de cette mesure disciplinaire, l'homme en question se repentit. Mais une nouvelle question se posa alors. Quelle attitude l'Église devait-elle adopter à son égard ? Là encore, Paul sait exactement ce qu'il convient de faire : l'assemblée doit pardonner et réintégrer le pécheur repentant dans son sein. Paul « recommande le pardon et la réconciliation avec la même vigueur » qu'il avait précédemment requise pour la sanction disciplinaire[6].

Un amour qui relève

L'amour guérit l'âme attristée mieux que n'importe quel autre remède. C'est l'exemple vivant de 1 Corinthiens 13 en action. Paul invite l'Église de Corinthe à « pardonner » et à « consoler » le membre repentant (2 Corinthiens 2.7). La réintégration du pécheur contrit est tout aussi vitale pour l'Église que l'exercice de la discipline.

Phillip Hughes déclare :

> Qu'il est aussi scandaleux de priver le pécheur repentant de tout espoir de retrouver la consolation et la sécurité de la communauté des rachetés que de tolérer le mal flagrant dans le corps de Christ[7].

En plus du pardon et de la consolation, le pécheur repentant a besoin d'amour. C'est pourquoi l'apôtre recommande à l'Église « de faire acte de charité envers lui » (2 Corinthiens 2.8). Il ne veut pas que le membre réintégré ait à s'interroger sur l'amour de l'assemblée à son égard. Il demande donc aux Corinthiens de manifester clairement leur amour pour leur frère en Christ, peut-être par une déclaration formelle publique[8]. Comme le père qui court avec joie et les bras ouverts à la rencontre de son fils prodigue (Luc 15.11-32), l'Église se doit d'accueillir son fils attristé en lui pardonnant, en le consolant et en l'aimant.

Le lien entre l'amour, la sanction disciplinaire et la restauration

Les rapports de Paul avec les Corinthiens démontrent que la discipline ecclésiastique et la réadmission dans l'assemblée sont inséparables de l'amour. C'est vrai à plusieurs égards.

Premièrement, l'amour pour le Seigneur Jésus-Christ nous pousse à prendre les mesures disciplinaires qui s'imposent. La discipline ecclésiastique est un ordre de Christ (Matthieu 18.15-20) et celui qui l'aime obéit à ses commandements : « Si vous m'aimez, gardez mes commandements » (Jean 14.15). L'exercice des mesures disciplinaires prises à l'encontre du coupable est la preuve de l'amour pour Christ.

Deuxièmement, l'amour s'indigne devant le mal et sa destruction insensible des bien-aimés. L'amour a horreur du mal et s'attache fermement au bien (Romains 12.9). L'amour n'appelle pas « le mal bien, et le bien mal » (Ésaïe 5.20). « Vous qui aimez l'Éternel, haïssez le mal ! », s'écrie le psalmiste (Psaumes 97.10). L'amour ne minimise jamais la gravité du péché et ses effets corrupteurs. Il ne rabaisse pas non plus les normes de ce qui est bien ou mal. Les leaders aimants ne peuvent rester apathiques devant un membre qui pèche. Ils doivent agir pour corriger et secourir. La discipline est la marque d'un leadership empreint d'amour.

La discipline ecclésiastique n'est pas une pratique médiévale honteuse. Toute société responsable possède un code de discipline pour se protéger contre le comportement illégal de ses membres. C'est vrai de la police, de l'armée, de la justice, des instances médicales, du monde de la politique et du travail.

Il faut sanctionner le péché (individuel ou collectif) parce que sa nature est de détruire : « Car le salaire du péché, c'est la mort » (Romains 6.23). C'est pourquoi, pour le bien de l'assemblée locale tout entière et pour celui du pécheur impénitent, Dieu exige l'application de mesures disciplinaires. En vérité, comme l'écrit James Denney, « le jugement de l'Église est l'instrument de l'amour divin ; au moment où l'âme coupable l'accepte, il commence à agir comme une force rédemptrice »[9].

Troisièmement, les chrétiens doivent s'aimer les uns les autres d'un amour fraternel sincère. Que serait l'amour qui laisse un membre de la famille s'égarer, succomber au péché et à l'erreur sans rien faire ? Jacques encourage les croyants à agir pour sauver un frère ou une sœur qui s'égare. Il conclut sa lettre en disant que si un frère ou une sœur « s'est égaré loin de la vérité » et que quelqu'un « l'y ramène », il fera une belle œuvre, et sauvera l'égaré « de la mort et couvrira une multitude de péchés » (Jacques 5.19-20). Nous sommes gardiens de nos frères (Genèse 4.9). Prendre les mesures disciplinaires nécessaires et restaurer le pécheur repentant sont des actes désintéressés d'amour fraternel.

Quatrièmement, l'amour inspire les bonnes attitudes pour exercer la discipline ecclésiastique et pour restaurer. Il agit avec patience et bonté. Il est plein de compassion. Il ressent la misère du pécheur impénitent et cherche à soulager sa souffrance et à le délivrer de la mort. Des mains aimantes sont des mains qui guérissent, elles sont à la fois tendres et fermes. (Cf. les chapitres 15 et 17 pour des suggestions pratiques quant à la manière de faire face à des situations et des personnes difficiles.) Lorsque nous participons au relèvement d'un frère ou d'une sœur grâce à la discipline ecclésiastique, nous portons « les fardeaux les uns des autres » pour reprendre l'expression de l'Écriture et nous accomplissons « la loi de Christ » (Galates 6.2).

Le lien de l'amour avec le jugement d'autrui

Dans le Sermon sur la montagne, Jésus dit : « Ne jugez point, afin que vous ne soyez point jugés » (Matthieu 7.1). Ce verset est devenu un principe sacré de notre temps. Des gens qui n'ont jamais lu aucune autre parole de l'Évangile connaissent ce verset. Il signifie pour eux que Jésus était l'apôtre de la tolérance, qu'il ne jugeait pas et n'était pas dogmatique, qu'il ne condamnait personne et ne jugeait personne. Malheureusement, même des chrétiens font un mauvais usage de ce texte biblique. Ils en déduisent que nous n'avons pas le droit d'exercer la discipline ecclésiastique, de juger quelqu'un ou de nous faire une opinion négative sur le comportement ou la croyance d'une personne. Cette attitude déforme manifestement l'intention et la parole de Jésus.

Jésus n'interdit pas tout jugement, ce serait absurde. Il se condamnerait lui-même car nul n'a critiqué les pharisiens et les scribes plus que lui. Un peu plus loin dans le même chapitre de l'Évangile selon Matthieu, Jésus invite ses disciples à juger pour savoir si tel maître enseigne vraiment la vérité ou s'il n'est qu'un loup qui s'approche en vêtements de brebis (Matthieu 7.15-20). Ne fermons pas naïvement les yeux sur les mauvais comportements ou les fausses doctrines. Faisons preuve de discernement. Dans Jean 7.24, Jésus déclare : « Ne jugez pas selon l'apparence, mais jugez selon la justice ».

Ce que Jésus condamne dans Matthieu 7.1-6 est le jugement coupable et déplacé. C'est pure hypocrisie de dénoncer les fautes d'autrui et de fermer les yeux sur ses propres péchés flagrants. Jésus interdit la critique par ceux qui se proclament juste (la propre justice), l'esprit critique à l'excès et la tournure d'esprit qui cherche la petite bête chez les autres. Dans leur orgueil et leur propre justice, les pharisiens et les scribes avaient pris l'habitude d'agir comme s'ils étaient Dieu. Leurs jugements se caractérisaient par le refus de pardonner et par la malveillance ; ces chefs religieux ne jugeaient pas leur propre cœur pécheur.

Au verset 2, Jésus avertit que la manière dont nous jugeons les autres (ce qui suppose que nous le ferons et devrons le faire) déterminera la manière dont les autres nous jugeront, et en particulier Dieu : « Car on vous jugera du jugement dont vous jugez, et l'on vous mesurera avec la mesure dont vous mesurez » (7.2). Ceux qui jugent autrui sans miséricorde recevront le même traitement. Et ceux qui jugent avec humilité, bonté et grâce en seront payés de retour.

Au verset 3, Jésus interroge les pharisiens hypocrites : « Pourquoi vois-tu la paille qui est dans l'œil de ton frère, et n'aperçois-tu pas la poutre qui est dans ton œil ? » (7.3). Il est tellement facile d'apercevoir les petits péchés et les fautes insignifiantes chez les autres, mais de ne pas remarquer ses propres péchés, bien plus importants et plus répugnants aux yeux de Dieu. Ce type de jugement d'autrui est hypocrite. « Hypocrite, ôte premièrement la poutre de ton œil, et alors tu verras comment ôter la paille de l'œil de ton frère » (7.5).

Le jugement légitime d'autrui

Il n'y a aucun mal à vouloir ôter le brin de paille du péché de l'œil d'autrui. L'amour cherche le bien de celui qu'on aime. Or un brin de paille ou un grain de poussière dans l'œil fait souffrir. Il faut donc l'ôter. Mais Jésus dit qu'il faut commencer par ôter la poutre de la propre justice, de l'orgueil, de la colère et de l'hypocrisie dans notre propre vie ; ensuite seulement nous serons en mesure de voir clairement comment venir au secours des autres. Le Seigneur demande que nous nous jugions d'abord nous-mêmes et que nous examinions nos propres péchés. Après nous être examinés honnêtement, nous serons capables de voir correctement les autres : « alors tu verras comment ôter la paille de l'œil de ton frère » (Matthieu 7.5). Le jugement sain doit se faire avec un esprit humble et un cœur pur.

Jésus conclut : « Ne donnez pas les choses saintes aux chiens, et ne jetez pas vos perles devant les pourceaux, de peur qu'ils ne les foulent aux pieds, ne se retournent et ne vous déchirent » (Matthieu 7.6). Après avoir exhorté ses disciples à ne pas juger comme les hypocrites, il les met en garde contre le danger opposé, c'est-à-dire manquer de discernement et faire preuve de naïveté. Comme eux, nous ne devons pas être stupides en face des gens qui méprisent les grandes vérités de l'Évangile. Dans certaines situations, il est même sage de ne pas communiquer le message de l'Évangile à de telles personnes; c'est exactement ce que Jésus a fait devant Hérode (Luc 23.9)[10].

Cet enseignement a pour but de protéger l'Église et le message de l'Évangile contre des gens qui se conduisent comme des chiens et des porcs à l'égard des glorieuses vérités de la foi chrétienne. Ce sont des adversaires qui haïssent la vérité et ne cherchent qu'à la détruire ainsi que ceux qui la proclament. C'est pourquoi les chrétiens doivent apprendre à discerner, c'est-à-dire être capables de se faire une idée juste des gens.

L'Écriture exige que l'on se fasse une opinion morale et spirituelle juste. L'Évangile serait perdu pour le monde et l'Église se confondrait avec la société séculière si nous ne faisions pas de différence entre la vérité et l'erreur, entre Christ et Satan. Voilà pourquoi l'Écriture déclare: « Bien-aimés, n'ajoutez pas foi à tout esprit; mais éprouvez les esprits, pour savoir s'ils sont de Dieu, car plusieurs faux prophètes sont venus dans le monde » (1 Jean 4.1). Jésus adresse un bel hommage à l'Église d'Éphèse parce qu'elle n'a pas supporté « les méchants » et qu'elle a haï « les œuvres des Nicolaïtes » que Jésus lui-même haïssait (Apocalypse 2.2, 6). L'amour a horreur des mensonges et de la fausseté à cause de leurs effets destructeurs sur les êtres humains.

Christ exige aussi que l'Église locale juge le comportement immoral de ses membres de manière à ne pas être assimilée à un monde immoral. C'était l'un des problèmes de l'Église de Corinthe qui n'avait pas jugé un pécheur impénitent en son sein (1 Corinthiens 5.12).

Christ et ses apôtres ont ordonné de juger le comportement coupable de frères et sœurs dans la foi, et de juger aussi la fausse doctrine. Il ne faut pas le faire en se considérant soi-même sans faute, mais avec humilité, douceur et crainte du Seigneur. Comme Jésus le déclare: « Jugez selon la justice » (Jean 7.24). Mais rappelons-nous l'avertissement de Paul: « Prends garde à toi-même, de peur que tu ne sois aussi tenté » (Galates 6.1).

Le lien de l'amour avec la tolérance

Pour nos contemporains séculiers, les instructions que Paul donne aux chrétiens de Corinthe de juger et d'exclure l'un des leurs, coupable de péché sexuel, semblent dénuées de compréhension et de sensibilité en face des besoins physiques et émotionnels d'un couple ; l'apôtre passe pour s'ériger en juge de la façon de vivre d'autrui, il manque d'amour, il est intolérant et facteur de division. Cette réaction est compréhensible de la part de ceux qui rejettent les absolus moraux que Dieu a révélés dans l'Écriture. Ces gens-là prônent le relativisme moral qui considère que toutes les religions se valent, que toutes les prétentions à la vérité et toutes les valeurs sont liées à la culture. Pour eux la *tolérance* ne désigne pas le respect et la patience dont il faut faire preuve à l'égard des croyances morales et religieuses des autres, mais leur approbation et leur acceptation.

C'est pourquoi certains estiment que Paul se montre mesquin et intolérant en exigeant l'application de la discipline. Il est regrettable que même des chrétiens qui professent pourtant croire aux vérités de l'Évangile et accepter l'autorité divine de l'Écriture pensent la même chose. Ils refusent d'accepter l'idée de discipline ecclésiastique et de se conformer aux principes scripturaires dans ce domaine. Pour les chrétiens qui vivent dans un océan de matérialisme sécularisé et de relativisme qui méprise Dieu et rejette l'Écriture, le seul espoir de comprendre la tolérance et l'amour véritables tels que Dieu les définit passe par le renouvellement de l'intelligence et une imprégnation par la Parole de Dieu (Romains 12.2 ; Jean 17.17).

Comment Dieu définit-il la *tolérance* ? Que dit sa Parole à ce sujet ?

La tolérance de l'amour

L'amour chrétien authentique est tolérant en se montrant aimable et patient à l'égard de ceux avec lesquels il est en désaccord. Paul rappelle aux croyants l'importance de se supporter « les uns les autres avec amour » (Éphésiens 4.2). Sans cette qualité de tolérance bien comprise, il serait impossible de continuer de vivre dans le mariage, dans l'Église, dans la famille et dans la société.

L'amour chrétien est tolérant aussi parce qu'il est humble et modeste quant à lui-même et à sa connaissance. Il n'est pas arrogant et ne se croit pas supérieur. Il ne s'emporte pas facilement devant un désaccord. Il pardonne et ne tient pas rancune. De plus, l'amour chrétien nous pousse à faire du bien à nos ennemis, même à ceux qui nous jugent intolérants parce que nous croyons que Jésus-Christ est le seul vrai Sauveur du monde. L'amour chrétien ne supporte pas qu'on se moque des gens avec qui ont est en désaccord, et qu'on exerce des pressions sur eux. L'amour dit au contraire : « Tout ce que vous voulez que les hommes fassent pour vous, faites-le de même pour eux » (Matthieu 7.12).

Concernant le témoignage rendu à Christ auprès de ceux qui rejettent ce que nous croyons ou qui sont hostiles à notre doctrine, l'Écriture dit : « Que votre parole [aux incroyants] soit toujours accompagnée de grâce, assaisonnée de sel » et : « [soyez] toujours prêts à vous défendre avec douceur et respect, devant quiconque vous demande raison de l'espérance qui est en vous » (Colossiens 4.6 ; 1 Pierre 3.15). Les chrétiens n'ont pas le droit de haïr ceux qui ne partagent pas leurs idées. Ils les aiment et prient pour eux. Ils cherchent à les convaincre de la vérité de l'Évangile par le raisonnement, avec bonté et compassion.

Les chrétiens savent que tous les êtres humains sont créés à l'image de Dieu et ont la même valeur à ses yeux ; c'est pourquoi ils doivent être traités avec respect et amour. Comme l'Écriture le rappelle : « Que votre douceur soit connue de tous les hommes [en particulier des incroyants] » (Philippiens 4.5).

L'intolérance de l'amour

Dans un sens légitime, l'amour est cependant intolérant. Il ne peut approuver ni accepter ce qui est immoral ou faux selon la Parole de Dieu. L'amour ne peut tolérer ce qui détruit la vie des gens ou les mensonges répandus au sujet de l'Évangile. « L'amour est [...] l'accomplissement de la loi » et non sa violation (Romains 13.10). L'amour « ne se réjouit point de l'injustice, mais il se réjouit de la vérité » (1 Corinthiens 13.6).

En réalité, personne ne tolère tout. Le mot *tolérance* est un mot neutre. C'est ce qu'on tolère qui indique si la tolérance est bonne ou mauvaise. Même ceux qui revendiquent le plus fort la tolérance, sont partisans de la « tolérance zéro » pour les coupables d'abus sexuels sur des enfants, le viol et la discrimination raciale, et ils ont raison. Tout en se présentant comme défenseurs du relativisme moral, ils défendent des absolus moraux et sont prêts à se battre pour eux. Ils sont plus que favorables aux sanctions disciplinaires contre ceux qui violent ces absolus moraux sur le lieu de travail ou dans les sphères gouvernementales.

Mais curieusement, la prétendue tolérance du relativisme séculier est très intolérante vis-à-vis de ceux qui ne partagent pas sa philosophie de la vérité et ses vues idéologiques. De nombreux livres et articles, aussi bien séculiers que religieux, ont dénoncé l'arrogance et l'hypocrisie de la tolérance du relativiste[11]. A.J. Conyers écrit : « L'idée moderne de tolérance s'est visiblement retournée contre elle-même et a produit dans de nombreux cas une bigoterie plus grande que tout ce qu'elle cherchait à éradiquer »[12].

En fait, on se sert du mot *tolérance* comme d'un gourdin pour intimider et marginaliser les gens qui ne se prosternent pas devant le dieu du relativisme moral et religieux. Le mot est utilisé pour entretenir l'intolérance à l'égard de tous les dissidents du relativisme séculier et de sa contrepartie religieuse. Dans un pays célèbre et fier de sa tolérance, on peut lire cet écriteau : « Mort à l'intolérant ! » C.S. Lewis se plaignait d'avoir subi le traitement le plus amer et le plus intolérant de la part de ceux qui se déclaraient les moins dogmatiques et les plus tolérants[13]. La nouvelle tolérance voit la paille de l'intolérance dans l'œil des autres, mais ne voit pas la poutre de l'intolérance, du dogmatisme, de l'orgueil, de l'absolutisme, de la discrimination, de l'autoritarisme et du manque d'amour dans le sien.

À l'opposé, la communauté évangélique fondée sur la Bible croit que Dieu a donné des normes morales objectives universelles, qu'il est l'autorité suprême et que c'est à lui que tous devront un jour rendre compte. Son peuple doit maintenir et défendre ses valeurs morales. C'est pourquoi, lorsqu'un croyant continue de transgresser les normes morales de Dieu et refuse de réagir aux appels aimants en se repentant, Dieu exige que l'assemblée lui applique les mesures disciplinaires avec amour.

Ce n'est pas de l'intolérance que de réprimander un comportement sexuel immoral. Ce n'est pas de l'intolérance que de dénoncer les mensonges ou de critiquer la fausse doctrine. Ce n'est pas de l'intolérance que d'avoir de fermes convictions morales ou d'affirmer qu'on connaît la vérité. Le monde fait de même. Les gens sécularisés tiennent fermement à certaines convictions morales. C'est pourquoi, en fin de compte, refuser de condamner le péché d'un frère ou une fausse doctrine au nom de la tolérance et de l'amour, c'est faire preuve d'une tolérance contrefaite et d'un amour déformé.

Paul aimait les chrétiens de Corinthe, et il a préconisé des mesures disciplinaires décisives. Il n'était pas mesquin ni intolérant. La situation exigeait une action corrective immédiate pour sauver l'Église de la corruption morale et spirituelle (1 Corinthiens 5.6-8). La tolérance n'est pas toujours la réponse appropriée. On peut tolérer des choses mauvaises. On peut tolérer ce que Dieu ne tolère pas. La tolérance n'est pas la vertu par excellence. Une conception fausse et orgueilleuse de la tolérance détruit une Église ou une nation.

Paul a corrigé l'homme immoral et a appelé l'Église à faire de même parce qu'il aimait l'assemblée. À cause de son amour pour Dieu, pour la vérité, pour l'Église et pour le membre pécheur, l'apôtre ne pouvait tolérer le comportement immoral. C'est grâce à la ferme discipline imposée par Paul, et non grâce à la tolérance désinvolte de l'Église, que le membre coupable a trouvé de l'espoir et de l'aide, que son esprit a été « sauvé au jour du Seigneur Jésus » (1 Corinthiens 5.5).

Notes

1. Lévitique 18.8 ; 20.11 ; Deutéronome 22.30 ; 27.20.
2. 2 Corinthiens 2.1 ; 12.14, 21 ; 13.1-2.
3. 2 Corinthiens 2.5-10 ; 7.12.
4. Certains savants pensent que cette « lettre sévère » n'est autre que 1 Corinthiens, mais la plupart des autres estiment qu'il s'agit d'une lettre perdue, écrite entre 1 et 2 Corinthiens.
5. 2 Corinthiens 2.5-10 ; 7.11-12, 15.
6. Paul Barnett, *The Second Epislte to the Corinthians*, NICNT, Grand Rapids, Michigan, Eerdmans, 1997, p. 127.
7. Philipp Hughes, *Paul's Second Epistle to the Corinthians*, NICNT, Grand Rapids, Michigan, Eerdmans, 1962, p. 66-67.
8. Le verbe grec *kyrosai* traduit par « faire preuve » ou « faire prévaloir » (NBS) est un terme légal qui signifie « confirmer » ou « ratifier », vraisemblablement au moyen d'une réintégration officielle après la sanction disciplinaire officielle.
9. James Denney, *The Second Epistle to the Corinthians*, The Expositor's Bible, New York, Funk & Wagnalls, 1900, p. 75.
10. Matthieu 10.14 ; 15.14 ; Actes 13.44-51 ; 18.5-6 ; 28.17-28
11. Pour un ouvrage facile à lire sur l'idée séculière libérale de la tolérance, consulter Josh McDowell et Bob Hostetler, *The New Tolerance*, Wheaton, Illinois, Tyndale, 1998. Pour une analyse plus approfondie de la nouvelle tolérance, voir Brad Stetson et Joseph G. Conti, *The Truth about Tolerance : Pluralism, Diversity, and the Culture Wars*, Downers Grove, Illinois, InterVarsity, 2005.

12. A.J. Conyers, cité dans Stetson et Conti, *The Truth about Tolerance*, p. 113.
13. Lyle W. Dorsett, *Seeking the Secret Place: The Spiritual Formation of C.S. Lewis*, Grand Rapids, Michigan, Brazos Press, 2004, p. 77.

17 | Gérer les conflits selon « la voie par excellence »

L'amour couvre une multitude de péchés.
1 Pierre 4.8

Le premier péché rapporté dans la Genèse après la désobéissance d'Adam et Ève est le meurtre d'Abel par Caïn. Depuis, les êtres humains n'ont cessé de se tuer les uns les autres. La guerre est l'une des terribles conséquences du péché entré dans le monde (Romains 5.12), si bien que l'histoire de l'humanité n'est qu'une succession ininterrompue de guerres et de divisions.

Il en est malheureusement de même au sein du peuple de Dieu. Le pire est que nous ne nous battons pas toujours pour des questions fondamentales comme le combat de l'orthodoxie contre l'hérésie, ou de la doctrine conservatrice contre la doctrine libérale. Les chrétiens attachés à la Bible qui sont d'accord sur 95 pour cent des doctrines essentielles de la foi chrétienne se querellent pour des points de désaccord insignifiants. Le philosophe juif Baruch Spinoza fait cette remarque affligeante à propos des chrétiens et de leurs querelles :

> Je me suis souvent demandé comment il se fait que des personnes qui se vantent de professer la religion chrétienne, à savoir l'amour, la joie, la paix, la tempérance et la charité envers tous se querellent avec une telle animosité rancunière et se témoignent journellement une haine si amère. Leur foi se caractérise davantage par ces disputes que par les vertus dont ils se réclament[1].

Les luttes internes et les conflits non résolus font partie des stratégies les plus efficaces de Satan pour maintenir les Églises faibles et sans influence. *C'est pourtant une question de vie ou de mort pour nos Églises locales.* En tant que leader chrétien, vous n'aurez pas seulement à faire face à de nombreux conflits, mais vous devrez aussi les gérer en accord avec les principes bibliques.

Comment l'amour gère un conflit

Il n'y a rien de mal à ce que des chrétiens soient en désaccord ou cherchent à se persuader mutuellement de la justesse de leur point de vue particulier. Ce qui est mal en revanche, c'est un conflit qui se termine dans la haine et l'amertume. « Mais si vous vous mordez et vous dévorez les uns les autres, prenez garde que vous ne soyez détruits les uns par les autres » (Galates 5.15). *En tant que responsable, vous devez pouvoir enseigner les principes de l'amour chrétien qui contribuent à atténuer, à modérer et à apaiser les conflits.* Avant d'enseigner ces principes aux autres, vous devez les connaître et les appliquer dans votre propre vie.

Dans son livret *La marque du chrétien*, Francis Schaeffer, qui s'appuie sur des années d'expérience, déclare qu'il importe de reconnaître la portée non seulement du désaccord en question, mais également des mots, des actions et des attitudes dans le conflit :

> Une chose bien précise sépare souvent les vrais chrétiens, ainsi que leurs groupes dans de nombreux pays ; et elle donne naissance à une rancune qui peut durer 20, 30 ou 40 ans (même 50 ou 60 ans quand elle est transmise à la génération suivante). Ce n'est pas une question de doctrine ou de croyance qui en est la cause fondamentale. C'est indéniablement une question de manque d'amour caractérisé par des paroles acerbes qui sont échangées par les vrais chrétiens au sein de leurs divergences d'opinions[2].

L'amour favorise les vertus qui unissent (patience, bonté, humilité, pardon) et lutte contre les nombreux vices qui divisent et accentuent les désaccords (jalousie, arrogance, égoïsme, refus de pardonner). Il n'est pas étonnant que Paul ait présenté « la voie par excellence » de l'amour comme la solution pour résoudre les conflits qui opposaient les chrétiens de Corinthe. Les quinze descriptions qui expliquent la manière d'agir de l'amour devraient être lues en pensant à cet arrière-plan d'un conflit dans l'Église locale (1 Corinthiens 13.4-7).

L'amour agit sous le contrôle du Saint-Esprit

En présence d'un conflit, voici la première chose et la plus importante dont il faut se souvenir : être sous le contrôle de l'Esprit, et non en dehors[3]. Ne vous laissez pas asservir par la chair et le diable. La chair ne produit rien d'autre que des querelles, de la colère et des divisions : « Or, les œuvres de la chair sont évidentes ; [...] les rivalités, les querelles, les jalousies, les animosités, les disputes, les divisions, les sectes, l'envie » (Galates 5.19-

21). En revanche, si vous êtes sous le contrôle du Saint-Esprit, vous agirez avec amour et maîtrise de soi. Vous serez doux, aimable, patient et paisible (Galates 5.22-23). Un conducteur qui dépend de l'Esprit gère les conflits selon « la voie par excellence ».

L'amour atténue le pouvoir destructeur de la colère

Dans quelque conflit que ce soit, gardez-vous de la colère (Éphésiens 4.26-27). La colère incontrôlée tue l'amour et divise les gens. Méfiez-vous surtout des paroles prononcées sous le coup de la colère, car elles ne font qu'attiser les passions et déforment les questions débattues. En colère, les gens ne savent souvent plus ce qu'ils disent ou font. Ils débitent des propos inamicaux qui, comme un coup de poignard, blessent et tuent ; ils s'en servent pour se venger. De telles paroles font très mal et peuvent parfois s'ancrer dans l'esprit de quelqu'un toute sa vie durant.

Les conducteurs de l'Église doivent se rappeler qu'ils doivent être des exemples de l'amour de Dieu, qu'ils sont appelés à construire et non à détruire. L'Écriture affirme : « L'Éternel est miséricordieux et compatissant, lent à la colère et plein de bonté » (Psaumes 145.8). Des leaders aimants reflètent le caractère de Dieu devant les autres et ne s'irritent pas facilement (1 Corinthiens 13.5). Ils sont lents à la colère et patients. L'amour devrait inspirer notre façon de parler et de réagir. Lorsque nous sommes en plein désaccord avec un frère ou une sœur, nous devons choisir prudemment nos mots, atténuer la polémique et maîtriser nos émotions. « Ainsi, que tout homme soit prompt à écouter, lent à parler, lent à se mettre en colère » (Jacques 1.19). Malheureusement, quand des disputes surgissent, beaucoup de chrétiens déforment ce passage et se conduisent comme s'il recommandait d'être « lent à écouter, prompt à parler, prompt à se mettre en colère ».

L'amour agit dans un esprit d'humilité

Derrière la plupart des luttes internes et des divisions non traitées dans l'assemblée se cache l'orgueil humain. Et la pire forme d'orgueil est l'orgueil religieux, l'orgueil des pharisiens qui se considèrent justes et supérieurs.

La Bible déclare : « C'est seulement par orgueil qu'on excite des querelles » (Proverbes 13.10). Ainsi, l'orgueil poussait Diotrèphe à se mettre en avant (3 Jean 1.9). C'était un homme égoïste. Les leaders remplis d'amour sont altruistes. Ils ne s'enflent pas d'orgueil (1 Corinthiens 13.4). Ils n'ont pas d'eux-mêmes une opinion exagérée, ni un ego qui incite à la contestation.

En écrivant à l'Église de Philippes, l'apôtre Paul estime que la meilleure solution est que chaque chrétien adopte la même attitude que Christ : « Ayez en vous les sentiments qui étaient en Jésus-Christ » (Philippiens 2.5). Cette attitude d'humilité est essentielle pour calmer la querelle, atténuer les différences, écouter vraiment l'autre, voir ses propres fautes, se soumettre les uns aux autres, pardonner et se réconcilier. Pierre l'exprime ainsi : « Et tous, dans vos rapports mutuels, revêtez-vous d'humilité » (1 Pierre 5.5).

Imaginez une grande salle remplie de pianos. Si vous les accordez tous à l'aide d'un seul diapason, ils seront en parfait accord les uns avec les autres. Mais si vous les accordez les uns par rapport aux autres, ils seront rapidement désaccordés. Il en est de même de l'Église locale. Chaque croyant doit accorder sa conduite sur celle de Christ ; c'est l'attitude d'humilité. Selon un dicton populaire, « tout est dans l'attitude », mais pour le chrétien, il faut aller plus loin : « tout est dans l'attitude de Christ ».

L'amour recherche la paix

Procurer la paix est un acte d'amour auquel s'attache une béatitude du Seigneur Jésus-Christ (Matthieu 5.9). La paix est nécessaire pour l'unité et le développement de l'Église locale. Aux chrétiens de Rome qui se chamaillaient, Paul écrit : « Que l'amour soit sans hypocrisie. [...] S'il est possible, autant que cela dépend de vous, soyez en paix avec tous les hommes » (Romains 12.9, 18). Plus loin, il ajoute : « Ainsi donc, recherchons ce qui contribue à la paix » (Romains 14.19). Et pour encourager l'unité entre les croyants d'origine juive et ceux d'origine païenne, l'apôtre écrit : « Je vous exhorte donc, moi, le prisonnier dans le Seigneur, à marcher d'une manière digne de la vocation qui vous a été adressée, en toute humilité et douceur, avec patience, vous supportant les uns les autres avec amour, vous efforçant de conserver l'unité de l'Esprit par le lien de la paix » (Éphésiens 4.1-3). Les conducteurs de l'Église doivent donc ardemment rechercher la paix et l'harmonie au sein de l'assemblée locale. Ils doivent eux-mêmes être des artisans de paix et non des fauteurs de troubles. C'est d'ailleurs pour cela que la Bible impose à l'ancien comme qualité de ne pas être « violent, mais indulgent » pas querelleur, mais « pacifique » (1 Timothée 3.3).

Procurer la paix est un art difficile. Il nécessite beaucoup de sagesse et de maîtrise de soi. Il impose de faire passer le bien d'autrui avant le sien. Les artisans de paix se renient eux-mêmes et font tout pour orienter les gens en conflit vers des solutions constructives, vers la justice et la réconciliation chrétienne (Philippiens 4.2-3). Ils sont malheureusement souvent incompris et mal jugés comme des gens qui acceptent de se compromettre et qui cherchent à plaire aux autres.

Mais lorsque nous parlons de faire la paix, il ne s'agit pas de la poursuivre à n'importe quel prix, ni de sacrifier la vérité à un semblant d'amour. Ce ne serait pas une vraie paix. Dennis Johnson met en garde contre cette prétendue paix :

> La paix de Dieu ne coexiste pas paisiblement avec la fausseté, la honte ou l'injustice ; c'est pourquoi les artisans de paix chrétiens ne peuvent pas tout simplement fermer les yeux sur le péché et l'erreur qui détruisent la paix, pas plus qu'un chirurgien ne peut simplement refermer une plaie qui s'est infectée, car l'abcès ne peut que se développer[4].

Sachons que dans les Églises, bon nombre de conflits ne concernent pas les vérités centrales de l'Évangile, mais sont provoqués par des désaccords sur des questions secondaires, des incompatibilités personnelles, des changements de programmes. Des leaders remplis d'amour et d'Esprit peuvent et doivent résoudre ces litiges. Un de ces conducteurs reprit son assemblée qui était en guerre avec elle-même en disant : « Il est temps de "déclarer la paix" ». C'est un travail ardu qui exige beaucoup de sacrifices de soi, mais il faut l'accomplir.

L'amour couvre une multitude de péchés

Avec son humour habituel, Howard Hendricks fait remarquer que « beaucoup d'entre nous ressemblent à des porcs-épics qui tentent de se blottir les uns contre les autres par une froide nuit pour se réchauffer mutuellement, mais qui, plus ils se rapprochent, plus ils se cognent et se piquent ». À aucun moment des frères et des sœurs ne se cognent davantage et ne se font plus mal que lors d'un conflit. Sans un amour fervent, nous ne pourrions survivre aux blessures reçues et maintenir la cohésion familiale. C'est pourquoi Pierre écrit : « Avant tout, ayez les uns pour les autres un ardent amour, car l'amour couvre une multitude de péchés » (1 Pierre 4.8).

L'amour couvre toutes sortes d'offenses, de blessures, d'agacements, de déceptions et de péchés dont nous souffrons à cause des autres. Seul l'amour a le pouvoir de pardonner gratuitement et de façon répétée, de chercher à bien comprendre les faiblesses et la complexité des gens, de placer les choses dans une perspective correcte et de poser un voile sur les fautes d'autrui. L'amour de Jésus pour ses disciples couvrait leurs nombreux péchés. Il comprenait leurs faiblesses, mais son amour les couvrait toutes ; autrement, il n'aurait pas pu vivre avec eux.

Cela ne signifie évidemment pas que l'amour ne voit pas le péché ou qu'il l'excuse. L'amour couvre une multitude de péchés, mais pas tous les péchés. À certains moments, l'amour exige de dénoncer le péché et de le sanctionner aussi bien pour le bien de l'individu coupable que pour celui de l'Église. L'amour sait quand il faut couvrir le péché et quand il faut le mettre en lumière en vue de la rédemption et de la restauration.

En disant que « l'amour couvre », l'apôtre entend que l'amour « ne soupçonne point le mal » (1 Corinthiens 13.5). S'accrocher aux ressentiments et aux blessures empêche la résolution des conflits. L'amour refuse de garder le souvenir des coups et des blessures, mais décide de pardonner. Le pardon est l'une des qualités majeures de l'amour (Éphésiens 4.32 ; Colossiens 3.13).

Des conducteurs remplis d'amour ne tiennent pas rancune et ne prolongent pas les hostilités avec ceux qui les ont blessés ou offensés. Ils font preuve d'une grande compréhension des gens et de leurs problèmes, ils pardonnent et se réconcilient. Ils couvrent une multitude de péchés.

Parce que l'amour pardonne, il procure la guérison. Pour reprendre les termes de l'Écriture, il surmonte le mal par le bien (Romains 12.21).

L'amour pense au bien-être des croyants faibles

Dès le début de l'ère chrétienne, les croyants ont défendu leur liberté en Christ. À Rome, les chrétiens d'origine juive et ceux d'origine païenne se querellaient au sujet des lois alimentaires et de l'observance des jours saints. Paul décrit ces disputes comme des conflits d'« opinions » sur des questions secondaires (Romains 14.1). Il entend par là qu'il ne s'agissait pas de désaccords fondamentaux sur des questions de doctrines essentielles, mais de points de vue différents sur des questions d'opinion personnelle. Aujourd'hui encore, les chrétiens se disputent sur des points marginaux.

Parmi les principes que Paul énonce pour résoudre ce genre de désaccords, il y a l'amour : « Mais si, pour un aliment, ton frère est attristé, tu ne marches plus selon l'amour : ne cause pas, par ton aliment, la perte de celui pour lequel Christ est mort » (Romains 14.15). Ainsi, l'amour ne blesse pas ou ne cause pas la perte d'un frère dans la foi, à cause de choses aussi secondaires que la nourriture. L'amour ne cherche pas son propre avantage (1 Corinthiens 13.5). Il s'efface pour le bien de la conscience d'autrui. Comme l'Écriture le rappelle : « Que chacun de nous plaise au prochain pour ce qui est bien en vue de l'édification. Car Christ n'a pas cherché ce qui lui plaisait » (Romains 15.2-3).

L'amour protège les frères et les sœurs faibles et mal affermis (Romains 14.15). Le style de vie de l'amour nécessite la mise de côté de sa propre liberté au profit du bien spirituel d'un croyant faible. L'amour déclare : « Si un aliment scandalise mon frère, je ne mangerai jamais de viande, afin de ne pas scandaliser mon frère » (1 Corinthiens 8.13). En revanche, par orgueil et égoïsme, le croyant refuse de renoncer à ses droits et à sa liberté au profit d'un frère plus faible. L'usage de la liberté dénuée d'amour est toujours néfaste pour les autres comme pour soi-même. La réponse scripturaire au mauvais usage de la liberté chrétienne est celle-ci : « ... ne faites pas de cette liberté un prétexte de vivre selon la chair ; mais rendez-vous, par l'amour, serviteurs les uns des autres » (Galates 5.13). Étant ceux qui enseignent et conduisent le troupeau de Dieu, nous devons donner l'exemple de l'amour qui sacrifie la liberté personnelle pour le bien des autres « et ne pas chercher ce qui nous plaît » (Romains 15.1).

L'amour nous incite à bénir nos ennemis

Jésus déclare qu'il n'y a aucun mérite particulier à aimer ceux qui nous aiment. Même ceux qui n'ont pas d'amour pour les autres aiment cependant ceux qui les aiment. Ce qui est distinct, divin et juste, c'est d'aimer ceux qui nous haïssent ou qui s'opposent à nous. Pour Jésus, c'est cet amour-là qui nous fait ressembler à notre Père céleste :

> *Mais moi, je vous dis : Aimez vos ennemis, bénissez ceux qui vous maudissent, faites du bien à ceux qui vous haïssent, et priez pour ceux qui vous maltraitent et qui vous persécutent, afin que vous soyez fils de votre Père qui est dans les cieux ; car il fait lever son soleil sur les méchants et sur les bons, et il fait pleuvoir sur les justes et sur les injustes. Si vous aimez ceux qui vous aiment, quelle récompense méritez-vous ? Les publicains n'agissent-ils pas de même ? Et si vous saluez seulement vos frères, que faites-vous d'extraordinaire ? Les païens n'agissent-*

ils pas de même ? Soyez donc parfaits, comme votre Père céleste est parfait ».
Matthieu 5.44-48 ; cf. aussi Luc 6.27-28

S'inspirant de l'enseignement extraordinaire du Seigneur, Paul écrit :

Bénissez ceux qui vous persécutent, bénissez et ne maudissez pas.
Romains 12.14

Mais si ton ennemi a faim, donne-lui à manger ; s'il a soif, donne-lui à boire [gestes de bonté] ; car en agissant ainsi, tu amasseras des charbons ardents sur sa tête [ta bonté lui fera honte et il changera peut-être d'attitude].
Romains 12.20

Peu importe que ceux qui vous haïssent soient des incroyants ou des croyants hostiles. Vous devez les bénir, prier pour eux, leur témoigner de la compassion dans leurs besoins, et les gagner par votre bonté. Jonathan Edwards écrit que « la bienveillance envers autrui est la nature même de l'amour »[5]. Cette bienveillance s'étend même à nos ennemis.

L'amour n'envisage pas de représailles personnelles et ne cherche pas à se venger

Quand leurs sentiments ont été blessés, les gens estiment souvent avoir raison de se venger. Ils se réservent le droit de quitter l'Église, de diviser le corps, de donner libre cours à leur colère, de mettre les gens en pièces, de mentir, de haïr et de médire. Ils justifient le plus ignoble comportement en invoquant la simple excuse : « Mais on m'a fait du mal ! » Or, en déclarant : « Ne rendez à personne le mal pour le mal », l'Écriture interdit l'esprit de vengeance, la mentalité de rendre la pareille, ce fléau qui tourmente la nature humaine (Romains 12.17 ; 1 Thessaloniciens 5.15 ; 1 Pierre 3.9). Lorsque nous sommes injuriés, nous ne devons pas rendre l'injure ; lorsque nous sommes attaqués, ne nous vengeons pas ; si on nous critique, n'utilisons pas l'arme de la calomnie. Si on nous frappe, ne rendons pas les coups.

L'Écriture interdit la vengeance personnelle et privée ; elle nous interdit également de nous faire justice nous-mêmes : « Ne vous vengez point vous-mêmes, bien-aimés, mais laissez agir la colère ; car il est écrit : À moi la vengeance, à moi la rétribution, dit le Seigneur » (Romains 12.19). La prérogative de punir le mal appartient à Dieu, et il s'en sert. Rappelons-nous qu'il a établi des gouvernements et des tribunaux humains pour juger et punir les malfaiteurs (Romains 13.1-7).

Au lieu de chercher la rétribution, le chrétien doit surmonter « le mal par le bien » (Romains 12.21). En tant que leaders, nous devons donner l'exemple et triompher du mal par la bonté et le pardon, confiants dans la justice de Dieu pour mettre les choses au clair en fin de compte.

Pourquoi une plus grande controverse nécessite un plus grand amour

Les conflits avec des frères et des sœurs dans la foi révèlent l'authenticité et la profondeur de notre amour, mais de ce point de vue, nous ratons souvent l'occasion de manifester l'amour de Christ. Francis Schaeffer, qui a connu énormément de controverses dans sa vie, rappelle ce que nous oublions souvent : plus la controverse entre vrais chrétiens est difficile et potentiellement explosive, plus grand est le besoin de témoigner davantage d'amour :

Plus le désaccord est profond, plus il est important de témoigner de la sainteté de Dieu, de dire franchement en quoi consiste le tort. En même temps plus la différence d'opinions est grande, plus il est important de compter sur le Saint-Esprit pour nous rendre capables de montrer de l'amour pour les vrais chrétiens avec lesquels nous ne pouvons pas être d'accord. Si le désaccord est minime, témoigner de l'amour ne nécessite pas beaucoup d'efforts. Mais quand la différence devient vraiment importante, la nécessité d'affirmer la sainteté de Dieu augmente dans la même mesure. Et dans cette situation, il devient toujours plus important de montrer au monde que nous continuons à nous aimer.

Humainement, nous agissons dans le sens contraire : dans les désaccords moins importants, nous faisons preuve de plus d'amour à l'égard des vrais chrétiens, mais au fur et à mesure que les différences atteignent des points plus importants, nous avons tendance à témoigner moins d'amour. C'est le contraire qui devrait être le cas. À mesure que les différences entre vrais chrétiens s'accentuent, nous devons faire des efforts conscients pour aimer et démontrer un amour dont les manifestations doivent être visibles pour le monde[6].

Avec quelle facilité nous retournons à nos anciennes voies, celles de la chair (Galates 5.20) ! Ce ne devrait pas être le cas. Les conflits offrent la possibilité d'obéir au commandement biblique d'aimer et de mettre l'amour en action. Utilisons ces occasions pour croître dans l'amour et pour enseigner aux autres à aimer.

Notes

1. Baruch Spinoza, *A Theologico-Political Treatise and a Political Treatise*, traduction anglaise de R.H.M. Elwes, 1883, réimpression, New York, Dover, 1951, p. 6.*
2. Francis A. Schaeffer, *La marque du chrétien*, Éditions Telos, 1975, p. 26.
3. Ephésiens 4.26-27, 30-31 ; 5.18 ; Galates 5.14-16, 19-26.
4. Dennis Johnson, « Peacemakers », appendice à l'ouvrage de John M. Frame, *Evangelical Reunion*, Grand Rapids, Michigan, Baker, 1991, p. 171.
5. Jonathan Edwards, *Charity and Its Fruit*, 1852, réimpression, Edimbourg, Banner of Truth, 1978, p. 196.
6. Francis A. Schaeffer, *La marque du chrétien*, Éditions Telos, 1975, p. 32-33.

* Reportez-vous à la page 291 pour la version française de l'ouvrage.

18 | Obéir aux commandements de Christ et enseigner aux autres à obéir

Si vous m'aimez, gardez mes commandements.
Jean 14.15

Très jeune, Helen Keller perdit l'usage de la vue et de l'ouïe. Son livre *Sourde, muette, aveugle : histoire de ma vie* et le long métrage *Miracle en Alabama* racontent comment cette enfant incontrôlable, effrayée, sourde et aveugle est devenue une femme intelligente et pleine de grâce, auteur de quatorze livres, respectée par des dirigeants du monde entier.

De prime abord, il semblait impossible d'enseigner le langage et la discipline à Helen Keller, une enfant qui vivait dans le monde de la nuit et du silence. Mais son institutrice s'entêta à vouloir lui apprendre à parler. Les relations entre elles commencèrent par un conflit de volontés. Helen mangeait avec ses doigts et piquait la nourriture dans les assiettes des autres. Par moments elle se jetait par terre, hurlait et tapait du pied. Quand Anne essayait de la corriger, Helen la pinçait et criait. Malgré cette situation quasiment impossible, Anne parvint à lui apprendre à parler et à aimer. Dans une lettre à un ami, Anne Sullivan révèle le secret qui lui permit d'instruire et d'aimer Helen :

> Je suppose que j'aurai beaucoup de batailles à livrer contre ce petit bout de femme avant qu'elle apprenne les deux seules choses essentielles que je peux lui enseigner : l'obéissance et l'amour[1].
>
> Je me suis très vite rendu compte que je n'arriverais à rien avec Helen si elle restait dans sa famille qui lui laissait faire tout ce qui lui plaisait. Elle tyrannisait tout le monde [...] et, comme tous les tyrans, elle s'accrochait à son droit divin de faire ce qu'elle voulait [...]. J'ai vu clairement que c'était peine perdue de vouloir lui apprendre à parler ou toute autre chose tant qu'elle n'aurait pas appris à m'obéir. J'ai beaucoup réfléchi à cette question ; plus j'y pense, plus je suis certaine que l'obéissance est la porte capable de laisser entrer la connaissance et même l'amour dans l'esprit de l'enfant[2].

Anne Sullivan, une enseignante exceptionnellement douée, avait compris l'importance de l'obéissance dans le processus de l'instruction. Elle avait compris le lien entre l'obéissance et l'amour. À nous aussi de reconnaître que l'obéissance fidèle est essentielle à la croissance, à la vie chrétienne et à un leadership chrétien efficace.

Associer amour et obéissance

Étant de ceux qui instruisent et dirigent le peuple de Dieu, nous devons savoir que par notre obéissance ou notre désobéissance, nous pouvons influencer beaucoup de monde, même des Églises et des dénominations, en bien ou en mal. L'Écriture associe étroitement l'amour et l'obéissance. Examinons brièvement ce que la Bible dit au sujet du lien entre ces deux attitudes.

L'obéissance est un devoir

L'Écriture nous commande d'aimer Dieu, notre prochain, nos frères dans la foi, nos ennemis et tout le monde. Il ne s'agit pas d'une simple suggestion, mais de commandements. Nous sommes donc obligés d'aimer Dieu et notre prochain. Jean souligne cette obligation et ce devoir quand il écrit que nous « devons » donner notre vie les uns pour les autres (1 Jean 3.16). Alexandre Ross résume ainsi cette pensée :

> L'amour n'est pas une émotion à laquelle nous donnons libre cours de temps à autre, selon que nous nous sentons inclinés à le faire ; c'est un devoir que Dieu exige de nous en tout temps ; les enfants de Dieu doivent certainement obéir à leur Père céleste[3].

L'obéissance exprime l'amour pour Dieu

L'un des meilleurs moyens d'exprimer notre amour pour Dieu est de lui obéir. Jean le dit clairement : « Car l'amour de Dieu [pour Dieu] consiste à garder ses commandements » (1 Jean 5.3). Dans l'Ancien Testament aussi aimer Dieu se traduisait par l'observance de ses commandements[4].

Jésus-Christ est l'exemple suprême de cette vérité importante : « J'aime le Père, et [...] j'agis selon l'ordre que le Père m'a donné » (Jean 14.31). Bruce Ware écrit : « Jésus tient à ce que les autres sachent qu'il aime son Père par l'obéissance même qu'il lui témoigne de façon joyeuse et absolue »[5]. Par obéissance à son Père, Jésus est allé « jusqu'à la mort, même jusqu'à la mort de la croix » (Philippiens 2.8). Nous aussi, nous exprimons notre amour pour Dieu et notre amour pour Christ par notre obéissance volontaire et totale. Pour reprendre les paroles du Seigneur Jésus, « celui qui a mes commandements et qui les garde, c'est celui qui m'aime » (Jean 14.21).

L'obéissance prouve notre amour pour Dieu

Jean affirme que la preuve et la certitude que nous connaissons et aimons Dieu est l'obéissance à sa Parole : « Si nous gardons ses commandements, nous savons par cela que nous l'avons connu. [...] Mais l'amour de Dieu [pour Dieu] est véritablement parfait [pleinement ce qu'il devrait être] en celui qui garde sa parole » (1 Jean 2.3, 5). Notre amour pour Christ se voit à notre obéissance à Christ : « Celui qui a mes commandements et qui les garde, c'est celui qui m'aime » (Jean 14.21). L'obéissance prouve l'amour pour Dieu. En revanche, la désobéissance traduit un manque d'amour : « Celui qui ne m'aime pas ne garde point mes paroles », affirme Jésus (Jean 14.24).

L'obéissance est une condition pour jouir de la communion avec Christ

Jésus a dit à ses disciples : « Si vous gardez mes commandements, vous demeurerez dans mon amour, de même que j'ai gardé les commandements de mon Père, et que je demeure dans son amour » (Jean 15.10). Nos œuvres ne nous font pas mériter l'amour de Christ, et notre obéissance ne nous procure pas le salut, mais elle est nécessaire pour pouvoir jouir de la communion avec Christ et l'approfondir. Il n'y a pas d'autre moyen d'être heureux en Jésus que de croire et d'obéir. En revanche, le disciple désobéissant se prive de cette joie.

Jésus est lui-même l'exemple suprême de cette vérité vitale. Pendant qu'il était sur la terre, il fut un Fils obéissant. Il bénéficiait de l'amour de son Père et demeurait dans cet amour par son obéissance aux commandements du Père (Jean 10.17 ; 14.31 ; 15.10). Désormais, Jésus veut que ses disciples « demeurent » dans son amour en obéissant à ses commandements. Bruce Ware jette une lumière particulière sur le raisonnement de Jésus en écrivant :

> Mais pour que [les disciples] sachent que le lien entre obéir et demeurer dans l'amour de celui auquel ils doivent obéir n'est pas nouveau, ni étrange, ni propre à eux, Jésus indique clairement que c'est exactement ainsi que les choses se sont passées entre lui (le Fils) et son Père [...]. Amour et obéissance vont donc de pair dans une union inséparable, dans la relation entre Dieu le Père et Dieu le Fils[6].

L'obéissance est le fruit de l'amour

La nature de l'amour chrétien est d'accomplir la volonté de Dieu. Jésus se délectait d'obéir au Père parce qu'il l'aimait : « J'aime le Père, et [...] j'agis selon l'ordre que le Père m'a donné » (Jean 14.31). Si nous aimons Christ, nous aimons ses enseignements. Nous aimons lui plaire, et nous faisons sa volonté parce que c'est ce qui est agréable à notre Bien-Aimé.

« Si vous m'aimez, gardez mes commandements [ou : vous garderez mes commandements] », déclare Jésus (Jean 14.15). Dans ce verset, Jésus parle de l'obéissance volontaire du cœur et non d'une obéissance forcée et sans joie. L'amour nous incite à obéir, et le Saint-Esprit nous donne la force d'aimer (Jean 14.15-31; cf. aussi Deutéronome 30.6).

Les leaders chrétiens sont en plein dans le thème de l'obéissance

Jésus-Christ et ses apôtres étaient des serviteurs obéissants qui ont appris aux autres à aimer Dieu et à lui obéir. Il en va de même pour les chrétiens qui dirigent et qui enseignent aujourd'hui. Nous sommes tenus d'enseigner l'obéissance à Dieu et d'être des modèles dans ce domaine.

Apprendre aux autres à obéir

L'ordre missionnaire est explicite : « Allez, faites de toutes les nations des disciples [...] et enseignez-leur à observer tout ce que je vous ai prescrit » (Matthieu 28.19-20). Apprendre au peuple de Dieu à obéir aux commandements de Christ fait partie de l'ordre missionnaire. Il ne nous suffit pas de faire connaître des faits concernant Christ ; nous devons également apprendre aux disciples à obéir aux commandements de Christ, les exhorter à le faire, les former à cela, et les amener à conformer leur vie à ces commandements.

> Les responsables qui pensent que pour croître dans la grâce il suffit de connaître la Parole de Dieu sans la mettre en pratique forment des assemblées de chrétiens passifs ressemblant à des gens qui mangent trop mais ne font pas assez d'exercice[7].

Notre ministère d'enseignant, qu'il s'exerce à la maison, à l'Église ou dans une institution théologique, doit promouvoir l'obéissance à Christ. Il nous arrive parfois de négliger cet aspect du ministère. Quand j'étais au séminaire, j'ai rencontré des étudiants qui passaient plusieurs heures par jour en classe, à étudier la Bible et la théologie, mais qui ne fréquentaient aucune Église et ne témoignaient pas de leur foi, n'exerçaient aucune responsabilité et dont le style de vie ne différait pas de celui des incroyants. Ils appréciaient l'étude de la théologie et trouvaient la Bible intéressante sur le plan théorique, mais ils n'appliquaient pas ce qu'ils apprenaient, et leur vie ne connut aucune transformation. Telle n'est pas l'idée que Jésus se faisait de l'enseignement de ses disciples. Il nous dit d'aller et de faire des disciples en leur apprenant à observer « tout ce que je vous ai prescrit » (Matthieu 28.20).

Jésus a également mis en garde contre les dangers de l'appeler « Seigneur » et d'écouter sa Parole sans lui obéir ni la mettre en pratique (Matthieu 7.21-23 ; Luc 6.46-49 ; 8.21).

Être des modèles d'obéissance

Dans un monde de rébellion contre Dieu, les gens ont besoin de voir des exemples vivants d'obéissance à la Parole divine. Car les êtres humains apprennent autant en observant la vie des conducteurs chrétiens qu'en écoutant leurs sermons. De multiples forces – le péché, Satan, la chair, le monde et notre propre paresse – nous incitent continuellement à désobéir à la volonté de Dieu, mais les saints exemples d'obéissance poussent et encouragent à obéir à notre tour.

L'Ancien Testament présente deux exemples remarquables de leaders qui ont été des modèles d'obéissance et qui ont enseigné cette vertu aux autres. Il s'agit d'Esdras et de Néhémie.

Quand Esdras, qui était docteur de la loi, sacrificateur et scribe, arriva à Jérusalem en provenance de la Perse pour exercer son ministère auprès des exilés revenus au pays, il constata que les chefs de la nation avaient laissé les Israélites se marier avec des membres des nations environnantes. La loi de Dieu interdisait strictement cette pratique décrite comme un péché (Esdras 9.1-2 ; 10.18).

Comme tous les leaders actifs, Esdras prit des mesures immédiates. Il poussa d'abord le peuple à confesser sa faute et à s'en repentir (Esdras 9.3-10.1). Puis il élabora un plan destiné à annuler les choix coupables, et le peuple obéit.

Esdras n'était pas seulement un docteur de la loi mais aussi un pratiquant obéissant de la vérité. Il « avait appliqué son cœur à étudier et *à mettre en pratique* la loi de l'Éternel, et à enseigner au milieu d'Israël les lois et les ordonnances » (Esdras 7.10, italiques ajoutées). Son enseignement et ses réformes auraient été sans effet s'ils ne s'étaient pas appuyés sur son remarquable exemple d'obéissance.

Plus tard, Néhémie arriva de Perse à Jérusalem et rebâtit les murs écroulés de la ville, détruits par les Babyloniens cent quarante ans plus tôt. Comme Esdras avant lui, Néhémie dut exhorter les chefs du peuple à observer la loi de Dieu.

Certains des chefs tiraient profit de la situation économique catastrophique des gens en transgressant ouvertement les lois de l'Ancien Testament relatives aux prêts (Néhémie 5.7-13). Néhémie leur reprocha leur cupidité et se posa en bon exemple pour eux. Il utilisa son argent personnel pour racheter des Israélites qui s'étaient vendus comme esclaves à cause de leur endettement. Il accorda des prêts aux pauvres. Bien que gouverneur de la Judée, il ne prit pas pour lui toutes les indemnités que lui versait le roi de Perse. Il n'accabla pas le peuple d'impôts injustes. Au contraire, il donna de la nourriture au peuple et allégea ses fardeaux.

Néhémie est l'un des grands leaders décrits dans l'Ancien Testament, un exemple d'obéissance par amour de la volonté et de la loi de Dieu. À cause de sa fidélité, de sa sagesse et de son amour, le peuple obéit à Dieu et prospéra. Cet homme est un exemple pour nous aujourd'hui.

L'obéissance ou la désobéissance d'un responsable influence d'autres personnes

Les rois d'Israël de l'Ancien Testament illustrent les bénédictions que leur obéissance procurait au peuple, et les calamités que leurs désobéissances attiraient sur le peuple. Pendant la monarchie en Israël, pendant les 460 ans qui se sont écoulés entre l'onction du roi Saül jusqu'à la captivité babylonienne (586 av. J.-C.) on voit se dessiner un modèle qui se résume en une formule : Tel roi, telle nation.

Des rois désobéissants

Certains rois d'Israël désobéirent ouvertement à la loi divine. Ils offrirent des sacrifices à des divinités païennes, profanèrent le temple, méprisèrent la Pâque et le sabbat, transgressèrent l'alliance, égarèrent la loi écrite, rejetèrent les prophètes de Dieu et amenèrent le peuple au bord de la ruine spirituelle et du jugement divin. Ces chefs n'aimèrent pas le Seigneur, leur Dieu, de tout leur cœur, de toute leur âme et de toute leur force (Deutéronome 6.4-5) et n'enseignèrent pas au peuple à aimer Dieu et à garder ses commandements (Deutéronome 6.7-9). Comme eux-mêmes n'aimaient pas l'Éternel et ne lui faisaient pas confiance, ils ne lui obéissaient pas. En revanche, ils aimaient les dieux des autres nations et leur obéissaient.

Comme les rois désobéissants d'Israël, certains théologiens chrétiens et responsables d'Églises entraînent le peuple dans des fausses doctrines et dans l'immoralité sexuelle au nom de la tolérance. Ils appellent le mal bien et le bien mal, et prétendent qu'un Dieu d'amour ne peut condamner qui que ce soit. Ils réinterprètent les paroles et les doctrines chrétiennes dans un sens qui les rendent compatibles avec les idoles de notre culture séculière. C'est une tragédie, mais l'histoire des désobéissances d'Israël se répète aujourd'hui parmi de nombreux chrétiens de nom.

Des rois au cœur partagé

Certains rois tournèrent le dos à Dieu ; d'autres le servirent avec un cœur partagé. Ils entreprirent des réformes partielles, firent confiance à Dieu quand cela servait leurs desseins, mais ils compromirent le culte rendu à Yahweh en laissant subsister les hauts lieux de culte idolâtre. En fin de compte, ils léguèrent un maigre héritage à leurs successeurs et laissèrent le peuple s'éloigner davantage de Dieu.

Nous avons un exemple de cette conduite dans la vie du roi Saül dans l'Ancien Testament. Dieu lui avait ordonné de détruire entièrement la ville des Amalécites, avec tous ses animaux. Mais Saül n'obéit que partiellement : il détruisit la ville mais épargna les meilleures bêtes pour lui-même et pour le peuple. Quand le prophète Samuel lui reprocha sa désobéissance à Dieu, Saül se justifia en déclarant qu'il avait épargné les animaux pour les offrir en sacrifice à Dieu. La réponse de Samuel est cinglante :

> *L'Éternel trouve-t-il du plaisir dans les holocaustes et les sacrifices, comme dans l'obéissance à la voix de l'Éternel ?*
> *Voici, l'obéissance vaut mieux que les sacrifices, et l'observation*

de sa parole vaut mieux que la graisse des béliers. Car la désobéissance est aussi coupable que la divination, et la résistance ne l'est pas moins que l'idolâtrie et les théraphim ».
1 Samuel 15.22-23

Si nous étions honnêtes avec nous-mêmes, nous devrions admettre que bon nombre de problèmes et de conflits dans nos Églises locales sont liés à ce genre d'obéissance mitigée à la Parole de Dieu. De nombreuses luttes et divisions dans les assemblées résultent de la désobéissance aux règles bibliques fondamentales en matière de conduite. Les chrétiens calomnient et médisent, cherchent à se venger, se traînent devant les tribunaux, et refusent de se pardonner et de se réconcilier. Cette désobéissance aboutit à des divisions au sein de nos Églises, à des relations brisées, à former des croyants amers et dépités. Nous nous demandons alors pourquoi nos Églises sont faibles et désemparées. La raison est simple : nous récoltons ce que nous avons semé (Galates 6.7-8).

Les rois obéissants

S'il y a eu beaucoup de rois désobéissants, il y en eut aussi quelques bons qui aimaient le Seigneur et lui obéissaient de tout leur cœur. L'Écriture déclare que le roi Josias revint « à l'Éternel de tout son cœur, de toute son âme et de toute sa force, selon toute la loi de Moïse » (2 Rois 23.25). C'est une autre façon de pratiquer le commandement : « Tu aimeras l'Éternel, ton Dieu, de tout ton cœur, de toute ton âme et de toute ta force » (Deutéronome 6.5).

Par amour sans réserve pour le Seigneur et par obéissance à sa Parole, Josias détruisit les idoles de Baal et chassa les faux prophètes, supprima les hauts lieux du culte idolâtre, purifia la ville de Jérusalem des objets étrangers au culte de Dieu, et débarrassa le pays des médiums et des prostitués sacrés. Il restaura le culte de Yahweh dans le temple, rétablit les sacrificateurs dans leurs fonctions et redécouvrit le livre de la loi de Moïse qui s'était perdu. À l'écoute des paroles de ce livre, Josias s'humilia et agit conformément à ce qui était écrit dans la loi (2 Rois 22.11, 13). Il renouvela l'alliance avec Dieu, entraîna le peuple dans la prière, la confession et la repentance, enseigna la loi de Dieu et remit en vigueur la célébration annuelle de la Pâque (2 Rois 22.1-23.25).

Josias aimait l'Éternel, son Dieu, de tout son cœur, de toute son âme et de toute sa force. C'est pourquoi il chercha à obéir à tout ce que le Seigneur avait prescrit dans sa loi. La nation connut de ce fait un réveil spirituel et une profonde réformation. Toutes les transformations et tous les réveils spirituels subséquents ont commencé de la même manière : un cœur touché par le Saint-Esprit pour aimer la Parole du Seigneur et lui obéir.

Un leadership axé sur l'obéissance

L'un des plus grands bienfaits qu'une Église puisse expérimenter est d'avoir des leaders et des enseignants qui aiment le Seigneur et qui se réjouissent d'obéir à sa Parole. Quel bonheur de voir une Église dont les responsables sont soucieux d'obéir aux Écritures, désireux de connaître la volonté du Seigneur et décidés à conduire l'assemblée dans des voies qui plaisent à Dieu. De tels leaders sont meilleurs car ils sont moins enclins à négliger les devoirs pastoraux que Dieu leur confie.

L'obéissance est une puissante motivation. Des conducteurs obéissants aiment leurs frères et sœurs dans la foi et se sacrifient à leur service car l'Écriture déclare que « nous devons donner notre vie pour les frères » (1 Jean 3.16). Ils sont également résolus à dénoncer les comportements coupables car l'Écriture dit à

Timothée : « Reprends, censure, exhorte, avec toute douceur et en instruisant » (2 Timothée 4.2). Ils dirigent l'assemblée de façon plus diligente puisque l'Écriture leur demande de présider « avec zèle » (Romains 12.8). Ils feront tout pour nourrir le troupeau de Dieu et prendre soin de lui parce qu'ils savent que le Saint-Esprit les a établis comme bergers du troupeau (Actes 20.28). Ils s'acquitteront de leurs responsabilités parce qu'ils sont des serviteurs obéissants.

Ceux qui mettent l'amour en pratique

Si nous n'enseignons pas l'obéissance et si nous n'en donnons pas l'exemple, nous n'enseignons pas l'amour chrétien et n'en serons pas des exemples. Nous ne pouvons parler correctement de l'amour sans aborder le thème de l'obéissance. L'amour ne peut se développer que s'il s'enracine dans le sol de la véritable obéissance.

La Bible dit : « Mettez en pratique la parole, et ne vous bornez pas à l'écouter en vous trompant vous-mêmes » (Jacques 1.22). Si nous écoutons les paroles de Dieu sans les mettre en pratique, nous nous leurrons et ses paroles n'ont pas de pouvoir de transformation durable sur nous (Jacques 1.22-25). Il ne suffit pas seulement d'écouter ce que Dieu dit au sujet de l'amour. Nous devons nous engager résolument à être de ceux qui mettent la Parole en pratique. Le commentateur biblique R.V.G. Tasker rappelle que « le christianisme est essentiellement une vie à mener »[8].

Il ne suffit pas d'entendre ce que la Bible dit de l'amour et l'approuver. Soyons de ceux qui mettent en pratique cet enseignement sur l'amour biblique. Jacques déclare « heureux » ceux qui entendent et *mettent en pratique*, et non ceux qui sont assis dans l'Église, écoutent et oublient immédiatement (Jacques 1.25).

Jacques tient du Seigneur lui-même cet enseignement car Jésus a dit : « Heureux plutôt ceux qui écoutent la parole de Dieu, et qui la gardent ! » (Luc 11.28). « Si vous savez ces choses, vous êtes heureux, pourvu que vous les pratiquiez » (Jean 13.17).

Notes

1. Helen Keller, *The Story of My Life: The Restored Edition*, éditeur James Berger, New York, Modern Library, 2003, p. 223.*
2. Ibid., p. 223-224.
3. Alexander Ross, *The Epistles of James and John*, NICNT, Grand Rapids, Michigan, Eerdmans, 1954, p. 208.
4. Exode 20.6 ; Deutéronome 10.12-13 ; 11.1, 13, 22 ; 19.9 ; 30.16, 19-20. Leon Morris fait le commentaire suivant : « Nous constatons une répugnance marquée à considérer l'obéissance aux commandements de Dieu comme une réponse de l'amour. Nous inclinons à penser que l'obéissance à un code n'a pas grand-chose à voir avec l'amour. Mais les hommes de l'Ancien Testament ne voyaient pas les choses de cette manière ». *Testaments of Love*, Grand Rapids, Michigan, Eerdmans, 1981, p. 58.
5. Bruce A. Ware, *Father, Son, and Holy Spirit*, Wheaton, Illinois, Crossway, 2005, p. 86.
6. Ibid., p. 86-87.
7. Kenneth B. Mulholland, « Teaching Them… All Things : Three Dots and a Pilgrimage », *Teaching Them Obedience in All Things : Equipping for the 21st Century*, ed. Edgar J. Elliston (Pasedena, Calif. : William Carey Library, 1999), 10.
8. R.V.G. Tasker, The General Epistle of James, TNTC (Grand Rapids, Mich. : Eerdmans, 1957), 51.

* Reportez-vous à la page 286 pour la version française de l'ouvrage.

Appendice des mots bibliques grecs

La plupart des chrétiens sont familiarisés avec *agape,* le mot grec pour amour, mais pas avec les autres termes traduits par « amour » dans l'Ancien et le Nouveau Testament. Nous incluons ce rapide survol pour mieux faire comprendre le sens des mots grecs traduits par « amour » et corriger les notions erronées que les gens entretiennent.

Les mots grecs de la Septante, traduits par « amour »

L'Ancien Testament a été écrit en hébreu, avec quelques passages en araméen[1]. Mais les Écritures hébraïques furent traduites en grec *koine* entre 250 et 150 av. J.-C. Cette traduction grecque s'intitule la « Septante », un nom souvent abrégé sous la forme de lettres romaines LXX, qui correspondent à soixante-dix. La

Septante que nous possédons aujourd'hui comprend les Écritures hébraïques inspirées (notre Ancien Testament canonique) et les Apocryphes (des livres non inspirés mais qui sont cependant des écrits historiques importants)[2].

Les auteurs du Nouveau Testament et les premiers chrétiens lisaient l'Ancien Testament grec (la Septante) et étaient familiarisés avec ce texte. Les auteurs du Nouveau Testament le citent fréquemment. J. Julius Scott affirme que « quatre-vingt pour cent des citations de l'Ancien Testament sont prises de la Septante »[3]. Il va même jusqu'à déclarer que « la Septante est devenue la Bible de l'Église primitive »[4].

Dans la Septante, *agapao*, le principal mot grec correspondant au verbe « aimer » revient 271 fois[5]. Ce mot n'a donc pas été inventé par les premiers chrétiens. D'ailleurs, non seulement c'est le terme grec principal pour « aimer » dans la Septante, mais il était aussi le mot le plus usité parmi les gens de langue grecque au premier siècle.

Dans la Septante, *agapao* sert à désigner toutes les expressions de l'amour et notamment l'amour de Dieu pour son peuple et l'amour du peuple pour lui. Cet usage du terme dans la Septante a fait d'*agapao* un mot de prédilection dont les auteurs du Nouveau Testament se sont servis pour parler de l'amour de Dieu, de l'amour pour Dieu et de l'amour entre les membres de la famille de Dieu.

L'autre verbe grec fréquemment utilisé dans la Septante est *phileo*. Bien qu'étant un terme couramment utilisé pour désigner l'amour dans le grec classique, il n'apparaît que trente et une fois dans la Septante (écrite en grec koine), le plus souvent en rapport avec le baiser. Dans quelques passages, il est utilisé de façon interchangeable avec *agapao*. Mais la Septante ne se sert jamais du terme *phileo* pour parler de l'amour de Dieu pour les siens, ni de l'amour de ces derniers pour lui. *Philia*, sa forme nominale, peut occasionnellement s'appliquer à l'amour mais, dans la Septante, il évoque le plus souvent l'amitié.

Agape, le substantif du verbe *agapao*, un terme que nous connaissons bien aujourd'hui à cause de son emploi fréquent dans le Nouveau Testament, ne figure que dix-neuf fois dans la Septante, dont onze fois dans le Cantique des Cantiques. Voici quelques passages où se trouve le mot *agape* dans l'Ancien Testament canonique. Dans tous ces cas, *agape* est utilisé avec une connotation d'amour sexuel :

- *Puis Amnon eut pour elle [Tamar] une forte aversion, plus forte que n'avait été son amour [**agape**] (2 Samuel 13.15).*
- *Il m'a fait entrer dans la maison du vin ; et la bannière qu'il déploie sur moi, c'est l'amour (Cantique des cantiques 2.4).*
- *Car l'amour est fort comme la mort (Cantique des cantiques 8.6).*
- *Les grandes eaux ne peuvent éteindre l'amour [...] quand un homme offrirait tous les biens de sa maison contre l'amour, il ne s'attirerait que le mépris (Cantique des cantiques 8.7).*

Dans les Apocryphes, *agape* est utilisé à propos de l'amour de la sagesse qui conduit à Dieu, de l'amour pour Dieu et, peut-être, de l'amour de Dieu pour son peuple.

- *L'amour, c'est l'observation de ses lois, l'attention aux lois, c'est la garantie de l'incorruptibilité, et l'incorruptibilité fait qu'on est près de Dieu (Livre de la Sagesse 6.18-19 – Bible de Jérusalem).*
- *Ceux qui mettent en lui leur confiance comprendront la vérité et ceux qui sont fidèles demeureront auprès de lui dans l'amour [dans leur amour pour Dieu, ou dans l'amour de Dieu pour eux]*
  (Livre de la Sagesse 3.9 – Bible de Jérusalem).

> *- Bienheureux ceux qui te [Dieu] verront et dans l'amour [l'amour humain ou l'amour de Dieu] s'endormiront, car nous aussi nous posséderons la vie.*
> (Ecclésiastique, ou Siracide, 48.11 – Bible de Jérusalem)

L'adjectif *agapetos*, mot grec qui correspond à « bien-aimé », se trouve vingt-quatre fois dans la Septante, le nom *agapesis*, « amour », treize fois. Ce dernier est un terme que le Nouveau Testament n'emploie pas. En résumé, les mots associés au verbe *agapao* reviennent 327 fois dans la Septante.

Les mots grecs correspondant à « amour » dans le Nouveau Testament

Les mots grecs *agapao*, *apage* et *agapetos*, ces termes principaux pour exprimer l'amour chrétien, reviennent 320 fois dans le Nouveau Testament. On trouve le verbe *agapao* 143 fois. Compte tenu de son utilisation religieuse et théologique dans la Septante, les auteurs du Nouveau Testament ont estimé ce choix tout naturel. Par ailleurs, l'enseignement de Christ sur l'amour et son exemple extraordinaire ont conféré à ce mot un sens nouveau.

Dans la littérature non biblique des deuxième et troisième siècles de notre ère, le terme *agape* n'apparaît pratiquement pas, voire pas du tout. Dans la Septante, le nom *agape* revient dix-neuf fois, principalement en rapport avec l'amour physique, sensuel, et une ou deux fois peut-être en rapport avec l'amour de Dieu pour son peuple. En revanche, ce même mot apparaît 116 fois dans le Nouveau Testament, le plus souvent sous la plume de Paul (soixante-quinze fois) et de Jean (trente fois). Les premiers écrivains chrétiens ont fait de ce terme peu utilisé pour désigner l'amour (*agape*) le terme commun pour exprimer l'amour de Dieu et l'amour de Christ, et même l'amour humain. Il va de soi que le lien d'*agape* avec le verbe *agapao* a favorisé ce choix. Il semble que les autres mots grecs désignant l'amour ne convenaient pas. *Ainsi, les premiers chrétiens ont utilisé le mot* **agape** *en le chargeant de la signification riche du concept d'amour révélé dans l'enseignement et la croix de Christ. Cela a conféré à ce terme une signification et un sens typiquement chrétiens.*

L'adjectif grec *agapetos* a été traduit par « bien-aimé », ou pour désigner celui qui est aimé. Dans le Nouveau Testament, on le trouve soixante et une fois, dont vingt-sept fois dans les écrits de Paul. Jésus-Christ est appelé le « Fils bien-aimé », et les chrétiens sont les « bien-aimés » de Dieu (Romains 1.7). Les chrétiens s'appelaient aussi « bien-aimés » pour souligner la relation d'amour familial intime qui existait entre eux.

Outre *agapao*, il existe un autre verbe pour « aimer », le mot *phileo*. C'est le verbe le plus utilisé après *agapao* dans le Nouveau Testament pour « aimer » (vingt-cinq fois), le plus souvent par Jean dans son Évangile. Malgré les distinctions entre *agapao* et *phileo*, suivant le contexte, ces deux verbes sont parfois utilisés de façon interchangeable, sans différence notable de sens[6]. *Phileo*, tout comme *agapao*, peut servir à désigner différents types d'amour, l'amour exprimé dans le baiser, l'amour entre amis, l'amour du Père pour le Fils (Jean 5.20), et notre amour pour Jésus-Christ (1 Corinthiens 16.22). Il est cependant manifeste que c'est *agapao* qui est le verbe le plus utilisé pour « aimer » dans le Nouveau Testament, en particulier en référence à l'amour de Dieu qui rend possible notre amour les uns pour les autres.

Finalement, le Nouveau Testament se sert encore du mot composé grec *philadelphia*, « amour fraternel », un terme de la sphère familiale, pour décrire la qualité de l'amour qui unit les chrétiens[7]. Il s'agit de l'amour familial, intime et permanent. Les premiers chrétiens se considéraient comme une grande fratrie, la vraie famille de frères et de sœurs en Christ. Au sujet de l'importance cruciale de ce type d'amour dans l'Église, James Moffat écrit : « Aucune Église ne peut connaître la stabilité ni même exister devant Dieu si elle néglige l'amour fraternel »[8].

Notes

1. Esdras 4.8-6.18 ; 7.12-26 ; Daniel 2.4-7.28 ; Jérémie 10.11.
2. Les livres apocryphes ont été écrits entre la fin de la période de l'Ancien Testament et la naissance de Christ. Ils ne faisaient pas partie du canon des Écritures hébraïques. Les principaux sont : 1 et 2 Esdras, Judith, Tobie, 1 à 4 Maccabées, Odes, Sagesse de Salomon, Ecclésiastique, Psaumes de Salomon, Baruch, Lettre de Jérémie, Suzanne, Bel et le Dragon.
3. J. Julius Scott, fils, *Jewish Backgrouds of the New Testament*, Grand Rapids, Michigan, Baker, 1995, p. 135.
4. Ibid., p. 136.
5. Les chiffres sont tirés d'un logiciel sur la Bible : Oak Tree Software, 498 Palm Springs Drive, Suite 100, Altamonte Springs, FL 32701. Copyright 2004. www.oaksoft.com ; www.OakSoft.com ; 877-399-5855.
6. Cf. W. Günther et H.-G. Link, « Love », dans *The New International Dictionary of New Testament Theology*, 2 : 538, 542.
7. Le nom *philadelphia*, « amour fraternel » apparaît dans Romains 12.10 ; 1 Thessaloniciens 4.9 ; Hébreux 13.1 ; 1 Pierre 1.22 ; 2 Pierre 1.7. On trouve l'adjectif *philadelphos* dans 1 Pierre 3.8.
8. James Moffat, *Love in the New Testament*, Londres, Hodder and Stoughton, 1929, p. 244.

Abréviations

BECNT Baker Exegetical Commentary on the New Testament

CBSC Cambridge Bible For Schools and Colleges

HNTC Harper's New Testament Commentaries

ICC International Critical Commentary on the Holy Scriptures of the Old and New Testaments

NICNT New International Commentary on the New Testament

NIGTC New International Greek Testament Commentary

TNTC Tyndale New Testament Commentaries

WBC World Biblical Commentary

Bibliographie

ADAMS Jay E., *Christian Living in the Home*, Grand Rapids, Michigan, Baker, 1972.
ARNOT William, *Studies in Proverbs*, 1884, réimpression, Grand Rapids, Michigan, Kregel.
Saint AUGUSTIN, *Confessions*, Éditions du Seuil, 1982.
BARNETT Paul, *The Second Epistle to the Corinthians*, NICNT, Grand Rapids, Michigan, Eerdmans, 1997.
BARRETT C.K., *A Commentary on the First Epistle to the Corinthians*, HNTC, New York, Harper & Row, 1968.
BOURKE Dale Hanson, *The Skeptic's Guide to the Global AIDS Crisis*, Waynesboro, Georgia, Authentic Media, 2004.
BRIDGES Jerry, *Growing Your Faith*, Colorado Springs, NavPress, 2004.
BROOMHALL A.J., *Hudson Taylor and China's Open Century*, 7 vol., Londres, Hodder et Stoughton.
BRUCE A.B., *The Training of the Twelve*, 2ᵉ édition, 1877, réimpression, Grand Rapids, Michigan, Kregel, 1988.

BRUCE F.F., *The Letters of Paul: An Expanded Paraphrase*, Grand Rapids, Michigan, Eerdmans, 1965.

BURNHAM Jonathan D., *A Story of Conflict: The Controversial Relationship between Benjamin Wills Newton and John Nelson Darby*, Waynesboro, Georgia, Paternoster Press/Authentic Media, 2004.

CARSON D.A., *A Call to Spiritual Reformation: Priorities from Paul and His Prayers*, Grand Rapids, Michigan, Baker, 1992.

CARSON D.A., *La prière renouvelée*, traduit et adapté par Michèle Schneider, Cléon-d'Andran, Éditions Excelsis, 2005.

CARSON D.A., « A Church that Does All the Right Things, but… », Christianity Today, 29 juin 1979.

CARSON D.A., *Showing the Spirit: A Theological Exposition of 1 Corinthians 12-14*, Grand Rapids, Michigan, Baker, 1987.

CHAMBERS Oswald, *The Complete Works of Oswald Chambers*, Grand Rapids, Michigan, Discovery 2000.

CEDAR Paul A., *James, 1, 2 Peter; and Jude*, The Communicator's Commentary, Waco, Texas, Word, 1984, 11 : 200.

DANN Robert Bernard, *Father of Faith Missions: The Life and Times of Anthony Norris Groves*, Waynesboro, Georgia, Authentic Media, 2004.

DAY Richard Ellswort, *Bush Aglow: The Life Story of Dwight Lyman Moody*, Commoner of Nothfield, Philadelphie, The Judson Press, 1936.

DENNEY James, *The Second Epistle to the Corinthians*, The Expositor's Bible, New York, Funk & Wagnalls, 1900.

DORSETT Lyle W., *Seeking the Secret Place: The Spiritual Formation of C. S. Lewis*, Grand Rapids, Michigan, Brazos Press, 2004.

DRUMMOND Henry, *The Greatest Thing in the World*, 1874, réimpression éditée, Burlington, Ontario, Inspirational Promotions, s.d.

DRUMMOND Henry, *La plus grande chose au monde*, traduit par Laurent Brault, Brossard, Québec, Éditions Un Monde différent, 1983.

DUDLEY-SMITH Timothy, *John Stott : A Global Ministry*, Leicester, Angleterre, InterVarsity, 2001.

EDWARDS Jonathan, *Charity and Its Fruit*, 1852, réimpression, Edimbourg, Banner of Truth, 1978.

EDWARDS Jonathan, « Undetected Spiritual Pride », disponible sur http://www.bibleteacher.org/jedw_19.htm. Accessible au 9 janvier 2007.

ELLIOT Elisabeth, *The Savage My Kinsman*, Ann Arbor, Michigan, Servant Books, 1981.

FEE Gordon D., *The First Epistle to the Corinthians*, NICNT, Grand Rapids, Michigan, 1987.

GARLAND David E., *1 Corinthians*, BECNT, Grand Rapids, Michigan, Baker, 2003.

GOSLIN Thomas S. II, *The Church without Walls*, Pasadena, Californie, Hope, 1984.

GREEN Michael, *Evangelism in the Early Church*, Grand Rapids, Michigan, Eerdmans, 1970.

GREEN Michael, *L'Évangélisation dans l'Église primitive : le développement de la mission chrétienne des origines au milieu du troisième siècle*, Vevey : Emmaüs, 1981.

GREEN Michael, *Evangelism through the Local Church*, Nashville, Thomas Nelson, 1992.

GRUBB Norman, *C.T. Studd, Champion de Dieu*, Émile Dalière, 1950.

GÜNTHER W., LINK H.-G., « Love », in The New International Dictionary of New Testament Theology, 2 : 538, 542.

HALL V.A., *Be My Guest*, Chicago, Moody Press, 1979.

HENDRICKS Howard, *Teaching to Change Lives*, Sisters, Oregon, Multonmah, 1987.

HIEBERT D. Edmond, « Epaphras, Man of Prayer », Bibliotheca Sacra 136, janvier-mars 1979.

HOEHNER Harold W., *Ephesians: An Exegetical Commentary*, Grand Rapids, Michigan, Baker, 2002.

HOEHNER Harold W., « Éphésiens » Commentaire Biblique du Chercheur par Walvoord et Zuck, Sherbrooke, Éditions Béthel, 1988-.

HOGG Wilson T., *A Hand-Book of Homiletics and Pastoral Theology*, Chicago, Free Methodist Publishing House, 1919.

HOLMES Frank, *Brother Indeed: The Life of Robert Cleaver Chapman*, Londres, Victory Press, 1956.

HOUGHTON Frank, *Amy Carmichael of Dohnavur: The Story of a Lover and Her Beloved*, 1979, réimpression, Fort Washinton, Pennsylvania, Christian Literature Crusade, 1992.

HOWE Reuel L., *Herein Is Love*, Chicago, Judson, 1965.

HOWE Reuel L., « The Responsibility of the Preaching Task », Preaching: A Journal of Homiletics 4, novembre-décembre 1969: 10.

HUGHES Philip Edgcumbe, *Paul's Second Epistle to the Corinthians*, NICNT, Grand Rapids, Michigan, Eerdmans, 1962.

JEFFERSON Charles Edward, *The Minister as Shepherd*, réimpression, Fincastle, New Jersey., Scripture Truth, 1912.

JOHNSON Dennis, « Peacemakers », appendice à l'ouvrage de John M. Frame, *Evangelical Reunion*, Grand Rapids, Michigan, Baker, 1991.

JONES David, « Love: The Impelling Motive of the Christian Life », Presbyterion 12, automne 1986.

KELLER Helen, *The Story of My Life: The Restored Edition*, éditeur James Berger, New York, Modern Library, 2003.

KELLER Helen, *Sourde, muette, aveugle: histoire de ma vie*, traduit par A. Huzard, Paris: Payot & Rivages, 2001.

KELLY William, *Notes on the First Epistle to the Corinthians*, Londres, Morrish, 1878.

KELLY William, *Notes sur l'épître aux Éphésiens*, disponible sur http://bibliquest.com/WK/WK-nt10-Ephesiens.htm. Accessible au 9 janvier 2007.

KOSHY T.E., *Brother Bakht Singh of India*, Secunderabad, Inde, OM Books, 2003.

LANE William L., *The Gospel According to Mark*, NICNT, Grand Rapids, Michigan, Eerdmans, 1974.

LAW Robert, *The Tests of Life: A Study of the First Epistle of St. John*, Edimbourg, T & T. Clark, 1914.

LEWIS C.S., *Voilà pourquoi je suis chrétien*, Ligue pour la Lecture de la Bible, 1979.

LLOYD-JONES D. Martyn, *Studies in the Sermon on the Mount*, 2 vol., Grand Rapids, Michigan, Eerdmans, 1971.

LOCKWOOD Gregory J., *1 Corinthians*, Concordia Commentary, St. Louis, Concordia, 2000.

LUTHER Martin, *Conversations with Luther: Table Talk*, traduit et édité en anglais par Preserved Smith et Herbert Percival Gallinger, New Canaan, Connecticut, Keats Publishing Inc., 1979.

LUTHER Martin, *Propos de Table de Martin Luther I et II*, traduit de l'allemand par Charles de Mellert, Paris: À l'enseigne du Pot cassé, 1933.

MACARTHUR John, *1 Corinthians*, Chicago, Moody Press, 1984.

MACARTHUR John, *1 Corinthiens*, traduit par Samuel Coppieters, Cap-de-la-Madeleine, Québec: Éditions Impact, 2000.

MACDONALD Hope, *Discovering the Joy of Obedience*, Grand Rapids, Michigan, Zondervan, 1971.

MCDOWELL Josh, HOSTETLER Bob, *The New Tolerance*, Wheaton, Illinois, Tyndale, 1998.

MACK Wayne A., *Humility: The Forgotten Virtue*, Phillipsburg, New Jersey, P & R Publishing, 2005.

MACKINTOSH C.H., *Genesis to Deuteronomy: Notes on the Pentateuch*, Neptune, New Jersey, Loizeaux, 1972.

MACKINTOSH C.H., *Notes sur le livre de la Genèse*, Vevey, Guignard, 1940.

MACKINTOSH C.H., *Notes sur le livre de l'Exode*, Vevey, Guignard, 1932.

MACKINTOSH C.H., *Notes sur le livre du Lévitique*, Vevey, Guignard, 1875.

MACKINTOSH C.H., *Notes sur le livre des Nombres*, Vevey, Guignard, 1934.

MACKINTOSH C.H., *Notes sur le livre du Deutéronome*, Vevey, Guignard, 1882. Aussi disponible sur bibliquest.com. Accessible au 9 janvier 2007.

MARSHALL I. Howard, *The Epistles of John*, NICNT, Grand Rapids, Michigan, Eerdmans, 1978.

MARSHALL I. Howard, *The Pastoral Epistles*, ICC, Edimbourg, T & T Clark, 1999.

Le martyr de Polycarpe, *Lettre de l'Église de Smyrne*, XVIII.2, « Lettres aux Églises », Coll. Foi Vivante, Éditions du Cerf 1975.

The Octavius of Marcus Minucius Felix, in Ancient Christian Writers, éditeur Johannes Quasten, traduit en anglais par G. W. Clarke, New York, Newman, 1974.

MINUCIUS FELIX Marcus, *Octavius*, traduit par Jean Beaujeu, 2e édition tir., révisée et corrigée, Paris : Les Belles Lettres, 1974. (Une autre traduction : traduit par F. Record, Paris : Bloud, 1911).

MOFFAT James, *Love in the New Testament*, Londres, Hodder and Stoughton, 1929.

MOODY D.L., *Pleasure and Profit in Bible Study*, Chicago, The Bible Institute Colportage Association, 1895.

MOODY William R., *The Life of Dwight L. Moody*, Chicago, Revell, 1900.

MORRIS Leon, *The First Epistle of Paul to the Corinthians*, TNTC, Grand Rapids, Michigan, Eerdmans, 1958.
MORRIS Leon, *Testaments of Love*, Grand Rapids, Michigan, Eerdmans, 1981.
MOULE H.C.G., *The Epistle of Paul the Apostle to the Colossians and to Philemon*, CBSC, Cambridge, University Press, 1906.
MOUNCE William, *Pastoral Epistles*, WBC, Nashville, Thomas Nelson, 2000.
MULHOLLAND Kenneth B., « Teaching Them... All Things : Three Dots and a Pilgrimage », *Teaching Them Obedience in All Things : Equipping for the 21st Century*, éditeur Edgar J. Elliston, Pasadena, Californie, William Carey Library, 1999.
MURRAY Iain H., David Martyn Lloyd-Jones : *The First Forty Years*, 1899-1939, Edimbourg, Banner of Truth, 1982.
OLFORD Stephen F., « Christian Hospitality », Decision, mars 1968.
OMAN John Wood, *Concerning the Ministry*, New York, Harper, 1937.
PERKINS John, *Let Justice Roll Down*, Glendale, Californie, Regal Books, 1976.
PETERSEN Jim, *Evangelism as a Lifestyle*, Colorado Springs, NavPress, 1980.
PETERSEN Jim, *Une vie qui parle : l'Évangile dans une société sécularisée*, Strasbourg : Navpresse, 1980.
PETERSON Robert L., *Robert Chapman*, Littleton, Colorado, Lewis & Roth, 1995.
PETERSON Robert L., STRAUCH Alexander, *Agape Leadership : Lessons in Spiritual Leadership from the Life of R.C. Chapman*, Littleton, Colorado, Lewis & Roth, 1991.
PHILLIPS J.-B., *The New Testament in Modern English*, éd. révisée, New York, Macmillan, 1972.

PRESTON Gene and Nancy, « A Friendly Church Is Hard to Find », in *Christian Century*, 30 janvier 1991, p. 102-103. Consultez : http://www.lewisandroth.org.

QUAYLE William, *The Pastor-Preacher*, éd. Warren W. Wiersbe, Grand Rapids, Michigan, Baker, 1979.

RHOTON Elaine, *The Doulos Story*, Carlisle, OM Publications, 1998.

RHOTON Elaine, *The Logos Story*, Waynesboro, Georgia, OM Lit., 1988.

RHOTON Elaine, *L'Histoire du « Logos »*, traduit par Annie Audfray, Marne-la-Vallée : Éditions Farel, 1998.

RICHARDS Lawrence O., BREDFELDT Gary J., *Creative Bible Teaching*, édition révisée, Chicago, Moody Press, 1998.

ROSS Alexander, *The Epistles of James and John*, NICNT, Grand Rapids, Michigan, Eerdmans, 1954.

SCHAEFFER Francis A., *The Church before the Watching World*, Downers Grove, Illinois, InterVarsity, 1971.

SCHAEFFER Francis A., *La marque du chrétien*, Éditions Telos, 1975.

SCOTT J. Julius, fils, *Jewish Backgrouds of the New Testament*, Grand Rapids, Michigan, Baker, 1995.

SCROGGIE W. Graham, *The Love Life : A Study of 1 Corinthians 13*, Londres, Pickering & Inglis, s.d.

SHORT John, « The First Epistle to the Corinthians » in *The Interpreter's Bible*, édition Arthur C. Buttrick, New York, Abingdon-Cokesbury, 1953.

SMEDES Lewis B., *Love Within Limits : Realizing Selfless Love in a Selfish World*, Grand Rapids, Michigan, Eerdmans, 1978.

SPINOZA Baruch, *A Theologico-Political Treatise and a Political Treatise*, traduction anglaise de R.H.M. Elwes, 1883, réimpression, New York, Dover, 1951.

SPINOZA Baruch, *Traité des autorités théologique et politique*, traduit du latin et annoté par Madeleine Francès, Paris: Gallimard, 1994.
SPURGEON Charles Haddon, *An All-Around Ministry*, 1900, réimpression, Londres, Banner of Truth Trust, 1960.
STANLEY Paul D., CLINTON J. Robert, *Connecting: The Mentoring Relationships You Need to Succeed in Life*, Colorado Springs, NavPress, 1992.
STARK Rodney, *The Rise of Christianity*, San Francisco, HarperCollins, 1996.
STEER Roger, *Hudson Taylor, l'Évangile au cœur de la Chine*, Groupes Missionnaires et Maison de la Bible, 1996.
STETSON Brad, CONTI Joseph G., *The Truth about Tolerance: Pluralism, Diversity, and the Culture Wars*, Downers Grove, Illinois, InterVarsity, 2005.
STOTT John R.W., *Between Two Worlds: The Art of Preaching in the Twentieth Century*, Grand Rapids, Michigan, Eerdmans, 1982.
STOTT John R.W., *La croix de Jésus-Christ*, Grâce et Vérité, 1988.
STOTT John R.W., *The Message of 1 and 2 Thessalonians*, publié initialement comme The Gospel and the End of Time, Downers Grove, Illinois, InterVarsity, 1991.
STRAUCH Alexander, *Les anciens: Qu'en dit la Bible? Un appel urgent à rétablir le leadership biblique dans l'Église*, Cap-de-la-Madeleine, Québec, Éditions Impact, 2004.
STRAUCH Alexander, *The New Testament Deacon: The Church's Ministry of Mercy*, Littleton, Colorado, Lewis & Roth, 1992.
SWEETING George, *Love Is The Greatest*, Chicago, Moody Press, 1974.
TASKER R.V.G., *The General Epistle of James*, TNTC, Grand Rapids, Michigan, Eerdmans, 1957.
TAYLER W. Elfe, *Passages from the Diary and Letters of Henry Craik of Bristol*, Londres, Paternoster, s.d.

TAYLOR Howard, *Hudson Taylor*, 2 vol, Vevey, Groupes Missionnaires, 1947.

TENNYSON Alfred, *Queen Mary*, Boston, James R. Osgood, 1975.

TENNYSON Alfred, *Marie Ire Tudor*, traduit et mis en vers par Édouard Rastoul, Avignon : F. Seguin, 1908.

THISELTON Anthony C., *The First Epistle to the Corinthians*, NIGTC, Grand Rapids, Michigan, Eerdmans, 2000.

VERWER George, *The Revolution of Love*, Waynesboro, Georgia, OM Lit., 1993.

VERWER George, *L'Amour révolutionnaire*, Paris : « Croire et Servir », 1971.

VERWER George, « Whatever Happened to the Prayer Meeting ? » SurgeUp (www.thinkwow.com/surgeup/whatever_happened.htm). Accessible au 26 décembre 2006.

VINCENT Nathaniel, *A Discourse Concerning Love*, 1684 ; réimpression, Morgan, Pennsylvania, Soli Deo Gloria, 1998.

WARFIELD Benjamin Breckinridge, « The Emotional Life of Our Lord », in *The Person and Work of Christ*, Philadelphia, Presbyterian and Reformed, 1950.

WARE Bruce A., *Father, Son, and Holy Spirit*, Wheaton, Illinois, Crossway, 2005.

ZUCK Roy B., *Teaching as Jesus Taught*, Grand Rapids, Michigan, Baker, 1995.

ZUCK Roy B., *Teaching as Paul Taught*, Grand Rapids, Michigan, Baker, 1998.

Table de matières

I | L'amour est indispensable au leadership chrétien

page 7	Préface
15	1	Cinq moins un égale zéro : 1 Corinthiens 13.1-3
31	2	Aime ou meurs ! Apocalypse 2.4
43	3	La puissance motivante de l'amour

II | Le caractère et le comportement d'un leader aimant

59	4	Patient et plein de bonté
71	5	Ni envieux, ni vantard
81	6	Ni orgueilleux, ni malhonnête
93	7	Ni égoïste, ni irritable
105	8	Ni soupçonneux, ni heureux de l'injustice
119	9	Excuse, croit, espère, supporte tout

III | Les œuvres d'un leader aimant

page 135	10	Exprimer l'amour et l'affection
147	11	Pratiquer l'hospitalité
157	12	Se soucier des besoins d'autrui
171	13	Travailler et prier
183	14	Nourrir les âmes affamées
203	15	Protéger et châtier les bien-aimés
223	16	Corriger et restaurer l'égaré
243	17	Gérer les conflits selon « la voie par excellence »
257	18	Obéir aux commandements de Christ et enseigner aux autres à obéir
273		Appendice des mots bibliques grecs
281		Abréviations
283		Bibliographie

« **Publications Chrétiennes inc.** » est une maison d'édition québécoise fondée en 1958. Sa mission est d'éditer ou de diffuser la Bible ainsi que des livres et brochures qui en exposent l'enseignement, qui en démontrent l'actualité et la pertinence, et qui encouragent la croissance spirituelle en Jésus-Christ.

Pour notre catalogue complet :
www.publicationschretiennes.com

Publications Chrétiennes inc.
230, rue Lupien, Trois-Rivières, Québec, CANADA – G8T 6W4
Tél. (sans frais) : 1-866-378-4023, Téléc. : 819-378-4061
commandes@pubchret.org

www.ingramcontent.com/pod-product-compliance
Lightning Source LLC
Chambersburg PA
CBHW071651090426
42738CB00009B/1488